本书获广东省“211工程”三期重点学科建设项目“应急管理理论与实务”基金资助

应急管理理论与实务丛书

公共应急事件的经济分析

董建新　著

暨南大学出版社
JINAN UNIVERSITY PRESS

中国·广州

图书在版编目（CIP）数据

公共应急事件的经济分析/董建新著. —广州：暨南大学出版社，2012.7
（应急管理理论与实务丛书）
ISBN 978－7－5668－0176－0

Ⅰ.①公… Ⅱ.①董… Ⅲ.①突发事件—公共管理—经济分析 Ⅳ.①D035

中国版本图书馆CIP数据核字（2012）第071160号

出版发行：暨南大学出版社

地　址：中国广州暨南大学
电　话：总编室（8620）85221601
　　　　营销部（8620）85225284　85228291　85228292（邮购）
传　真：（8620）85221583（办公室）　85223774（营销部）
邮　编：510630
网　址：http：//www.jnupress.com　http：//press.jnu.edu.cn

排　版：广州广海照排设计中心
印　刷：佛山市浩文彩色印刷有限公司

开　本：787mm×960mm　1/16
印　张：16
字　数：316千
版　次：2012年7月第1版
印　次：2012年7月第1次
印　数：1—2000册

定　价：35.00元

总　序

我国正处在社会转型与体制转轨、机遇与风险并存的社会高风险期，加上各种自然灾害与人为事故纠结在一起，在社会急速变化的过程中，各类公共危机问题被迅速地集中和放大，蕴涵着不可忽视的各类风险。金融、环境、信息、流行疾病、民族分裂主义、自然灾害等非传统安全因素已成为威胁国家安全的组成部分，这些非传统安全危机深刻地考验着中国政府的执政能力。面对非传统安全危机，加强执政能力建设，趋利避害，化解风险，已成为中国政府长期面临的重要课题。从 2006 年 1 月国务院颁布《国家突发公共事件总体应急预案》起，就意味着战略性地应对公共危机已被擢升至国家高度。

“突发公共事件”是指突然发生，造成或者可能造成重大人员伤亡、财产损失、生态环境破坏和严重社会危害，危及公共安全的紧急事件。随着各国社会经济的快速发展，各类突发公共事件的危害日益突显。突发公共事件主要分为自然灾害、事故灾难、公共卫生事件、社会安全事件四类；按照其性质、严重程度、可控性和影响范围等因素分成四级，特别重大的是Ⅰ级，重大的是Ⅱ级，较大的是Ⅲ级，一般的是Ⅳ级。一国政府应对突发公共事件的能力已经成为评价其执政、施政能力的重要绩效标准。

北京大学丁元竹教授曾把中国社会的风险归结为十个方面：就业、“三农”、金融、贫富差距、生态与资源、台湾、全球化、国内治理危机、信心和诚信、艾滋病和公共卫生。

这是当代后发展国家现代化、城市化荆棘之路的共性，也是正在进行追赶型、跨越式发展的中国社会不得不面对与思考的问题。能源安全、环境安全、生态安全、金融安全、网络安全、信息安全、卫生安全、文化安全等涉及社会生活的多个领域，具有隐蔽性、危险性、突发性和非确定性的特点。进入 21 世纪以来，各种自然灾害、事故灾难、公共卫生事件、社会安全事件等频频发生，往往使国家遭受严重损失。研究社会转型期各类重大的突发公共事件和社会经济风险与自然条件状态下的各种自然灾害及次生灾害所带来的应急管理问题，提高突发公共事件应急管理能力成为政府不可回避且具有刻不容缓意义的现实课题。

中央综治办主任陈冀平曾指出，从目前的社会形势看，新的社会矛盾将不断产生，原有的一些社会矛盾可能随之凸显，并呈现出经济领域的新矛盾与其他领域的矛盾相互影响、相互作用的局面，主要表现为涉及农村土地征用、城镇房屋拆迁、国有企业改革、部分军队退役人员等方面的信访问题仍然十分突出，非法集资、股市房市受损、高校毕业生就业、医疗、养老、环境污染、城市公共服务与管理等诱发群体性事件的因素也正在增多。由经济纠纷引发的暴力讨债、绑架、哄抢等“民转刑”案件可能更加突出，流动人口犯罪、多发性侵权犯罪和非法集资等涉众型经济犯罪可能更加突出，城市社会治安问题向农村蔓延扩散的趋势可能更加突出，尤其是个人极端事件有可能进一步增多，治安问题的敏感性将会进一步增强，一起普通的刑事案件或治安案件有可能转变为社会热点问题，甚至诱发其他矛盾和问题。

近50年来，世界经济发展步伐加快，在石化能源体系支撑下的高碳工业，形成了火电、石化、钢铁、建材、有色金属等工业，并由此衍生出汽车、船舶、航空、机械、电子、化工、建筑等行业。气候变化主要是由人为活动排放的二氧化碳、甲烷、氧化亚氮等温室气体造成的。全球变暖的后果是冰川融化、海平面上升、生态系统退化和自然灾害频发。从企业应急管理和长远视角来看，企业外部市场变幻莫测，内部管理与控制日趋复杂。外部风险包括市场风险、竞争风险；内部风险则包括品牌风险、战略风险、文化风险、团队风险、领导人风险、财税风险、舆论风险、法律风险和技术风险等。

马凯在《求是》杂志中撰文指出：我国正处于工业化、城镇化快速发展时期，各种传统的和非传统的、自然的和社会的风险、矛盾交织并存，公共安全和应急管理工作面临的形势更加严峻。归纳起来，应急管理面临的态势包括四个方面：一是自然灾害处于频发期。我国是世界上自然灾害最为严重的国家之一，灾害往往具有种类多、分布地域广、发生频率高、造成损失重等特点。特别是近年来，极端气候事件频发，中、强地震呈活跃态势，自然灾害及其衍生、次生灾害的突发性和危害性进一步加重、加大。二是安全生产形势严峻。我国经济发展较快，能源、资源、运输供给长期偏紧，再加上安全生产基础薄弱，一些地方和企业责任不落实、监管不到位，生产安全事故发生率居高不下，重、特大事故时有发生。三是公共卫生事件防控难度增大。公共卫生事件的诱因和影响都呈较强的国际性特点，全球新发的三十多种传染病已有半数在我国出现，重、特大疫情和群体性不明原因疾病时有发生。随着人口流动量的加大和流动速度的加快，疾病的防控难度加大，造成的损失更加严重。而在食品、药品生产经营中市场秩序混乱、源头污染严重、监管力量薄弱等问题尚未得到根本解决。四是社会安全面临新的挑战。

我国改革发展进入关键阶段，各种利益关系错综复杂，国家安全面临的形势更加复杂严峻，维护社会稳定的任务更加艰巨。对当前国际金融危机造成的重大影响和可能引发的各类突发公共事件，我们要有充分的准备。2008 年 3 月 14 日，少数不法分子在西藏拉萨制造了打砸抢烧暴力事件，烧死或杀死藏汉群众 18 人，给当地人民群众生命和财产安全造成重大损失。之后，2009 年乌鲁木齐“7·5”打砸抢烧严重暴力犯罪事件又造成 197 人死亡，其中绝大多数是无辜群众。这起打砸抢烧暴力事件的发生，是由以热比娅为首的境外敌对势力和境内极少数人极力炒作广东韶关旭日玩具厂群殴事件，把一个一般的治安案件说成民族事件，从而极力煽动民族仇恨所致的。虎年春节期间，山西省的晋中、太原、吕梁、长治、晋城、阳泉等地区，到处都是地震将发的议论，一场大规模的群众恐慌在山西蔓延。2010 年 2 月 20 日晚至 21 日凌晨，许多山西人离家，躲避在广场、公园等地，夜不归宿，甚至开车逃往外乡。造谣人利用网络传播大地震谣言，而政府机构最初也处于一片迷乱中，直到 21 日早晨，山西省政府及各地区地震部门通过媒体及移动通信转达了政府公告，称群众这次避震行动是为谣言所惑，要广大群众安心。诸如此类的民生事件，实则是 2007 年哈尔滨水污染事件中短信传播哈尔滨要大地震的翻版，对于非常事件与突发事件，应该由民调机构和覆盖面广的大众媒体联合发布官方信息，以正视听。

应急管理是指政府及其他公共机构在突发公共事件的事前预防、事发应对、事中处置和善后管理过程中，通过建立必要的应急机制，采取一系列必要措施，以保障公众生命和财产安全，促进社会和谐、健康发展的有关活动。佐治亚州州立大学著名应急管理学家威廉·L. 沃认为：“应急管理就是对风险进行管理，以使社会能够与环境或技术危险要素共存，并应对环境、技术危险要素所导致的灾害。”应急管理是对突发公共事件的全过程管理，根据突发公共事件的预警、发生、缓解和善后四个发展阶段，应急管理可分为预测预警、识别控制、紧急处置和善后管理四个环节。应急管理又是一个动态管理，包括预防、准备、响应和恢复四个阶段，均体现在管理突发公共事件的各个阶段。

应急管理是一个完整的系统工程，可以概括为“一案三制”，即突发公共事件应急预案，应急机制、体制和法制。以政府应急管理为主线，围绕政府应急管理决策层次、技术管理层次、社会动员与响应机制等层次展开研究，达到在紧急状态下各行为主体凝聚人心、从容应对、缓解危机、减少缺失的效果。政府危机管理即政府在公共危机事件发生之前、发展过程之中和后危机时期，为减少和消除危机造成的危害和损失，根据危机管理计划和程序而对危机直接采取的对策及管理措施。政府应急管理是在政府常态型危机管理基础上的紧急状态的管理，各种信息资源、物质资源、人力资源如何高效配置与有效运筹，如何防止灾害的蔓延与次生灾害的扩大等，均是政府应急管理在紧急状态下需要解决的关键问题。我国正处于经济体制和经济增长方式双重转轨的特殊时期，存在着诱发公共危机的潜在的制度及非制度因素。高度重视公共危机管理、建立公共危机的预警机制和政府干预公共危机体系尤为必要。应急管理的基础是常规性政府危机管理，只有基础性工作常抓不懈，才能在紧急状态下临危不乱。

发达国家十分重视突发公共事件应急管理的研究，其研究范围覆盖了灾害或危机产生、发展、消亡的整个过程。日本是较早开展城市应急管理研究的国家，研究的领域和能力不断拓展，研究的水平处于世界前列。美国也在“9·11”事件发生后，组建了部级的美国国土安全部（DHS），标志着美国国家级突发公共事件应急管理体系从“综合应急管理”提升到“国家安全应急管理”的高度。相关国际组织也非常重视突发公共事件应急管理。联合国第二届世界减灾大会发表的《兵库宣言》要求各国将防灾减灾、保障国民生命和财产安全“作为国家的第一责任”，并将“确保减灾成为各国政府部门的工作重心之一”列为《兵库行动框架》（2005—2015 年）提出的五个行动重点之一。世界各国的政府部门、学术团体和专门机构已经开始从事各种针对突发事件的预防、监测、预报、识别、测定、控制、应急预案制定、事发时的快速反应及救灾、灾后的快速评估与重建的研究。

美国的乔治·华盛顿大学、马里兰大学、北达科他州立大学和加拿大的尼加拉瓜学院等国外大学，在一些领域均有较为系统的研究，包括危机与应急管理，流行病及预防医学，危机和应急管理中的信息技术，自然、技术危害以及恐怖袭击之风险管理，大规模恐怖行动的预防和反应，危机管理、灾后重建以及组织持续，减灾管理，健康与医疗应急管理。上述研究系统地对政府层面与技术层面的公共危机与应急管理技术提供了强有力的理论指导。

公共危机与突发事件已成为构建和谐社会和可持续发展的重要隐患，越来越引起社会各界对如何有效应对突发事件、妥善预防和处理危机的高度重视。2006 年 1 月国务院颁布《国家突发公共事件总体应急预案》象征着从战略上应对公共危机已被提升至国家高度。中央进一步明确提出，要建立健全社会预警体系，提高保障公共安全和处置突发事件的能力。2007 年 8 月，全国人大常委会通过了《中华人民共和国突发事件应对法》。汪永清、莫于川、韩大元等学者对该法进行了解释。一些学者则比较研究了国外紧急状态下的法律制度，如徐高、莫纪宏等。目前，我国的研究基本上处于介绍国外经验，对我国应急管理存在的问题及对策等事实进行描述和提出对策措施的以研究为主的阶段，而上升到法理以及制度比较的研究尚欠深入，难以为应急管理的依法行政提供充分的理论支持。另外，对危机处理研究较多，对事后重建和救济研究较少，不利于依法规范政府行政行为，实现缓解公众利益和私人利益的矛盾、维护社会稳定的目的。

关于灾害及突发公共事件应急工程的研究国内外已经积累了大量的研究成果。从第一个应急管理国际组织——国际应急管理工程协会诞生之日起，各类研究成果层出不穷。这些成果几乎囊括了火灾、地震灾害、矿井塌陷、核泄漏事故灾难等具体灾害/危机的各领域。我国从 20 世纪 80 年代末开始创建许多研究学报和学术期刊，如《自然灾害学报》、《环境污染与防治》、《环境卫生工程》、《中国环境管理》、《中国减灾》等，针对我国自然灾害以及事故灾难的防灾减灾研究已经较为深入，目前国内较为集中的研究主要体现在城市灾害应急与管理，区域应急管理实务预案、演练及绩效，突发事件应急管理，现代城市公共安全应急管理，领导干部预防和处置突发公共事件实用指南与案例分析，公共危机与管理，国家与政府的危机管理，灾难性事故与事件应急处置，城市安全学，政府应急管理实务，中央和大城市政府应急机制建设，灾害应急处置与综合减灾，地震应急等研究领域。

政府应急管理和企业应急管理均需要建立应急管理综合平台和预案建设，运筹帷幄，才能在非常态情景下保持临危不乱，但是无论国内还是国外，对于突发公共事件的研究普遍侧重于技术和具体方法应用的应急工程研究，并形成了一类特殊管理理论与方法——应急管理，而蕴涵其中的基础科学问题研究还没有得到广泛关注。这样，构成了面向突发公共事件的应急管理和应急工程两个紧密结合、相辅相成的研究层面。其中，应急管理中的科学问题研究是应急工程问题研究的基础，而后者又是在前者指导下的实践。

从 2008 年暨南大学获教育部批准在全国率先招收应急管理本科生并成立全国首家应急管理学院，到 2009 年广东省“211 工程”三期重点学科建设项目“应急管理理论与实务”正式立项，再到暨南大学应急管理研究中心成立并成为广东省高校重点人文社科研究基地，得到了广东省政府、省政府应急办的大力支持和社会各界的广泛关注，我们深感责任的重大与使命的神圣。应急管理属于新型交叉管理学科，“211 工程”三期重点学科建设项目共设置了二十余个选题，从政治、经济、管理、公共卫生、新闻处置、社区与区域合作、应急管理史、应急管理平台等领域进行研究，试图对完善中国应急管理理论作出富有成效的尝试，也期盼对中国应急管理工作有所指导与借鉴。丛书的出版难免存在疏漏，期待读者给予批评指正。

暨南大学应急管理研究中心　暨南大学应急管理学院

广东省“211 工程”三期重点学科建设项目

应急管理理论与实务丛书编辑委员会

2011 年 1 月

目　录

总　序　/ 1
绪　言　/ 1

第一章　**公共应急事件及其影响概述 / 5**
第一节　公共应急事件的概念及其特点 / 5
第二节　公共应急事件的类型 / 8
第三节　公共应急事件的影响 / 28
第四节　公共应急事件经济分析的必要性与可行性 / 51

第二章　**公共应急事件经济分析的理论基础 / 55**
第一节　价值理论 / 55
第二节　价格理论 / 62
第三节　失灵理论 / 69
第四节　预期理论 / 81
第五节　风险理论 / 88
第六节　可持续发展理论 / 91

第三章　**公共应急事件经济分析方法 / 105**
第一节　成本收益分析 / 105
第二节　成本效果分析 / 110
第三节　存在/不存在分析 / 114
第四节　发生前后分析 / 116
第五节　直接市场评估法 / 117
第六节　替代市场评估法 / 126
第七节　非市场评估法 / 132

第四章 公共应急事件对社会部门的影响分析 / 138
第一节 受影响人口 / 138
第二节 住房和人类住区 / 144
第三节 教育和文化 / 152
第四节 医疗卫生 / 158

第五章 公共应急事件对基础设施的影响分析 / 165
第一节 能源 / 165
第二节 供水和卫生 / 173
第三节 运输和通信 / 180

第六章 公共应急事件对经济部门的影响分析 / 186
第一节 农业部门 / 186
第二节 贸易和工业 / 195
第三节 旅游部门 / 202

第七章 公共应急事件对社会总体的影响分析 / 207
第一节 环境 / 207
第二节 损失概述 / 215
第三节 宏观经济影响 / 218
第四节 就业和收入 / 228

附　录 公共危机预防投入过低问题的分析与对策 / 232

参考文献 / 244

绪　言

本书探讨的是公共管理中的应急事件，并选择经济分析的角度对其研究，这在国内外学术界几乎是空白。

一、所有的管理都有常态管理与非常态管理两个方面

所有的管理都有常态管理与非常态管理两大内容，后者也称为应急管理或突发事件的管理。公共管理也不例外，同样分为常态管理与非常态管理，这是公共管理内在的、必然包含的两个方面或内容。这两种管理都是重要的，没有孰轻孰重之分，相比之下，常态管理是更为根本的，不可能常态管理效率低下到了非常态管理，就会一反常态，从而大大提高效率、降低成本。

公共管理的主体有两类：一是政府；二是非政府非营利性组织，即 NGO 或 NPO。政府的公共管理包含对自身的管理，例如政府组织内部的事务管理、财务管理、人员管理等等。但更为重要的是政府对市场、社会等其他组织都不予管理，或管不好、管不了、管不到的各种事项，政府对这些领域的管理，基本的理论依据是市场失灵、其他组织对社会等其他事项管理的失灵，即一个是经济方面的管理失灵，另一个是非经济方面的管理失灵，假如没有这两个失灵，自然政府就没有存在的必要，政府的职能就是从这两个失灵中推演出来的。但要记住，这两个失灵的存在，并不是发挥政府作用，赋予政府某种管理职能的充分条件，而仅仅是必要条件，并不是说存在这两个失灵，政府去做，就一定可以做好，就一定比企业或非政府非营利性组织做得更好，很可能在存在这两个失灵的同时，也存在政府失灵，即政府也做不好、做不到、做不了。逻辑结论就是在存在两个失灵发挥政府作用的必要条件的同时，还必须具备政府不失灵的充分条件。所谓政府不失灵，就是说无论是在短期还是长期，政府都可以比企业或非政府非营利性组织做得更好、更有效率、更节俭、更经济、更公平、更符合社会绝大多数人的利益要求。

常态管理是有章可循的、有序的、可预见的、常规性的、无风险的管理。常态化，就是日常管理工作的标准要求，重要的是管理的过程和措施。“常”是经常、日常、要求，就是要建立有效的常态化运行机制，按照凡事有章可循、有人负责、有人检查、违章必究的原则去进行管理。像所有的管理一样，管理中常常

存在着信息不对称、不完全的问题，进而导致风险问题，不管是事前的、事中的还是事后的，都会由于信息的缺失而产生各种各样的风险问题、逆向选择问题、机会主义行为问题、败德问题等等。因此，也可以说非常态管理就是对各种风险的管理。风险不同于危险，风险可以预测其概率，但常常是不确定的，而危险的概率是确定的。非常态管理、应急管理、应急事件管理常常是难以准确预测的，具有非常规性、突发性，并且结果常常具有破坏性，因而非常态管理是必须予以高度重视的。每一次应急事件都是不同的、独特的，当然也有相似之处，因而，应急事件的管理难度要高于常态事件。信息不对称、不完全导致的风险或来自自然，或来自经济市场，或来自社会，或来自政府自身。好的管理者也就是善于预见风险、化解风险、因势利导、趋利避害的人。如果该人来自商界，则是一个优秀的企业家，利润自然就是对其的奖励；如果来自政府，则是一个优秀的公务员或官员。信息不对称、不完全导致的风险，继而引发的公共应急事件是本书着重强调的。

二、并非所有的应急管理都是公共事件

并不是所有的应急事件都具有公共的属性，企业的经营管理中，由于资金、劳动力、原材料、能源等的供应问题，半成品的供给问题，成品的生产与销售问题等都会面临突发的应急事件，因为任何企业家既要面临来自市场的风险问题，也要面临更为广泛的来自社会、政府的各种风险问题，应对这些风险，稍有闪失就会引发破坏性的应急事件，但这是需要企业予以应对的，虽然间接地与政府有关，但直接予以面对并处理的首先是企业自身。而公共应急事件，必然是由于该事件的发生，覆盖了整个社会，危及了绝大多数人的利益，甚至是财产与生命的安危，因而理论上需要代表公共利益的政府出面予以应对。但是，现实中的政府并不总是公共利益的代表，但至少法理上是如此的，否则政府就没有存在的必要了。任何组织、个人，都可以有自己独立的利益，唯独政府不能有自己的私利，作为一个组织，它只能是公共利益的代表，不过，是真实的代表，还是虚假的、强奸民意的代表，这是特别值得警惕的。本书假定政府都是公共利益的代表。

三、应急事件中常常是市场中断而非市场失灵

经济学中讨论的市场机制，即在没有外力干预、要素可以自由流动、市场可以自由进出、价格可以自由升降的条件下，由于市场中供求双方的自由竞争，在“看不见的手”即价格信号的指引下，平衡供求关系，得到均衡价格和数量的自发过程。这里的供求都是常态下的。而一旦发生突发事件，市场会中断，供给会停顿，需求也会不同于常态下的各种常规情况。应急事件下供给的即期弹性几乎

等于零，即供给曲线变为一条垂线，此时，只能是随着需求的延续与增加而价格不断上涨。应急事件中的需求，也不同于常态下的情况，有些还在延续，例如吃、住、穿等，另外会增加对药品等一些特殊商品的需求，且数量短期内是激增的，供求会面临巨大的缺口，政府不予管制，必然导致价格飞涨、人们生存难以为继的恶性后果。从经济学的角度来说，人们的需求分为两部分，一部分是与生存相关的但与价格、收入无关的自发性需求，另一部分是与价格、收入相关的引致性需求。前者是没有弹性的，是刚性的；后者是有弹性的。应急状态下，由于应急事件产生的更为特殊和增多的自发需求，单靠市场是不可能满足的，或不可能在维持原有的价格下予以满足，甚至在有些情况下，由于供给的中断，有价无市，根本不可能满足需求，这是一种特殊形式的市场失灵，也是需要发挥政府作用的基本理论依据。此外在危机的恢复和重建过程中，同样是由于自发的需求，或应急事件情况下增多的自发需求，例如医疗、住房、教育的需求，也是供给短期内无法满足的，因为其自身也在恢复与重建之中。不过，需要指出的是，应急事件情况下，与其说是市场失灵，不如说是市场中断，特别是供给的中断与需求的延续之间的矛盾，很难将这种情况判定为市场失灵，因为只有在市场发挥了作用的情况下，才能解析是否是市场失灵；而在应急状态下，市场已经没有继续发挥作用的条件，市场中断了。因而准确地说，不是市场失灵，而是市场中断，这是不同于市场失灵的，至多可以说是一种特殊形式的市场失灵。市场发挥作用了，但作用不好，这是失灵；没有发挥作用，自然也就不存在失灵与否的问题。所以，特殊形式的市场失灵是本书研究分析的一个基本立足点。此外，应急事件中市场的中断是迫不得已的、暂时的，这时政府替代了市场发挥作用，但政府的作用恰恰是为了逐渐恢复市场，重新确立市场在资源配置中的基础性作用，最终还是要依靠市场，毕竟从长期来看由政府数量化地配置资源是低效率的。

四、必须严格界定公共应急事件

有一个问题是必须要澄清的，这就是一定要严格界定公共应急事件。公共的含义着重于应急事件的发生严重波及了公共利益，危及了与应急事件相关的绝大多数公众的利益、财产与生命安全，否则，就很难称得上是公共应急事件。例如，仅仅是少数讨薪者或少数人为某件事情举行示威游行与静坐集会等就难以说是公共应急事件，因为这些事件并没有突发性，也没有危及或损害其他人的利益，只是向政府表达诉求，或直接表达对政府以及其他组织的不满，这是常态下的正常事件。中国的政治与意识形态下，一些人常常将这些事件作为群体事件，不加区分地当作公共应急事件，调动警力如临大敌地予以压制，这种将公民正常的群体行为任意地当作公共应急事件的举措是极端错误的。不恰当地扩大公共应急事件的范围，这对中国民主政治的发展是极其有害的。不仅如此，还极有可能将矛盾激化，使得本来的正常事件演变为具有破坏性的公共应急事件。应急事件的含义在于事前未预料到的、突然而至的、超出常规程序管理的事件。如果都预料到了，那就应该依照程序做好各种工作，防止应急事件导致不好的后果，没有做到这一点，就是失职的表现。因此，应急事件必然具有突然性、难以预料性。另外，应急事件并非都是有害的，很有可能是有益的，这就不需要政府劳民伤财地大动干戈，应该警惕和解决的是具有破坏性、危及社会、损害人们的生命与财产的应急事件。公共应急事件的一个核心问题是公共利益或安全问题，而界定公共利益与安全绝非是轻而易举之事，这甚至是一个世界性的难题。应急事件来临，事情紧急，依照程序召集相关利益各方讨论又不现实，这就需要政府负责任地予以决断，但即便如此，事后的检讨与责任追究仍然是必需的。

迄今为止，对公共应急事件进行经济分析的相关文献是非常少的，现存的一些研究成果也很零碎，都没有对公共应急事件进行较为系统的、深入的分析。这也不难理解，因为当应急事件来临，市场会中断，供给会停止，有价无市或根本没有价格，自然也就失去了经济分析的基础或前提，没有市场，经济分析就无的放矢。本书并不是要对公共应急事件中的市场进行分析，而更多的是借鉴经济理论对公共应急事件的预防、评估、恢复与重建作经济方面的探索，以弥补这一研究的空白。正因为可资借鉴的文献很少，因而本书内容论证疏漏、分析偏颇、难以系统化地全面深入解构等在所难免，若能起到抛砖引玉之效，也算是尽了绵薄之力。

本书由董建新撰写，朱鸿伟、陈贵梧、余钧、李猷、李娜、陈新凯、周传东、钟景创、曾颖文参与了收集资料与部分章节的编写工作。附录是一篇提交学术会议的论文，由董建新、余钧撰写。

第一章　公共应急事件及其影响概述

当今世界，各类公共应急事件频繁发生。我国也未能幸免，自然灾害、事故灾难、公共卫生事件和社会安全事件等公共应急事件，严重影响了我国经济和社会的发展。如何有效应对公共应急事件，尽可能地预防和减少公共应急事件，尽可能地减轻和避免公共应急事件带来的灾害，是现代各国政府面临的一项重大挑战。

对于人们来说，“公共应急事件”是一个耳熟能详的词汇，但是，人们对于其内涵却存在着认识上的分歧。为了对公共应急事件进行深入的经济分析，我们首先必须厘清相关的基本概念。

第一节　公共应急事件的概念及其特点

一、公共应急事件的概念

公共应急事件是一种显性的社会不稳定现象，如何界定公共应急事件，无论在理论上，还是在实践中目前都还未形成统一的概念。现在学术界和实践部门在概念使用上，除了使用“突发（公共）事件（emergency）”外，还使用“（公共）危机（crisis）”、“紧急状态（state of emergency）”、“灾害（hazard）”、“灾难（disaster）”等概念。这些概念虽然所描述的事件或状态性质相近，但是它们之间侧重点是不同的。

从世界范围看，各国对“公共应急事件”的定义也不尽相同。例如，在英国，公共应急事件被定义为“对人的福祉、环境或安全构成威胁或造成严重损失的情境或一系列事件”；在美国，凡危及国家安全，危害公共安全和社会秩序，威胁国家、公民生命和财产安全，并有可能造成严重后果，需要立即予以处置的事件，均称为公共应急事件；澳大利亚在 1999 年的《紧急事件管理法》中明确了紧急事件是指已经发生或即将来临的，需要作出重大、协调一致的决策的事件。我国官方文件中首次使用“应急事件”的概念是在 1988 年 11 月 2 日公安部颁布的《关于处置各种应急事件的几点意见》中。2006 年 1 月 8 日国务院颁布的《国家公共应急事件总体应急预案》，首次将公共应急事件定义为突然发生，造成或者可能造成重大人员伤亡、财产损失、生态环境破坏和严重社会危害，危及公共安全的紧急事件。2007 年 11 月 1 日起施行的《中华人民共和国应急事件应对法》又将应急事件定义为突然发生，造成或者可能造成严重社会危害，需要采取应急处置措施予以应对的自然灾害、事故灾难、公共卫生事件和社会安全事件。这个定义既突出了公共应急事件的基本特征，也界定了公共应急事件涉及的领域。

二、公共应急事件的特点

导致公共应急事件的原因有很多，既可能是由自然原因造成的，如地震、洪水等；也可能是由经济原因造成的，如经济危机；还可能是由社会原因造成的，如民族冲突、宗族械斗等。必须明确的是，公共应急事件并非一般的事故，不能将公共应急事件混为一般的事故。在现实生活中，公共应急事件的形式和种类很多，而且几乎每一次事件，由于环境和原因各异，都具有各自的特殊性，但综观各种公共应急事件，一般都具有一些共同的特点。

（一）不确定性

公共应急事件具有不确定性。这种不确定性包括事件的发生不确定、事件发生的时间不确定、事件发生的状况不确定、事件的后果及其严重程度不确定。总之，公共应急事件在原因、变化方向、影响因素、后果等各方面都无规则，事件瞬息万变，难以准确预测和把握。正是这种不确定性和人类理性的有限性使得人们在公共应急事件面前往往无所适从，更增强了恐慌感和不安全感。

公共应急事件自始至终都处于不断变化的过程之中，人们很难根据经验对其发展方向作出常识性的判断。在经济全球化背景下，各种因素交织、互动，前所未有的新型公共应急事件不断出现，更加剧了公共应急事件的不确定性。公共应急事件一旦得不到有效遏制，就有可能产生“涟漪效应”。如“9・11”恐怖袭击发生后，美国航空业受到严重打击，民航客机上座率大幅度下降，到了圣诞节和新年前后，美国政府大力号召国民乘坐飞机出行，以解救濒临破产的航空业，振兴国内经济，但是较长一段时间内其客机上座率仍不足 50% 。

公共应急事件的不确定性是由于突然发生、情态紧急、具体起因不明等所致，外在表现为偶然性和随机性。如果弄清了公共应急事件的真实起因，那么公共应急事件发生、发展的方向以及结果则是可以预测的，亦是可以控制的。因此，从这个意义上讲，公共应急事件是不确定的，也是确定的；既是偶然的，也是必然的。

（二）危害性

公共应急事件会使众多或不特定多的社会公众在健康、生命和财产方面遭受重大损失，干扰、破坏社会正常运行的秩序，甚至使政府的合法性面临挑战。公共应急事件的危害性包括危害性威胁和危害性损害，主要是对社会、政府、国家安全利益的威胁和损害。而且，公共应急事件的社会危害性达到"严重"的程度，突出地表现在：公众的生命受到威胁，经济上遭受重大损失，正常的生产和生活秩序遭到破坏，造成社会的局部动荡和混乱等。公共应急事件的危害往往具有涟漪效应，可能引发次生或衍生事故，导致更大的损失和危机。在社会领域，任何一个公共应急事件，都有可能把潜在的社会矛盾引发出来，威胁整个社会的稳定。

公共应急事件的危害性在当代日益加剧，在造成重大的人员伤亡和财产损失的同时，也对经济发展、社会秩序造成了严重损害，对公共安全构成了巨大冲击，这些损失在一定程度上减少或抵消了经济增长和投资收益。例如，2004 年 12 月 26 日的印度洋海啸夺去了 225 000 多人的生命，导致从肯尼亚到印度尼西亚数以百万的人口背井离乡、流离失所。2001 年美国"9·11"事件使 2 797 人丧生，直接损失 3 000 亿美元，间接损失达 5 000 亿美元。联合国有关机构测算，这一事件使当年世界经济增长率减少 1 个百分点。1986 年发生的苏联切尔诺贝利核电站的核燃料泄漏事故，其造成的危害直至现在仍未消除，有关专家预测该事故的影响将延续 100 年。这些巨大的灾难考验着国家和地区、社会团体保护生命及基础设施安全，降低损失和快速恢复的能力。

（三）突发性与紧迫性

东汉文字学家许慎在《说文解字》中对"突"的解释是"从穴从犬也"，即狗从洞里猛然窜出，情势非常紧急。公共应急事件往往是平素积累起来的问题、矛盾、冲突因长期不能得到有效解决，在突破一定的临界点后的突然迸发。

应急事件既然是"突然发生的"，对其能否发生，什么时间、地点、方式爆发，以及程度等就都始料未及，难以准确把握。这来源于三方面因素：有些应急事件由难以控制的客观因素引发；有些爆发于人们的知觉盲区；有些爆发于熟视无睹的细微之处。应急事件的发生往往与人们的意识之间存在严重脱节，有一段认识空白，无论是政府、公众还是媒体，对应急事件的相关信息均处于短缺状态，因而难以判断及作出正确的反应，这种时间上的突发性增加了人们控制与处理应急事件的难度。例如，我国四川省汶川县于 2008 年 5 月 12 日 14 时 28 分 4 秒发生了里氏 8.0 级的地震，这是我国自新中国成立以来最为强烈的一次地震，直接严重受灾地区达10万平方公里，除黑龙江、吉林、新疆外均有不同程度的震感，其中以陕甘川三省震情最为严重，甚至泰国首都曼谷、越南首都河内、菲律宾、日本等地均有震感。地震突如其来，损失惨重。根据国家汶川地震专家委员会调查评估，这次地震造成的直接经济损失达8 451亿元人民币，四川最严重，占总损失的91.3%，甘肃占总损失的5.8%，陕西占总损失的2.9%。地震还造成69 000多人死亡和18 000多人失踪，而且灾后恢复重建的资金需万亿之巨。如此严重的地质灾害在发生前是无法预测的，其发生是突然的，发生的当时无法实时了解震中地区的情况，相应的应急救援措施都有一定的滞后性。

公共应急事件的发生需要应急管理人员在时间紧迫和巨大的心理压力之下，迅速调动可以掌控的一切人力、物力、财力，进行有效的应对，控制事态发展，消除不利的后果与影响。通常，公共应急事件发生后，人们处于非常紧急的状态，必须采取非常规措施，甚至需要临机决断。

（四）复杂性

应急事件的复杂性表现在：其一，它往往是各种矛盾激化的结果，总是呈现出一果多因、相互关联、牵一发而动全身的复杂状态。处置不当可加大损失，扩大范围，转为政治事件。其二，它具多样性的特点。公共应急事件的发展具有不同的情况，在表现形式上各有特色，非常复杂，难以遵循常规程序进行处理，其分类有近百种之多，同样的事件发生的时间、地点、原因及变化的趋势各不相同且千变万化。所以，公共应急事件具有多样性的特征。其三，公共应急事件防治的组织系统也较复杂，至少包括中央、省市及有关职能部门、社区三个层次。公共应急事件往往会突破地域限制，向更广范围的地理空间扩张。西方对此有句名言：灾害不分行政区域（Disaster knows no jurisdiction）。公共应急事件还会引发次生灾害，形成灾害链，产生间接的衍生影响。应急管理往往会存在一个中心任务，但会同时朝向多个目标开展工作，这些目标有时并非针对单一的灾害。应急管理可能涉及多个行业、领域、部门、学科，需要根据各个因素的特点综合加以考虑。

第二节　公共应急事件的类型

认真研究和合理确定公共应急事件的分类，对于明确责任、制定预案、科学组织、整合资源具有重要意义，是做好公共应急事件应急处置的基础性工作。但是，公共应急事件林林总总，事件的多样性或独特性使得分类可以有不同的维度，如从主体、性质、诱因、范围的角度进行分类。即便是从同一角度，也有不同的划分办法，从而分类异常困难。

目前，关于公共应急事件的分类，国际上还没有统一的标准，世界各国的分类都是基于各自的国情，做法不尽相同，并且是不断变化调整的。根据各国法律体系和行政管理制度的不同，有的国家把国内的应急事件和国外的重大应急事件分开考虑，也有的国家把政治性的应急事件与非政治性的应急事件分开考虑，还有的国家把常规状态下的应急事件与紧急状态下的应急事件分开考虑。例如，英联邦内阁办公室就没有将国际武装冲突、暴乱和叛乱以及经济危机纳入国内重大应急事件的范畴，而是主要分为四大类：①自然灾害，包括水资源缺乏、气象事故、能源和电源供应危机、燃料供应危机和洪灾事故；②技术性事故，包括航空事件、核事故、化学事故、火灾事故、火车碰撞事故、旅行事故和网络安全危机；③生物危机，包括化学、生物、放射性或核事故、流行性疾病、食品安全危机；④国内紧急状态和恐怖主义。

在中国，公共应急事件按照发生原因、机理、过程、性质、危害对象不同分为四大类：自然灾害、事故灾难、公共卫生事件、社会安全事件。

一、自然灾害

自然灾害主要包括水旱灾害、气象灾害、地震灾害、地质灾害、海洋灾害、

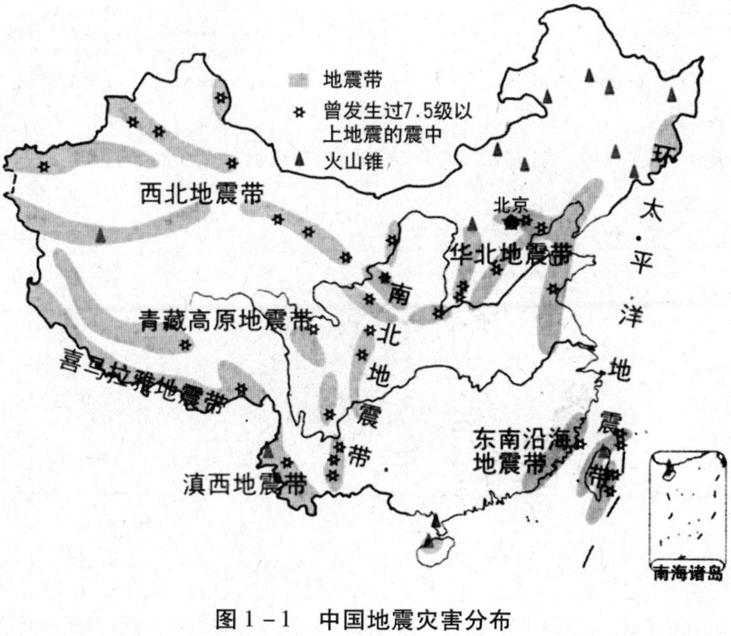

图1-1 中国地震灾害分布

生物灾害和森林草原火灾等。自然灾害是由于人类还无法完全抵御自然破坏力，完全由自然因素导致的。这些自然性应急事件不在人类的掌握控制之中。由于所处的自然地理环境和特有的地质构造条件，中国是世界上遭受自然灾害侵袭最为严重的国家之一。特大自然灾害经常发生，给社会、生活造成了巨大的损失，对公众的生命、健康、财产安全提出了严峻的挑战。在全球气候变化的背景下，我们必须着力防范极端天气所引发的自然灾害。

据中国民政部2010年社会服务发展统计报告①，2010年全国各类自然灾害共造成约4.3亿人（次）不同程度受灾，因灾死亡失踪7 844人，紧急转移安置1 858.4万人次；农作物受灾面积3 742.6万公顷，其中绝收面积486.3万公顷；倒塌房屋273.3万间，损坏房屋670.1万间；因灾直接经济损失5 339.9亿元。

表1-1　中国地震灾害情况（2000—2009年）②

年份 地区	地震灾害次数（次）				人员伤亡（人）		直接经济损失（万元）
	共计	5.0~5.9级	6.0~6.9	7.0级以上	共计	死亡人数	
2000	10	7	2		2 987	10	146 792
2001	12	8	2	1	750	9	148 449
2002	5	4			362	2	14 774
2003	21	10	6	1	7 465	319	466 040
2004	11	8	1		696	8	94 959
2005	13	9	2		882	15	262 811
2006	10				229	25	79 962
2007	3	1	1		422	3	201 922
2008	17	6	4	2	446 293	69 283	85 949 594
2009	8	5	2		407	3	273 782
重庆	1				3	2	2 273
云南	2	1	1		404	1	239 930
青海	1		1				11 081
新疆	4	4					20 498

① 中国民政部网站，http：//www. mca. gov. cn/article/zwgk/mzyw/201106/20110600161364. shtml.

② 中国国家统计局．中国统计年鉴（2010），http：//www. stats. gov. cn/tjsj/ndsj/2010/indexch. htm.

表 1－2 2009 年中国主要海洋灾害情况①

灾种	发生次数（次）	人员死亡、失踪（人）	直接经济损失（亿元）
合计	132	95	93.82
风暴潮	32	57	84.97
赤潮	68		0.65
海浪	32	38	8.03
海冰			0.17

2010 年我国累计发生 132 次风暴潮、海浪和赤潮过程，其中 44 次造成灾害。各类海洋灾害（含海冰、浒苔等灾害）造成直接经济损失 132.76 亿元，死亡（含失踪）137 人。

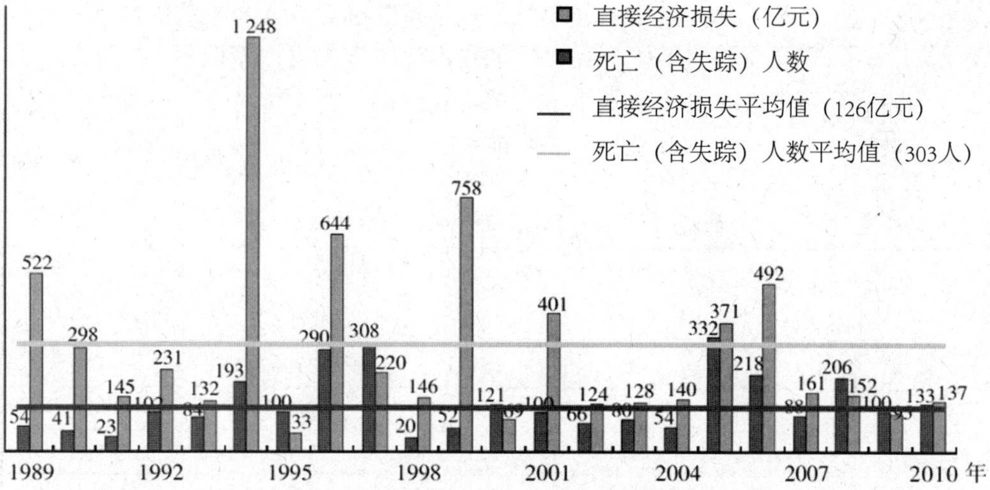

图 1－2 1989—2010 年海洋灾害直接经济损失和死亡（含失踪）人数

注：中华人民共和国国土资源部. 2010 年中国国土资源报告，http：//www. mlr. gov. cn/zwgk/zytz/201110/t20111019_ 1001550. htm。

① 中国国家统计局. 中国统计年鉴（2010），http：//www. stats. gov. cn/tjsj/ndsj/2010/indexch. htm.

二、事故灾难

表 1-3 中国 2009 年火灾事故统计①

项目	合计	特大	重大	较大	一般
发生数(起)	129 381	1	4	59	129 317
死亡人数(人)	1 236	1	49	222	964
受伤人数(人)	631	6	30	8	587
直接经济损失(万元)	162 391	15 072	306	825	146 188
平均每起事故损失(元)	12 551	150 722 000	763 750	139 814	11 305

事故灾难主要包括工矿商贸等企业的各类安全事故、火灾、交通运输事故、公共设施和设备事故、核辐射事故、环境污染和生态破坏事件等。事故灾难类应急事件，主要是由人的主观因素导致的，也不排除客观因素与主观因素相结合而导致的，是人类科学技术的附产品。它们是由于决策失误、管理不善、工作粗心等人为因素而诱发的本来不该发生的事情。在中国，由于经济发展所处的特定阶段，生产安全事故，特别是各种矿难事故频繁发生，严重威胁着公共安全。

表 1-4 2009 年中国各地区火灾事故情况②

地区	发生数（起）	死亡人数（人）	受伤人数（人）	直接经济损失（万元）	人口火灾发生率（1/10 万人）
全国	129 381	1 236	651	162 390.7	9.70
北京	5 615	33	50	15 926.1	45.01
天津	1 328	15	13	940.8	13.49
河北	3 052	34	16	4 105.5	4.23
山西	4 777	7	14	3 608.8	13.79
内蒙古	9 364	46	15	5 353.0	38.17
辽宁	2 949	19	6	2 755.9	6.93
吉林	8 209	44	11	3 384.3	30.19
黑龙江	2 802	24	9	5 909.6	7.29

① 中国国家统计局．中国统计年鉴（2010），http：//www.stats.gov.cn/tjsj/ndsj/2010/indexch.htm.

② 中国国家统计局．中国统计年鉴（2010），http：//www.stats.gov.cn/tjsj/ndsj/2010/indexch.htm.

（续上表）

地区	发生数（起）	死亡人数（人）	受伤人数（人）	直接经济损失（万元）	人口火灾发生率（1/10 万人）
上海	6 086	63	41	3 990.0	43.45
江苏	5 035	84	49	7 714.2	6.79
浙江	4 323	87	28	6 063.0	9.17
安徽	5 475	45	24	8 400.4	8.06
福建	3 747	52	38	12 157.7	10.71
江西	5 963	23	10	6 710.4	12.87
山东	6 255	34	10	5 334.1	6.62
河南	2 627	15	8	2 679.6	2.46
湖北	11 358	42	21	5 078.0	18.49
湖南	2 563	52	16	9 964.1	3.66
广东	4 564	134	75	13 391.6	5.46
广西	1 101	37	22	4 993.1	2.12
海南	1 007	6	5	1 472.3	11.45
重庆	6 017	43	28	3 764.9	18.37
四川	5 682	51	42	7 243.2	6.32
贵州	912	80	29	3 615.6	2.23
云南	2 175	64	27	5 805.3	4.87
西藏	206	10	14	411.7	7.11
陕西	4 696	31	5	6 808.3	12.19
甘肃	1 244	5	6	1 504.9	4.60
青海	1 349	8	5	850.7	24.84
宁夏	3 938	4		326.2	62.11
新疆	4 962	44	14	2 127.4	23.39

注：全国总计数据包括发生在铁道、交通、军队的火灾情况。

表 1－5　2009 年中国交通事故情况①

类别	发生数（起）	死亡人数（人）	受伤人数（人）	直接财产损失（万元）
重大事故	59 235	67 759	35 240	42 159.1
特大事故	1 276	5 058	3 530	4 604.4
机动车	225 096	64 781	262 254	89 374.7
汽车	158 210	47 896	178 545	79 770.9
摩托车	58 160	13 501	74 825	7 117.8
拖拉机	6 177	2 214	6 432	1 137.2
非机动车	10 354	1 718	10 960	1 218.5
自行车	2 591	548	2 424	271.5
行人、乘车人	2 827	1 227	1 836	829.3
其他	74	33	75	14.3
总计	238 351	67 759	275 125	91 436.8

表 1－6　2009 年中国各地区交通事故情况②

地区	发生数（起）	死亡人数（人）	受伤人数（人）	直接财产损失（万元）
全国	238 351	67 759	275 125	91 436.8
北京	3 814	981	4 426	2 054.8
天津	3 839	945	4 608	2 256.2
河北	6 802	2 766	7 422	4 451.7
山西	7 697	2 773	8 829	3 501.2
内蒙古	4 166	1 440	4 632	1 528.5
辽宁	6 973	2 156	6 657	3 145.6
吉林	5 277	1 483	6 313	2 261.4
黑龙江	3 331	1 419	3 638	2 110.0

① 中国国家统计局．中国统计年鉴（2010），http：//www.stats.gov.cn/tjsj/ndsj/2010/indexch.htm.

② 中国国家统计局．中国统计年鉴（2010），http：//www.stats.gov.cn/tjsj/ndsj/2010/indexch.htm.

（续上表）

地区	发生数（起）	死亡人数（人）	受伤人数（人）	直接财产损失（万元）
上海	2 831	1 042	2 702	1 216.3
江苏	14 542	5 202	13 997	5 496.9
浙江	23 391	5 689	25 489	8 847.0
安徽	8 191	2 931	10 307	2 426.8
福建	13 633	2 911	16 247	4 687.4
江西	4 262	1 644	5 163	3 921.0
山东	16 166	4 518	16 948	5 616.1
河南	8 587	2 018	10 159	3 302.9
湖北	6 630	1 952	8 201	2 850.3
湖南	7 444	2 154	10 082	3 822.0
广东	32 455	6 542	38 598	8 552.9
广西	5 196	2 437	6 504	1 862.7
海南	1 323	499	1 873	399.6
重庆	5 992	1 031	9 178	1 048.4
四川	21 680	3 057	25 179	5 769.6
贵州	1 816	1 210	2 606	1 213.9
云南	5 075	1 888	6 549	2 371.7
西藏	678	369	748	585.1
陕西	5 501	2 034	5 404	2 988.8
甘肃	2 937	1 553	3 353	1 224.9
青海	1 146	578	1 334	392.8
宁夏	1 856	457	2 192	534.2
新疆	5 120	2 080	5 787	996.2

表 1-7　2009 年中国突发环境事件①

地区	突发环境							突发环境事件损失与罚款	
	事件次数（次）	水污染	大气污染	海洋污染	固体废物污染	噪声与振动危害	其他	直接经济损失（万元）	赔、罚款总额（万元）
全国	418	116	130	2	55		115	43 354.4	2 168.1
北京	31	1	7		22		1		
天津									
河北	4	2			1		1	21 520	1 555
山西	4	3					1		
内蒙古	5	3	2					479	
辽宁	6	1	3	1			1	550	
吉林									
黑龙江									
上海	118	4	71		13		30		
江苏	10	7	2				1	13 000	20
浙江	50						50	653	
安徽	22	12	3		4		3	625	237
福建	6	3	2				1	18	10
江西	6	4	2					512	25
山东	19	3	6	1	8		1	4 450	
河南	10	1	5				4	80.6	0.8
湖北	11	11							
湖南									
广东	10	3					7		
广西	11	9			2			291.3	110.4
海南	7	5	2						

① 中国国家统计局．中国统计年鉴（2010），http：//www.stats.gov.cn/tjsj/ndsj/2010/indexch.htm.

（续上表）

地区	突发环境							突发环境事件损失与罚款	
	事件次数（次）	水污染	大气污染	海洋污染	固体废物污染	噪声与振动危害	其他	直接经济损失（万元）	赔、罚款总额（万元）
重庆	33	20	10				3		9
四川									
贵州	4				4			283.8	
云南	3	2	1					524	71
西藏									
陕西	10	7			1		2	3.79	70.5
甘肃	36	14	13				9	363.9	59.8
青海	2	1	1						
宁夏									
新疆									

表 1－8　中国地质灾害及防治情况（2000—2009 年）①

年份地区	发生地质					人员伤亡（人）		直接经济损失（万元）	地质灾害防治项目数（个）	地质灾害防治投资（万元）	滑坡、泥石流治理面积（公顷）
	灾害起数（次）	滑坡	崩塌	泥石流	地面塌陷	共计	死亡人数				
2000	19 653	13 431	2 945	1 958	347	27 697	1 179	494 201	429	33 197	52 848
2001	5 793	3 034	583	1 539	554	1 675	788	348 699	999	44 639	25 714
2002	40 246	31 247	3 097	4 976	521	2 759	853	509 740	1 595	110 022	29 696
2003	15 489	10 240	2 604	1 549	574	1 333	767	504 325	1 815	166 514	14 450
2004	13 555	9 130	2 593	1 157	445	1 407	734	408 828	2 247	175 231	11 642
2005	17 751	9 367	7 654	566	137	1 223	578	357 678	3 179	166 860	5 315
2006	102 804	88 523	13 160	417	398	1 227	663	431 590	2 914	193 570	70 046

① 中国国家统计局．中国统计年鉴（2010），http：//www. stats. gov. cn/tjsj/ndsj/2010/indexch. htm.

（续上表）

年份 地区	发生地质					人员伤亡（人）		直接经济损失（万元）	地质灾害防治项目数（个）	地质灾害防治投资（万元）	滑坡、泥石流治理面积（公顷）
	灾害起数（次）	滑坡	崩塌	泥石流	地面塌陷	共计	死亡人数				
2007	25 364	15 478	7 722	1 215	578	1 123	598	247 528	3 492	244 885	2 592
2008	26 580	13 450	8 080	843	454	1 598	656	326 936	5 325	529 939	7 255
2009	10 580	6 310	2 378	1 442	326	845	331	190 109	28 061	542 368	
北京	11								5	1 100	
天津									3	80	
河北	13	1	6		2			84	16	3 531	
山西	16	6	8		2	24	24	491	30	5 938	
内蒙古	34	2	3	13	12			1 960	1	150	
辽宁	22	2	6		11			1 733	5	3 958	
吉林	18	3	8	4	2			295	42	51 774	
黑龙江	11		2	5	2				9	3 410	
上海										896	
江苏	17	11	1		5			628	40	15 241	
浙江	247	147	64	32		43	18	6 584	714	18 488	
安徽	349	116	216	4	13	8	2	2 179	156	12 253	
福建	391	372	15	1	2	3	3	1 234	2460	8 277	
江西	197	140	35	4	18	10	8	1 861	275	11 959	
山东	37	9	7	1	20			662	153	21 164	
河南	24	3			21			162			
湖北	552	436	76	3	29	21	8	12 312	1 377	10 666	
湖南	4 479	2 701	767	925	54	55	21	43 933	788	15 015	
广东	241	92	118	2	26	21	19	8 710	1 625	178 177	
广西	373	109	215	4	39	118	18	3 856	1 879	20 979	
海南	7	1	6					31	17	949	
重庆	908	795	72	24	11	111	23	18 783	3 153	28 552	

（续上表）

年份 地区	发生地质					人员伤亡（人）		直接经济损失（万元）	地质灾害防治项目数（个）	地质灾害防治投资（万元）	滑坡、泥石流治理面积（公顷）
	灾害起数（次）	滑坡	崩塌	泥石流	地面塌陷	共计	死亡人数				
四川	934	581	212	108	17	244	89	31 904	12 287	56 657	
贵州	167	108	40	1	14	38	23	10 650	23	6 600	
云南	442	341	28	54	10	97	37	13 118	253	40 279	
西藏	655	110	352	191	2	10	7	13 076	4	3 209	
陕西	224	107	96	9	10	14	10	3 811	301	12 610	
甘肃	161	78	20	53	3	25	19	11 237	2 422	6 391	
青海	25	22	3			2	1	714	7	1 576	
宁夏	19	14	1	2	1					80	
新疆	6	3	1	2		1	1	101	16	2 409	

表 1－9　2009 年中国森林火灾情况①

地区	森林火灾	火场				受害森林				伤亡人数		其他损失
	次数（次）	一般火灾	较大火灾	重大火灾	特别重大火灾	总面积（公顷）	面积（公顷）	天然林	人工林	共计	死亡人数	折款（万元）
全国	8 859	4 945	3 878	35	1	213 636	46 156	5 124	36 058	110	39	14 511.4
北京	4	3	1			13	7		7			
天津	6	5	1			4	2		2			
河北	63	53	10			443	105		105	1	1	17.6
山西	37	13	24			3 149	636	111	525	9	2	1 340.2
内蒙古	66	32	30	4		17 764	3 734		31			8.0
辽宁	176	123	53			1 424	481	47	410			12.9

① 中国国家统计局. 中国统计年鉴（2010），http：//www. stats. gov. cn/tjsj/ndsj/2010/indexch. htm.

（续上表）

地区	森林火灾	火场				受害森林				伤亡人数		其他损失
	次数（次）	一般火灾	较大火灾	重大火灾	特别重大火灾	总面积（公顷）	面积（公顷）	天然林	人工林	共计	死亡人数	折款（万元）
吉林	131	98	33			351	206	1	105			240.2
黑龙江	54	36	17		1	99 819	1 834	1 743	91	5	1	
上海												
江苏	50	49	1			49	5		5			
浙江	247	51	196			3 547	1 580		1 207	5	3	39.3
安徽	100	57	43			758	311	1	310			55.4
福建	579	38	528	13		16 018	11 011	207	10 804	6	4	1 776.9
江西	394	91	303			8 184	3 300	21	3 279	21	1	1 275.2
山东	17	6	11			210	69		69			10.0
河南	596	436	160			1 990	810		810			82.6
湖北	660	575	85			2 228	473	77	390			5.8
湖南	2 173	878	1 289	6		18 080	10 110	60	10 050	20	8	2 321.7
广东	188	53	135			2 631	1 269	79	1 190	6	2	301.9
广西	569	333	236			7 167	1 190	40	1 150	16	10	274.1
海南	46	28	18			222	163	3	160			5.3
重庆	87	78	9			247	66	7	53			23.8
四川	310	247	57	6		5 731	2 578	2 094	484	1	1	712.8
贵州	1 626	1 199	421	6		12 661	3 702	383	3 315	9	4	1 216.0
云南	510	320	190			10 235	2 222	238	1 332	6	2	4 711.9
西藏	11	10	1			47	5					8.4
陕西	55	47	8			282	108	4	104	3		
甘肃	29	29				78	2		2			1.3
青海	16	14	2			154	103		16			14.9
宁夏	8	8				69						3.1
新疆	51	35	16			84	73	8	50	2		52.3

表 1-10　中国旱灾水灾情况（1978—2009 年）①

年份 地区	受灾面积（千公顷）	成灾面积（千公顷）	成灾面积占受灾面积比重（%）	水灾		旱灾	
				受灾面积（千公顷）	成灾面积（千公顷）	受灾面积（千公顷）	成灾面积（千公顷）
1978	50 807	24 457	48.1	3 109	2 012	32 641	16 564
1980	50 025	29 777	59.5	9 687	6 070	21 901	14 174
1985	44 365	22 705	51.2	14 197	8 949	22 989	10 063
1990	38 474	17 819	46.3	11 804	5 605	18 175	7 805
1991	55 472	27 814	50.1	24 596	14 614	24 914	10 559
1992	51 332	25 893	50.4	9 422	4 463	32 981	17 047
1993	48 827	23 134	47.4	16 390	8 608	21 097	8 656
1994	55 046	31 382	57.0	17 328	10 744	30 423	17 050
1995	45 824	22 268	48.6	12 734	7 604	23 455	10 402
1996	46 991	21 234	45.2	18 147	10 855	20 152	6 247
1997	53 427	30 307	56.7	11 415	5 839	33 516	20 012
1998	50 145	25 181	50.2	22 292	13 785	14 236	5 060
1999	49 980	26 734	53.5	9 020	5 071	30 156	16 614
2000	54 688	34 374	62.9	7 323	4 321	40 541	26 784
2001	52 215	31 793	60.9	6 042	3 614	38 472	23 698
2002	46 946	27 160	57.9	12 288	7 388	22 124	13 174
2003	54 506	32 516	59.7	19 208	12 289	24 852	14 470
2004	37 106	16 297	43.9	7 314	3 747	17 253	8 482
2005	38 818	19 966	51.4	10 932	6 047	16 028	8 479
2006	41 091	24 632	59.9	8 003	4 569	20 738	13 411
2007	48 992	25 064	51.2	10 463	5 105	29 386	16 170
2008	39 990	22 283	55.7	6 477	3 656	12 137	6 798
2009	47 214	21 234	45.0	7 613	3 162	29 259	13 197

① 中国国家统计局. 中国统计年鉴（2010），http：//www.stats.gov.cn/tjsj/ndsj/2010/indexch.htm.

（续上表）

年份 地区	受灾面积（千公顷）	成灾面积（千公顷）	成灾面积占受灾面积比重（%）	水灾		旱灾	
				受灾面积（千公顷）	成灾面积（千公顷）	受灾面积（千公顷）	成灾面积（千公顷）
北京	15	10	66.7			3	1
天津	59	48	81.4				
河北	2 628	1 642	62.5	120	49	1 544	1 063
山西	1 787	1 229	68.8	53	30	1 384	966
内蒙古	4 770	2 390	50.1	449	161	3 890	1 923
辽宁	2 172	1 034	47.6	20	5	2 084	972
吉林	2 671	1 630	61.0	37	16	2 440	1471
黑龙江	7 394	3 130	42.3	1 570	800	4 872	1 907
上海	16	8	50				
江苏	1 203	393	32.7	166	42	599	199
浙江	463	243	52.5	67	42	22	6
安徽	2 101	320	15.2	494	179	909	52
福建	266	128	48.1	13	8	42	26
江西	1 352	657	48.6	472	296	621	261
山东	2 342	1 182	50.5	761	185	1 175	815
河南	2 987	1 063	35.6	100	33	1 579	288
湖北	1 827	532	29.1	832	321	592	149
湖南	1 825	626	34.3	558	168	753	305
广东	643	189	29.4	36	3	318	106
广西	1 110	459	41.4	303	109	774	336
海南	120	87	72.5	2	1	13	2
重庆	495	177	35.8	319	119	137	47
四川	1599	697	43.6	667	354	743	242
贵州	780	402	51.5	196	42	478	318
云南	1 668	717	43.0	145	86	1037	416

（续上表）

年份 地区	受灾面积（千公顷）	成灾面积（千公顷）	成灾面积占受灾面积比重（%）	水灾		旱灾	
				受灾面积（千公顷）	成灾面积（千公顷）	受灾面积（千公顷）	成灾面积（千公顷）
西藏	53	20	37.7	10	4	27	10
陕西	1 221	571	46.8	61	25	800	333
甘肃	1 881	669	35.6	110	60	1 542	495
青海	160	74	46.3	13	4	34	17
宁夏	366	127	34.7	30	15	308	106
新疆	1 244	778	62.5	9	4	540	366

三、公共卫生事件

公共卫生事件主要包括传染病疫情、群体性不明原因疾病、食品安全和职业危害、动物疫情以及其他严重影响公众健康和生命安全的事件。公共卫生类应急事件通常是由客观因素中的病菌、传染病等引起的。阜阳大头娃娃事件、毒饺子事件、三鹿奶粉事件等都警示我们，绝不能忽视食品安全问题。

表 1－11 2009—2010 年中国甲乙类传染病报告发病及死亡数①

病名	发病例数		死亡人数	
	2010	2009	2010	2009
合计	3 185 932	3 499 582	14 289	14 851
鼠疫	7	12	2	3
霍乱	157	85	0	0
传染性非典型肺炎	0	0	0	0
艾滋病	15 982	13 281	7 743	6 596
病毒性肝炎	1 317 982	1 425 020	884	1 018

① 中华人民共和国卫生部公告，http：//www. chinacdc. cn/tjsj/gjwstjsj/201105/t20110504_ 43268. htm.

（续上表）

病名	发病例数		死亡人数	
	2010	2009	2010	2009
脊髓灰质炎	0	0	0	0
人感染高致病性禽流感	1	7	1	4
甲型 H1N1 流感	7 123	121 843	147	654
麻疹	38 159	52 461	27	39
流行性出血热	9 526	8 745	118	104
狂犬病	2 048	2 213	2 014	2 131
流行性乙型脑炎	2 541	3 913	92	172
登革热	223	305	0	0
炭疽	289	351	6	3
细菌性和阿米巴性痢疾	252 248	271 551	36	38
肺结核	991 350	1 076 938	3 000	3 783
伤寒和副伤寒	14 041	16 938	3	9
流行性脑脊髓膜炎	325	625	33	73
百日咳	1 764	1 612	1	1
白喉	0	0	0	0
新生儿破伤风	1 057	1 412	86	137
猩红热	20 876	22 068	0	0
布鲁氏菌病	33 772	35 816	1	0
淋病	105 544	119 824	1	0
梅毒	358 534	306 381	69	63
钩端螺旋体病	677	562	11	11
血吸虫病	4 317	3 521	0	2
疟疾	7 389	14 098	14	10

注：2010 年甲型 H1N1 流感监测数据为临床和实验室诊断病例，不含外籍和台港澳；2009 年甲型 H1N1 流感监测数据为实验室诊断病例。

表 1－12　2009—2010 年中国丙类传染病报告发病及死亡数①

病名	发病例数		死亡人数	
	2010	2009	2010	2009
合计	3 224 030	2 398 833	968	416
流行性感冒	64 502	198 381	7	13
流行性腮腺炎	298 932	299 329	4	1
风疹	43 117	69 860	1	0
急性出血性结膜炎	290 767	13 707	0	0
麻风病	381	424	4	0
斑疹伤寒	2 235	2 764	1	0
黑热病	361	509	1	0
包虫病	2 515	2 676	2	0
丝虫病	0	0	0	0
其他感染性腹泻病	746 551	655 658	43	49
手足口病	1 774 669	1 155 525	905	353

中国公安部公布 2010 年 10 起典型食品安全犯罪案件②

1. 青海东垣乳品厂制售有毒有害食品案。2010 年 7 月，青海省民和县公安局破获一起生产、销售有毒有害食品案，抓获犯罪嫌疑人 4 名。经查，2010 年 2—6 月，犯罪嫌疑人代某某（河北鹿源乳业制品厂厂长，另案处理）通过中间商孙某某、周某某，将其藏匿的 48 吨 2008 年三聚氰胺超标的问题乳粉和 26 吨过期乳粉销售给青海东垣乳品厂，该厂明知该批乳粉有问题仍加工后销往湖南、江苏、江西、浙江等地，涉案金额 150 余万元。9 月 2 日，法院以生产、销售有毒有害食品罪判处周某某等多人有期徒刑并处罚金。

2. 山西太谷营养保健品厂制售问题乳粉案。2010 年 8 月，山西省太谷县公安局破获一起生产、销售有毒有害食品案，抓获犯罪嫌疑人 6 名。经查，2009 年 11 月，犯罪嫌疑人齐某某（山西省清徐县恒泰鲜奶收购专业合作社法人代表）收到

① 中华人民共和国卫生部公告，http：//www. chinacdc. cn/tjsj/gjwstjsj/201105/t20110504_ 43268. htm.

② 中国公安部网站，http：//www. mps. gov. cn/n16/n1282/n3553/2917788. html.

山西晋阳乳业用于抵欠款的一批奶粉。在晋阳乳业已告知其奶粉三聚氰胺超标，且明知太谷营养保健品厂要将其作为原料掺拌生产的情况下，齐某某从2010年1月开始将11吨上述奶粉以每吨13 300元的价格分批卖给太谷营养保健品厂，该厂厂长李某某指使员工将其中10吨奶粉多次掺入该厂生产的“白塔”牌无脂奶粉中，并伪造三聚氰胺合格报告对外销售。截至2010年7月，太谷营养保健品厂有120个批次产品检出三聚氰胺超标，共计170余吨，其中有130吨销售到市场。2010年12月29日，山西省晋中市中级人民法院对该案作出一审判决，李某某、齐某某被判处无期徒刑，并处没收个人全部财产；其他4名犯罪嫌疑人被判处7到10年不等有期徒刑，并处相应罚金。

3. 山东淄博制售假酒案。2010年4月，山东省淄博市公安局治安支队成功侦破徐某某等特大制售假酒案，查实该团伙已制售假茅台、五粮液酒60 000余瓶，涉案金额高达3 000余万元，抓获犯罪嫌疑人29人，其中逮捕10人。经查，犯罪嫌疑人徐某某自2006年以来，纠集同伙，以北京郊区为中心，利用回收的茅台、五粮液等名酒的包装，灌入同系列的金六福、茅台王子酒以及水，以次充好，冒充茅台、五粮液等名酒，通过登门推销等方式对外销售，销往北京、山东等地。

4. 湖南宁乡制售假劣“加加”酱油案。2010年2月，湖南省宁乡县公安机关破获一起生产、销售假劣酱油案，抓获犯罪嫌疑人7人，端掉制假窝点和仓库9个，扣押了用于制假售假的车辆2台，制假设备和工具170余件，“加加”、“龙牌”、“莲花”、“西湖”、“太太乐”、“邵阳大曲酒”、“老干妈”等品牌的假冒商品20多吨，“加加”等8种品牌的假冒商品标识和包装百万余件。经查，该犯罪团伙是由安徽籍犯罪嫌疑人李某某等人提供假冒商标标识，由湖南籍犯罪嫌疑人唐某某、贺某某和刘某某为首等10多人在湖南境内制假售假。这个犯罪团伙自2009年初大肆生产、销售假冒酱油、味精、植物油等食品，通过长沙最大的食品批发市场——“高桥大市场”销往全国各地。

5. 浙江温州制售病死猪肉案。2010年7月，浙江省温州市公安局治安支队破获一起制售病死猪肉案。经查，2009年7月至2010年5月期间，犯罪嫌疑人陆某某、盛某某等合伙收购病死猪肉，用病死猪肉制作成炸排骨、煮排骨、酱油肉等各类猪肉制品。同时查明，盛某某向陈某某等多名犯罪嫌疑人销售病死猪肉，陈某某将这些猪肉制成各类猪肉制品对外销售。犯罪嫌疑人以3 000元/吨的价格收购病死猪肉，以4 000~6 000元/吨的价格销售给熟肉加工者，以14元/公斤的价格销售制成品。经浙江省动物疫情控制中心检测，病死猪肉中含有“高致病性猪蓝耳病病毒”。

6. 河北昌黎制售假劣葡萄酒系列案。2010年12月23日，中央电视台《焦点访谈》栏目曝光昌黎县“昌黎野力葡萄酿酒有限公司”等多家企业涉嫌制售假冒伪劣葡萄酒的情况后，河北省、市、县公安机关迅速行动，依法立案调查。现初步查实，野力、嘉华、丘比特等3家企业存在制售假冒伪劣产品行为，先后生产81 481件和50大瓶、50大桶、29.02吨假冒伪劣葡萄酒，42人已被采取刑事强制措施。目前，公安机关会同有关部门对前期扣押的假冒伪劣产品进行了集中销毁。其中，昌黎野力葡萄酿酒有限公司一案中，该公司有葡萄酒生产线3条，中央电视台曝光的该企业制售假冒伪劣葡萄酒黑窝点非法生产线即是其中的拉斐堡生产线，该生产线从2010年9月28日开始采用原汁加水勾兑的方式生产假冒伪劣干红葡萄酒，截至2010年12月23日，共生产20 744件和50大瓶、50大桶假冒伪劣葡萄酒。昌黎嘉华葡萄酿酒有限公司一案中，该公司自2010年3月以来，采用“三精一水”勾兑和在含35%、50%的葡萄酒汁中添加辅料的方式，分别生产假冒伪劣干红葡萄酒56 911件和29.02吨。秦皇岛丘比特葡萄酿酒有限公司一案中，制造假冒伪劣葡萄酒主要采取的方法是二次发酵，即在发过酵的原料中加入井水再次发酵，根据出来的假酒品质再加入食用酒精、甘宁、色素、柠檬酸、橡木片等添加剂勾兑。经鉴定，该公司燕山长城和古城系列葡萄酒均为伪劣葡萄酒。

7. 吉林制售伪劣林蛙油案。2010年12月18日，吉林省桦甸县公安局治安大队破获一起生产、销售假冒林蛙油案，捣毁产销一体化犯罪团伙1个，当场查获用于生产伪劣林蛙油的产品原料牛蛙油近1 200公斤，制假机器设备1台，抓获犯罪嫌疑人4名。经查，犯罪嫌疑人隋某某等人注册成立了桦甸吉盛雪蛤林蛙参茸有限公司，自2009年3月以来收购大量牛蛙油和青蛙油，将两种油进行粉碎混合后，冒充林蛙油和雪蛤油，销往北京、上海、浙江等10个省市。截至案发，该公司在不到一年的时间里共生产销售的假冒林蛙油产品价值达500余万元。

8. 江苏无锡高某等特大制售假劣牛肉案。2010年12月9日，江苏省无锡市公安局治安支队通过网上排查发现有群众举报市场销售假劣牛肉。经过一段时间的调查，于2011年1月4日，在该市惠山区惠钱路206号捣毁一个特大生产销售假牛肉窝点，取缔4个生产加工假牛肉作坊，现场抓获高某、宋某某等28名涉案人员，查扣假卤牛肉19.8吨、用于制作假牛肉的猪肉120余吨。经查，犯罪嫌疑人高某、宋某某等自2008年9月以来，相继分别在无锡市惠钱路206号租用的厂房内，以河南等地购得的老母猪肉为原材料，使用亚硝酸钠、磷酸盐进行腌制，利用胭脂红、红曲粉进行上色，再添加牛肉香精和其他香料烧制，冒充卤牛肉批发销售，非法牟取暴利。

9. 福建南靖制售含瘦肉精猪肉案。2010年12月7日，福建省南靖县公安局治安大队根据线索，破获一起制售有毒有害食品案。经查，11月6日，犯罪嫌疑人陈某某（生猪贩运户）通过黄某某（漳州市南靖县中介人）介绍，以每斤7元的价格向漳州的黄某某（生猪养殖户）等人收购63头生猪。当运输车辆行至福建龙岩时，司机在陈某某的授意下，故意不向卫生监督部门申报生猪检疫，谎称该批生猪是从本地收购的，骗取了出县境动物检疫合格证，直接将这批生猪运往江西。经江西质检部门检测，该批猪肉“瘦肉精”含量严重超标。

10. 湖北孝感龙云蛋白有限公司制售伪劣蛋白粉案。2010 年 8 月 30 日，湖北省出入境检验检疫局向湖北省质量技术监督局通报了孝感龙云蛋白有限公司在生产蛋白粉过程中使用工业级盐酸、烧碱的情况，湖北省孝感市公安局于 2010 年 10 月 25 日以龙云公司涉嫌生产、销售伪劣产品罪立案侦查。经查，2009 年 1 月至 2010 年 9 月，龙云公司先后从中国石化江汉油田分公司盐化工总厂、湖北双环科技股份有限公司购买工业级液碱和盐酸，用作催化剂，从黄豆中提取植物蛋白，制成蛋白粉后，予以销售，货值金额累计达 7 000 余万元。

四、社会安全事件

社会安全事件主要包括恐怖袭击事件、民族宗教事件、经济安全事件、涉外应急事件和群体性事件等。社会安全事件，主要是由人的利益冲突与价值冲突因素造成的。在这类事件中，对应急事件的策划者、组织者、参与者而言，他们可以控制应急事件是否发生、发生规模的大小、持续时间的长短、危害和损失的程度及带来的负面影响程度等。作为应急事件的管理者、应对者、受害者，他们可以阻止应急事件的发生、缩短应急事件的进程、减轻应急事件的危害、降低或消除应急事件带来的负面影响等。中国正处于人民内部矛盾的凸显期、刑事犯罪的高发期、敌对斗争的复杂期。我们绝不能对社会安全事件的防范与处置有丝毫的懈怠和麻痹，特别是要建立社会公众的利益表达机制和矛盾协调机制，标本兼治，根除社会安全事件滋生的土壤。

对公共应急事件进行分类有利于明确责任主体，更为便利地处置专业性、技术性强的公共应急事件。在中国，不同类型的公共应急事件所对口的主要责任部门是不同的，具体如下：自然灾害救助对口民政部门，安全生产事故处置对口安监部门，公共卫生事件的应对对口卫生部门，社会安全事件处置对口公安部门。

第三节　公共应急事件的影响

公共应急事件的发生，无疑会对社会的多个方面造成冲击和影响。我们不仅要掌握公共应急事件的特征，还要了解其所带来的社会变化。只有这样，才能客观、冷静地分析公共应急事件发生后的情势，作出正确的判断。

美国灾难管理学家戴尼斯、库兰特利、克莱普斯认为，灾难会给社会带来六大变化：一是不确定性。灾难发生后，相关信息匮乏。人们不知道发生了什么、为什么发生、死伤人数、毁坏程度以及该如何采取应对措施，一切都处于不确定中。二是紧急性。由于需求增加，大多数公众和相关领导都认识到尽快发出预警、救治伤员、清理废墟、打通道路的重要性。三是紧急一致性。个人、群体、企业、政府通常会齐心协力，共同应对公共应急事件。四是公民角色的扩张。人们不仅更愿意合作，而且可能愿意参与到各种应急行动中来，比如搜寻被困在废墟下的邻居，向医院运送伤员，向慈善组织捐款。五是契约关系的重要性降低。由于灾民的需求必须尽快满足，文字性契约被口头约定所取代。人们在进行捐献时，一般不会考虑事后的补偿。六是汇集效应。人员及物资汇集到灾难现场。政府救援人员、志愿者、记者、研究人员、趁火打劫者、为救援人员助威者、悼念遇难亲友者及各种救灾物资都会云集灾区。①

公共应急事件的影响主要体现在其所造成的社会损失上。社会损失既有有形损失，又有无形损失，可从心理、价值、结构、物质等层面进行分析，主要包括三个方面。

一、社会恐慌

社会恐慌主要是一种由公共应急事件引起的、以过度紧张情绪为表现形式的过激反应，以持续性的心理恐慌、恐惧、焦虑、烦躁为主要特征，进而可能演变为哄抢、排斥、攻击、伤害等无组织反应行为。社会学对于瘟疫、灾难等公共应急事件后产生的无组织反应行为，称作“集合行为”（collect behavior）。对于恐慌心理以及恐慌行为，社会学常常用“无规范”和“紧急规范”理论来分析。灾难事件发生以后，人群中出现恐慌，与灾难发生以前的最大不同就是短时间出现了“无规范”。在常态下，群体是有行为规范的，这是秩序的基础。公共应急事件后，恐慌行为导致原有规范暂时失效，所以，恐慌行为的核心是失去规范。而阻止恐慌行为的关键，就是从失去规范到建立规范。研究证明，即使在混乱的“集合行为”中，也会有一种东西发挥作用，这就是“紧急规范”，即在紧急状态下人们的行事规则。最先行动者的带头作用，往往成为“紧急规范”。因此，在紧急情况下，人们往往不假思索地趋同于其他人的行为，很容易产生被动接受和模仿行为。

恐慌行为具有强烈的传染性，首先表现为谣言的传播。谣言是广泛传播的有关现实社会问题的不确切消息。谣言的产生必须具备如下两个条件：一是为数相当多的人对某一事件感兴趣或者非常关心，二是大家都缺乏关于该事件的信息。社会

---

① David A. McEntire. *Disaster Response and Recovery*：*Strategies and Tactics for Resilience*. John Wiley & Sonsm Inc.　, 2007.

心理学家奥尔波特和波斯曼用下述公式表示谣言的强度：

$$谣言的强度 = 事情的重要性 \times 对事情的不明确性$$

在社会风险事件发生以后，长期处于潜在未知危险中的人，会因可能接近危险和缺乏可靠的信息而担惊受怕，在很大程度上，这些人缺乏可靠信息造成的恐慌比实际灾难带来的恐惧甚至更严重。在极端情况下，这种恐慌被居心不良的人所利用，甚至会产生有破坏性的群体无意识行为，比如社会骚乱。所以，信息不对称是造成社会心理恐慌的重要因素。研究表明，与公共应急事件关联越密切的群体，应激反应越强烈；有社会支持的个体，心理焦虑水平越低；在压力面前能进行积极评价、自我调节或者干脆回避的个体，应激反应更微弱；高学历人群由于对各种信息的判断更为理性，能更冷静地处理危机。

2003 年 SARS 疫情暴发，在我国，尽管从中央政府到地方政府，都投入了巨大的人力、物力，竭尽全力进行抗击，但是，人们还是不同程度地产生了恐慌、焦虑与不安，并引发了一系列的社会恐慌行为：

（一）谣言四起

众所周知，在 SARS 暴发之初，由于信息运行不畅，导致有关疫情的种种信息缺乏公开性和透明度，甚至出现不报、漏报或弄虚作假，使得各种消息都是通过私人沟通渠道和网络传递的，小道消息或谣言在信息极端缺乏的情况下产生，这在一定程度上加重了民众的心理恐慌，并通过各种外在的行为得到充分的体现。于是社会上便出现了关于该病的各种传闻，如有的说是生物袭击，有的说是莫名病毒攻击，有的说是鼠疫传播，有的说是禽流感等等，在部分人中还出现了没病喝药的现象。服务业市场开始受到冲击，各大电影院、酒吧等娱乐场所顾客寥寥无几，经营者都认为是 SARS 引起的。受禽流感传言冲击，肉鸡销量大跌，有的公司销售量一度下降了 50%。

（二）抢购成风

SARS 暴发之初，广东省的一些地区开始出现了抢购抗病毒药物、食醋和口罩等商品的情况。广东各地的抗病毒药物、食醋及口罩等商品的售价大幅提高，如有的原本几块钱一包的抗病毒药品居然涨到了 20 多元。后来广东部分地区出现抢购食盐、粮油等商品现象。紧接着抢购风开始蔓延全国。上海各药店的板蓝根冲剂异常走俏，众多药店的柜台前挂起了板蓝根售完的告示，有的药店规定每人只能买一盒板蓝根。北京药店的板蓝根也出现脱销现象。沈阳等城市，板蓝根等预防和治疗呼吸道疾病的药品价格成倍增长，个别药房该类药被抢购一空。一直到官方召开新闻发布会，说明确实有一种病毒引起了 SARS，并且公布了患病人数，介绍了一些预防措施和患病的特征表现等信息，市民的生活才开始趋于平静，整个社会的运转才逐渐恢复正常。事实说明，这种恐慌所带来的后果远甚于 SARS 病毒本身对人类生理上的侵害。

社会恐慌的根源在哪里？恐慌的本质在于社会信任的危机，是个体对自己所处的环境丧失信任之后的应激性反应。在 SARS 高发期，人们的恐惧表现在社会生活的各个层面上：对公共场所的不信任，对公共交通工具的不信任，对医院的不信任，对来自疫病感染地区邮件的不信任……人们感到危险似乎无处不在。民众的恐慌，这说明其对社会、政府和自己的生存环境丧失了信任，这说明如何面对和控制疫情，并不只是一个医学问题，更是一个社会政治问题，是一个政府如何通过科学的管理运作控制民众的集群行为，进而建立一个社会信任机制的问题。

二、社会创伤

社会创伤是指因外界因素的冲击造成对社会个体、群体以及社会关系的损害。一些公共应急事件尤其是自然灾害，破坏性大，往往引起灾难性反应，导致人员伤、亡、病、贫现象。

（一）人员伤亡和残废

如唐山地震造成 24 万多人死亡，16 万多人重伤，有 7 218 户全家死亡，新增孤儿与孤老 3 043 人、截瘫患者 2 200 多人，这些受害者不仅自身永陷痛苦之中，亦成为一个需要政府与社会帮助才能生存的群体。

2010 年实际发生地质灾害中，滑坡 22 329 起、崩塌 5 575 起、泥石流 1 988 起、地面塌陷 499 起、地裂缝 238 起、地面沉降 41 起，其中造成人员伤亡的地质灾害 382 起。

2010 年全国各类自然灾害共造成约 4.3 亿人（次）不同程度受灾，因灾死亡失踪 7 844 人，紧急转移安置 1 858.4 万人次；农作物受灾面积 3 742.6 万公顷，其中绝收面积 486.3 万公顷；倒塌房屋 273.3 万间，损坏房屋 670.1 万间；因灾直接经济损失 5 339.9 亿元。

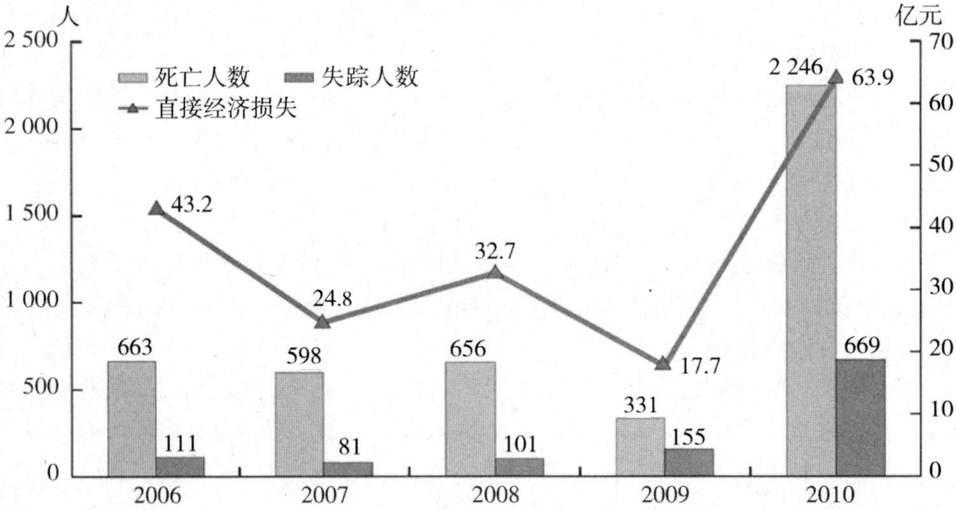

图 1－3　中国 2006—2010 年地质灾害造成的死亡、失踪人数和直接经济损失

注：中华人民共和国国土资源部．2010 年中国国土资源报告，http：//www. mlr. gov. cn/zwgk/zytz/201110/t20111019_ 1001550. htm。

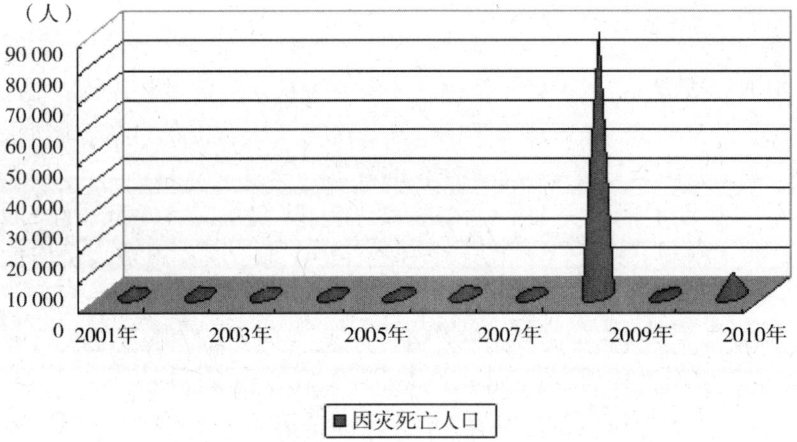

图 1－4　中国 2001—2010 年因灾死亡（含失踪）人数

表 1-13　中国 2000—2011 年死亡 30 人以上重大安全事故一览表（110 个）

日期	死亡人数	分类	省区市	事故简况
2011-11-10	34	煤矿	云南	11 月 10 日 6 时 30 分，云南省曲靖市师宗县私庄煤矿发生煤与瓦斯突出事故，事故发生时井下共有 43 人。截至 12 日 22 时，已发现 34 人死亡，尚有 9 人被困。
2011-10-07	35	汽车	河北	10 月 7 日 16 时许，唐山市交通运输集团公司所属一辆大客车（核载 55 人，实载 55 人）从河北省保定市驶往唐山市途中，在天津市境内滨保高速 60km+500m 处与一辆小轿车（载 3 人）发生追尾相撞后，侧翻到路边的防护栏上并滑行 100 余米，共造成 35 人死亡，19 人受伤。
2011-07-23	40	火车	浙江	7 月 23 日 20 时 34 分左右，浙江省温州市鹿城区双屿路段，D301 次列车与 D3115 次列车发生追尾事故，造成 40 人死亡，191 人受伤。
2011-07-22	41	汽车	河南	7 月 22 日凌晨 4 时左右，河南省信阳市境内一辆山东威海至长沙的中型客车（核载 35 人）由北向南行驶至京珠高速河南信阳明港段 938 公里处发生火灾，共造成 41 人死亡，6 人受伤。
2010-11-15	49	火灾	上海	11 月 15 日 14 时 15 分，上海市静安区胶州路 728 号一幢 28 层楼的高层居民住宅发生火灾事故。截至 11 月 16 日 7 时，已造成 49 人死亡，70 人在院治疗，其中 17 人重伤。
2010-10-16	37	煤矿	河南	10 月 16 日 6 时 3 分，河南中平能化集团平禹煤电四矿 12190 备采面在防突打钻执行局部措施时发生煤与瓦斯突出，突出煤量约 2 500 吨，瓦斯涌出量 18 万立方米。当班入井 276 人，239 人安全升井，到 19 日 7 时 35 分，37 名遇难者全部找到。

（续上表）

日期	死亡人数	分类	省区市	事故简况
2010－08－24	42	航空	河南航空公司	8月24日21时35分，黑龙江伊春机场一架河南航空公司客机降落时失事，航班号VD8387，20时51分从哈尔滨太平机场起飞，乘客91人，机组5人。经搜救，54人生还，其中5人重伤，42人死亡。
2010－08－16	33	烟花	黑龙江	8月16日9时40分，黑龙江省伊春市乌马河区，华利实业有限公司（鞭炮厂）发生爆炸事故，截至9月1日，已死亡33人，另有3人失踪。
2010－06－21	49	煤矿	河南	6月21日1时40分，河南省平顶山市卫东区兴东二矿，井下发生火药爆炸事故，共发现49人遇难，26人受伤。
2010－05－23	33	汽车	辽宁	5月23日2时，辽宁省阜新市彰武县境内，一辆严重超载的豪华卧铺客车（津AB7328，核载36人，实载54人）在铁朝高速（G25长深高速，铁岭至朝阳）306公里处，与一辆逆行的大挂车（蒙F3806）相撞，造成33人死亡，24人受伤。
2010－03－31	44	煤矿	河南	3月31日19时20分，河南省洛阳市伊川县国民煤业有限公司发生煤与瓦斯突出事故，引起地面副井口爆炸。造成井下39人死亡，地面5人死亡。
2010－03－28	37	煤矿	山西	3月28日13时40分，山西省临汾地区乡宁县华晋焦煤公司王家岭矿北翼盘区101回风顺槽发生透水事故，当班井下有261人作业，已确认有108人安全升井。经搜救，井下115人获救，37人死亡，还有1人被困井下。
2010－03－01	32	煤矿	内蒙古	3月1日7时29分，内蒙神华乌海能源有限公司骆驼山煤矿，16层回风巷掘进工作面发生透水事故，造成32人死亡。
2010－01－05	34	火灾	湖南	1月5日12时20分，湖南省湘潭市湘潭县，谭家山镇立胜煤矿井下发生一起电缆着火事故，34人死亡。

（续上表）

日期	死亡人数	分类	省区市	事故简况
2009－11－21	108	煤矿	黑龙江	11月21日2时30分，黑龙江龙煤集团鹤岗分公司新兴煤矿，三水平二石门后组15层探煤道发生煤与瓦斯突出，引起风流逆向，瓦斯随逆向风流进入二段钢带机机头硐室发生爆炸。事故发生时全矿井下有作业人员528人，其中108人遇难。
2009－09－08	76	煤矿	河南	9月8日1时，河南省平顶山市新华区新华四矿井下发生瓦斯爆炸事故，造成76人死亡。
2009－05－30	30	煤矿	重庆	5月30日10时55分，松藻煤电公司同华煤矿观音桥三区安稳斜井掘进工作面过煤门时发生煤与瓦斯突出事故，当班入井人员共131人，其中101人安全升井（77人受伤，其中12人伤情较重），30人死亡。
2009－02－22	74	煤矿	山西	2月22日2时17分，山西西山煤电集团屯兰煤矿南四盘区发生瓦斯爆炸事故。当班井下436人，截至18时，抢险搜救工作结束，有362人安全升井，造成74人死亡。住院治疗114人，其中危重伤员5人。
2008－09－21	37	煤矿	河南	9月21日1时10分，河南省郑州登封市，郑州广贤工贸有限公司新丰二矿掘进工作面发生煤与瓦斯突出事故。事故当班入井108人，事故发生后64人安全升井，经抢救，7人脱险，37人死亡。
2008－09－21	44	火灾	广东	9月21日0时46分，广东省深圳市龙岗街道深惠路立交桥旁的舞王俱乐部发生火灾事故，截至25日17时，伤员中又有1人死亡，此事故共造成44人死亡，64人受伤。
2008－09－20	31	煤矿	黑龙江	9月20日3时30分，黑龙江省鹤岗市兴山区富华煤矿，井下发生一起火灾事故，当班入井44人，事故发生后13人升井，31人遇难。

（续上表）

日期	死亡人数	分类	省区市	事故简况
2008－09－13	51	汽车	四川	9月13日13时40分，四川省巴中市一辆宇通客车（巴中市巴运集团公司所属，川Y08668，核载51人，实载51人），由巴中市前往浙江省宁波市，行至S101线525km＋700m处时（巴中市南江县桃园镇卫家坝林场），坠入约150米的岩下，初步勘查无一人生还。
2008－09－08	281	煤矿	山西	9月8日8时，山西省临汾市襄汾县新塔矿业有限公司发生尾矿库溃坝事故，造成281人死亡，34人受伤。
2008－08－01	45	煤矿	山西	8月1日1时，山西省太原市娄烦县马家庄乡寺沟村太原钢铁集团尖山铁矿排渣厂发生山体滑坡，近9万立方米土方下泄，初步调查有10多间房屋被埋，找到45名遇难者。
2008－07－21	36	煤矿	广西	7月21日15时35分，广西省百色地区田东县右江矿务局那读矿，4304切眼贯通上部采空区，发生透水，水量约1.5万立方米，导致4301采面被淹，36人死亡。
2008－07－14	35	煤矿	河北	7月14日，河北省张家口市蔚县李家洼煤矿新井（非法煤矿）井下发生炸药燃烧事故，造成34人死亡。事故发生后，矿主为隐瞒事故真相，自行组织盲目施救，贻误了抢救时机，又造成1名救援人员死亡。
2008－06－13	35	煤矿	山西	6月13日11时，山西省吕梁地区孝义市下堡镇，安信煤业有限公司主井底发生火药爆炸事故，造成35人死亡。
2008－04－28	72	火车	山东	4月28日4时41分，由北京开往青岛的下行T195次旅客列车，行至胶济铁路周村站至王村站间，发生列车脱线，第9至17位车辆脱轨，尾部车辆侵入上行线，被上行线烟台开往徐州5034次列车碰撞，造成5034次列车机车及机车后第1至5位车辆脱轨。事故造成72人死亡。

（续上表）

日期	死亡人数	分类	省区市	事故简况
2007-12-05	105	煤矿	山西	12月5日23时15分，山西省临汾市洪洞县瑞之源煤业有限公司（位于洪洞县左木乡红光村原新窑煤矿）井下发生瓦斯爆炸事故，105人遇难。
2007-11-20	35	汽车	湖北	11月20日8时44分，湖北省恩施州巴东县野三关境内318国道，宜万铁路木龙河段高阳寨隧道洞口处岩石垮塌，造成围岩加固施工人员1人死亡，2人失踪。恩施州利川市利达客运公司所属卧铺客车被垮塌的岩石掩埋。找到35名遇难者。
2007-11-08	35	煤矿	贵州	11月8日14时10分，贵州省毕节地区纳雍县阳长镇群力煤矿2121掘进巷发生煤与瓦斯突出事故，造成35人死亡。
2007-08-13	64	桥梁	湖南	8月13日17时，湖南省湘西州凤凰县沱江堤溪大桥（未通车）在拆架时全部垮塌，造成64人死亡，22人受伤，其中2人危重、1人重伤。
2007-04-18	32	其他	辽宁	4月18日7时45分，辽宁省铁岭市清河区清河特殊钢有限责任公司钢水包整体脱落，钢水洒出，冲进炼钢车间办公室，当时该办公室正在进行交接班，造成32人死亡。
2007-04-16	31	煤矿	河南	4月16日19时40分，河南省平顶山市宝丰县王庄煤矿（私营煤矿，证照齐全）井下发生煤尘爆炸事故，当班入井人员中，9人安全升井，经过进一步核实，确认井下实际被困人数为31人。抢救时又发生二次爆炸，到19日，专家组认为井下遇险人员已无生还可能，暂时停止下井抢险。
2006-11-25	32	煤矿	云南	11月25日17时，云南省曲靖市富源县后所镇昌源煤矿掘井下发生瓦斯爆炸事故，当时正值早中班交接，经核实实际下井共有97人，其中37人安全升井，造成32人死亡，28人受伤（2人重伤）。

（续上表）

日期	死亡人数	分类	省区市	事故简况
2006－11－12	34	煤矿	山西	11月12日20时，山西省晋中市灵石县王禹乡南山煤矿（乡办煤矿）发生一起爆炸事故，造成34人死亡。
2006－11－05	47	煤矿	山西	11月5日11时45分，山西省同煤集团轩岗公司焦家寨矿井下51108进风巷切眼开启时，发生瓦斯爆炸。当班下井393人，有346人安全升井，救护队共发现47人遇难。
2006－10－01	30	汽车	重庆	10月1日13时50分，重庆市辖区沙坪坝区，711路一辆渝B41067公共汽车（核载28人，实载50人）行至嘉陵江石门大桥引桥上翻下桥下河滩，造成30人死亡，20人受伤（11人重伤，9人轻伤）。
2006－06－28	32	煤矿	辽宁	6月28日8时15分，辽宁阜新矿务局五龙煤矿331采区发生瓦斯事故。当班该工作面入井78人，共造成32人死亡，其中5人重伤抢救无效相继死亡，31人轻伤。
2006－05－18	56	煤矿	山西	5月18日，山西省大同市左云县张家场乡新井煤矿，井下发生透水事故，当时报告有5人被困。根据群众举报，经反复核查，当时井下有266人作业，其中210人安全升井，有56人遇难。
2006－04－29	32	煤矿	陕西	4月29日16时48分，陕西省延安市子长县瓦窑堡煤矿（乡镇，证照齐全。生产能力3万吨/年，三立井开拓，井深90米，低瓦斯矿井，巷道式采煤，有8个掘进头）井下发生瓦斯爆炸事故。当班井下有39人作业，事故发生后有7人轻伤，发现32人死亡。
2005－12－22	44	煤矿	陕西	12月22日14时，陕西省西安市雁塔区中铁一局四公司负责施工的在四川成都市都江堰市都汶高速公路董家山的隧道工程发生瓦斯爆炸事故，造成44人死亡，11人轻伤。

（续上表）

日期	死亡人数	分类	省区市	事故简况
2005-12-15	37	火灾	吉林	12月15日16时25分，吉林省辽源市市中心医院因电工室起火引起医院1~3楼发生火灾。当时住院患者190人，37人死亡。
2005-12-07	108	煤矿	河北	12月7日15时15分，河北省唐山市开平区栗园镇恒源实业有限公司（刘官屯煤矿）井下发生瓦斯爆炸，当时井下有176人作业，其中68人生还，造成91人死亡，17人下落不明。2005年7月18日河北省煤监局冀东分局下达该矿停产整顿通知书。
2005-12-02	42	煤矿	河南	12月2日23时40分，河南省新安县石寺镇寺沟煤矿发生透水事故。截至15日17时，已发现35具遇难人员尸体，还有7人下落不明。
2005-11-27	171	煤矿	黑龙江	11月27日21时40分，黑龙江省龙煤集团七台河分公司东风煤矿皮带井发生一起爆炸事故，经救护队全力搜救，截至12月6日9时，当班井下有242人，其中73人生还，169名矿工遇难。此外，事故还造成地面机房2名工人死亡。
2005-11-06	37	煤矿	河北	11月6日19时40分，河北省邢台县会宁镇尚汪庄康立石膏矿发生坍塌事故。同时波及太行石膏矿、林旺石膏矿，因塌陷波及地表建筑，造成康立、太行两矿的十多间平房和一座二层楼房倒塌。三个矿均属停产整顿矿。已救出矿工48人，其中生还21人，死亡33人，尚有4人被困井下。
2005-10-03	34	煤矿	河南	10月3日4时45分，河南鹤壁煤业集团二矿38煤柱工作面采空区发生瓦斯爆炸事故。当班井下有55人作业，其中21人升井（1人重伤，18人轻伤，2人无事），34人死亡。
2005-08-07	121	煤矿	广东	8月7日13时30分，广东省梅州市兴宁市王槐镇大兴煤矿-420掘进工作面发生透水事故，井下有121名工人被困。

（续上表）

日期	死亡人数	分类	省区市	事故简况
2005－07－11	83	煤矿	新疆	7月11日2时40分，新疆维吾尔自治区昌吉州阜康市神龙煤矿（乡镇，有证，B类，生产能力9万吨/年）井下发生一起瓦斯爆炸事故，当时井下87人作业，其中4人获救，该矿正在股份制改制之中，正在申领安全生产许可证。截至7月25日此次事故共造成83人死亡，4人受伤。
2005－07－02	36	煤矿	山西	7月2日14时30分，山西省忻州地区宁武县阳方口镇贾家堡煤矿（乡镇，有证）井下发生瓦斯爆炸事故，造成36人死亡，11人受伤。
2005－06－10	31	火灾	广东	6月10日12时20分，广东省汕头市潮南区峡山街道华南宾馆发生火灾，造成31人死亡，3人重伤，23人轻伤。
2005－05－19	50	煤矿	河北	5月19日3时，河北省承德市暖儿河矿业有限公司（民营矿，原国有地方，评估等级B类）井下发生瓦斯爆炸事故，当时井下有85人作业，其中34人安全升井，50人死亡。
2005－04－24	30	煤矿	吉林	4月24日7时，吉林省蛟河市腾达煤矿（乡镇，有证）井下发生透水事故，有69人被困井下，经抢救，其中39人生还，30名死亡。
2005－03－19	72	煤矿	山西	3月19日12时20分，山西省朔州市平鲁区白堂镇细水煤矿（乡镇矿、四证齐全）井下发生瓦斯爆炸事故，并波及相邻的康家窑煤矿。截至3月27日10时，瓦斯爆炸事故中的最后一名被困矿工被搜救人员在井下找到，事故共造成72人遇难，事故抢救工作全部结束。
2005－03－17	31	汽车	江西	3月17日4时，江西省上饶市境内一辆湖南大货车与从深圳返回衢州的浙江省衢州市汽运集团浙H06517卧铺客车（核载32人）在沪瑞高速公路梨温段48km＋800m处发生追尾，货车发生爆炸，致客车、货车炸毁，炸塌高速公路旁民房，截至4月7日，此次交通事故共造成31人死亡。

（续上表）

日期	死亡人数	分类	省区市	事故简况
2005－02－14	214	煤矿	辽宁	2月14日15时左右，辽宁省阜新矿业（集团）公司海州立井发生特大瓦斯爆炸事故，截至2月21日23时50分，井下214名遇难者全部找到，搜救工作结束。
2005－01－03	56	汽车	青海	1月3日，青海省玉树藏族自治州玉树县境内一辆西藏康明斯货车（藏AB0244），从西藏拉萨运载朝拜后返回四川甘孜、阿坝等地的信教群众近100人，该车行驶至青海省玉树藏族自治州玉治公路80公里处（玉树县隆宝镇以西10公里处的阔拉山），发生事故，造成56人死亡，26人重伤，13人轻伤。
2004－12－12	36	煤矿	贵州	12月12日12时30分左右，贵州省铜仁地区思南县天池煤矿（乡镇有证矿）井下发生透水事故，当班井下81人，事故发生后45人逃生，36人被困井下。经过紧张救援，截至2005年1月12日17时30分，已发现23名遇难者。
2004－12－09	33	煤矿	山西	12月9日12时20分，山西省阳泉市盂县南娄镇大贤三坑（镇办煤矿，四证齐全）发生瓦斯爆炸事故，当班71人，38人自行出坑，33人遇难。
2004－11－28	166	煤矿	陕西	11月28日7时10分，陕西铜川矿务局陈家山煤矿发生瓦斯爆炸事故，当时井下有293人作业，事故发生后有127人升井，其中41人受伤（5人重伤），166人死亡。
2004－11－21	55	航空	东方航空公司	11月21日8时21分，东方航空公司云南分公司一架从包头飞往上海的5210次航班（CRJ－200型飞机，机身号3072）起飞一分钟后坠毁在包头市南海公园，并引发大火，机上47名乘客和6名机组人员全部遇难，地面2人死亡。
2004－11－20	70	煤矿	河北	11月20日10时30分，河北省沙河市李生文铁矿主井下发生火灾事故，并引起其他4个与该矿连通的矿井受灾，有51人脱险生还，共造成70人遇难。

（续上表）

日期	死亡人数	分类	省区市	事故简况
2004－11－11	33	煤矿	河南	11月11日12时，河南省平顶山市鲁山县新生煤矿南店报废井区（已关闭矿井，乡镇，无证）发生瓦斯爆炸事故，造成33人死亡，2人重伤，4人受伤。
2004－10－20	148	煤矿	河南	10月20日22时47分，河南省郑州矿务局大平矿井下发生瓦斯爆炸事故，当班下井工人446人，升井298人，11月12日11时5分，148名遇难者全部找到，救援工作结束。
2004－10－04	32	烟花	广西	10月4日15时40分左右，广西壮族自治区钦州市浦北县石水镇长岭爆竹厂发生特大爆炸事故，截至10月7日14时30分，32人死亡，1人失踪。53人在医院接受治疗，其中重伤13人。
2004－09－27	66	水运	四川	9月27日7时30分，四川省南充市蓬安县一艘“蓬安客29号”客船（核载80人），从嘉陵江万和乡史家码头驶往金溪途中翻沉，船上人员全部落水，经抢救67人生还，66人死亡。
2004－09－25	44	汽车	重庆	9月25日13时25分，重庆市石柱县三星乡五斗村一名驾驶员驾驶渝AX1086川江牌中巴车从石柱县城桥墩头场出发到三树村，沿途上有乘客下车。当行驶到三树线路16km＋250m处，强行通过龙河上一座漫水桥时被洪水冲走，车上有2人生还，3人死亡，41人失踪，其中有30名学生。
2004－06－22	42	水运	河南	6月22日18时30分，河南省小浪底库区一艘“明珠2号”乡镇客船（载客约69人）航行至黄河小浪底大坝上游30公里处，突遇狂风暴雨致使该船在瞬间沉没，船上69人全部落水，截至7月3日下午，最终核查结果是，“6·22”事故落水人员共69人，其中27人生还，20人死亡，22人失踪。

（续上表）

日期	死亡人数	分类	省区市	事故简况
2004－04－30	36	煤矿	山西	4月30日7时40分，山西省临汾地区隰县梁家河煤矿（国有地方矿，四证齐全，生产能力21万吨/年）发生瓦斯爆炸事故，当时井下有49人作业，其中36人死亡，13人受伤。
2004－02－23	37	煤矿	黑龙江	2月23日6时10分，黑龙江省鸡西市梨树区鸡西煤业公司百兴煤矿（乡镇，有证，评估等级为C级）井下发生瓦斯爆炸，截至2月27日14时50分，黑龙江鸡西“2·23”特大瓦斯爆炸事故剩余4名遇难矿工全部找到。此次事故共造成37人死亡。
2004－02－15	53	火灾	吉林	2月15日11时25分，吉林省吉林市中百商厦发生特大火灾事故，截至15日17时30分，共造成53人死亡，68人受伤，其中12人重伤。
2003－12－30	38	烟花	辽宁	12月30日，辽宁省铁岭市昌图县双庙子镇昌图安全环保彩光声响有限责任公司发生烟花爆竹爆炸事故。截至12月31日16时50分，确定死亡38人。
2003－12－23	243	煤矿	重庆	12月23日22时15分，重庆市开县西南油气田分公司川东北气矿罗家16H井发生天然气井喷事故，造成天然气中硫化氢中毒，243人死亡。
2003－12－21	32	汽车	广东	12月21日9时30分，广东省清远市连州市星子镇一无牌证运输型拖拉机在394线30km＋500m处发生翻车事故，造成32人死亡，6人受伤。
2003－11－14	51	煤矿	江西	11月14日11时44分，江西丰城矿务局建新煤矿1010回采工作面发生瓦斯爆炸事故，造成51人死亡，5人轻伤。
2003－08－11	43	煤矿	山西	8月11日6时40分，山西省大同市杏儿沟煤矿井下发生瓦斯爆炸事故，造成43人死亡。

（续上表）

日期	死亡人数	分类	省区市	事故简况
2003－07－28	35	烟花	河北	7月28日18时8分，河北省石家庄市辛集市王口镇郭西村烟花爆竹厂（股份制企业，证照齐全）发生火药爆炸事故，造成35人死亡，2人失踪，103人受伤。
2003－07－26	35	煤矿	山东	7月26日22时15分，山东省枣庄市滕州市木石煤矿（乡镇，有证）发生一起透水事故，井下有35人被困。截至8月24日15时，已找到33名遇难者，还有2人下落不明。
2003－06－19	53	水运	重庆	6月19日7时50分，重庆市辖区涪陵区龙桥镇白拱码头长江水域一下行客船“涪陵10号”（船上共有船员7人，以及旅客58人），与一上行货船“江龙806号”发生碰撞，“涪陵10号”客船翻沉，船上人员全部落水，经抢救有12人生还。
2003－06－06	32	汽车	广东	6月6日7时30分，广东省河源市同发二公司一辆车牌号为粤P01522的大客车（核载30人，实载46人），在开往深圳宝安途中，于义河路段坠入东江，造成32人死亡，14人生还，其中6人受轻伤。
2003－05－13	86	煤矿	安徽	5月13日16时许，安徽省淮北矿业集团公司芦岭煤矿二水平104采区1048工作面发生特大瓦斯爆炸事故，截至5月17日22时，已累计发现遇难者86名，9人重伤，19人轻伤。事故善后工作顺利进行。
2003－03－22	72	煤矿	山西	3月22日12时50分，山西省吕梁地区孝义市驿马乡孟南庄煤矿（乡镇，有证）发生瓦斯爆炸事故，当班作业87人，其中，15人脱险（包括获救4人），72人死亡。
2003－02－24	39	煤矿	贵州	2月24日14时55分，贵州省六盘水市水城矿业集团公司木冲沟煤矿发生瓦斯爆炸事故，当班井下有353人作业，其中，296人安全升井，18人受伤（4人重伤），39人死亡。

（续上表）

日期	死亡人数	分类	省区市	事故简况
2003－02－02	33	火灾	黑龙江	2月2日17时50分，黑龙江省哈尔滨市道外区天潭酒店发生火灾事故，造成33人死亡，23人受伤，其中10人住院，经治疗无生命危险。
2003－01－11	34	煤矿	黑龙江	1月11日4时40分，黑龙江省哈尔滨市方正县宝兴煤矿（乡镇，有证）井下施工密闭过程中发生瓦斯爆炸事故，当时井下有36人作业，其中2人生还，34人死亡。
2002－12－18	40	水运	重庆	12月18日重庆市辖区长寿水运公司所属的“长运1号”长江渡船，从长寿港小岩子码头驶向江南码头掉头靠岸时，与下行的宜昌市江顺汽车滚装船有限公司所属“宜盛”轮（滚装船）在重庆市长寿港区（长江上游里程583公里处）发生碰撞。“长运1号”渡船当即沉没，47人落水，其中8人死亡，32人失踪。
2002－12－06	30	煤矿	吉林	12月6日吉林省白城市洮南市万宝煤矿（省属国有地方煤矿）小新井+210水平暗绞车房发生火灾，+140水平有30名作业人员被困井下，造成30人全部遇难。
2002－11－10	37	煤矿	山西	11月10日山西省晋中市灵石县两渡镇太西煤矿（村办，无证）发生瓦斯爆炸事故，当时井下有作业人员54人，事故发生后有17人获救，37人死亡。
2002－10－29	30	煤矿	广西	10月29日4时，广西壮族自治区南宁市二塘煤矿（国有地方矿）井下4采区变电所变压器着火，引燃相邻木支架，火区长度70米。当时井下共有作业人员35人，其中5人跑出脱险，30人遇难。
2002－10－23	44	煤矿	山西	10月23日山西省吕梁地区中阳县朱家店煤矿（国有地方矿）发生瓦斯爆炸事故，当班作业人员66人，其中，22人生还，44人死亡。

（续上表）

日期	死亡人数	分类	省区市	事故简况
2002－09－03	39	煤矿	湖南	9月3日湖南省娄底市双峰县秋湖煤矿（股份制矿，省级已验收）发生瓦斯突出事故，当时井下有55名作业人员，其中16人生还，39人死亡。
2002－07－08	44	煤矿	黑龙江	7月8日黑龙江省鹤岗市南山区鼎盛煤矿（第七煤矿）发生瓦斯爆炸事故，井下有44名作业人员，全部死亡。该矿为乡镇煤矿，设计能力6万吨，斜井开拓，井下有4个掘进头。在专项整治中该矿通过省政府验收，“四证”已核发3证，尚缺营业执照。
2002－07－04	39	煤矿	吉林	7月4日15时，吉林省白山市江源县松树镇富强煤矿（个体非法生产）井下发生瓦斯爆炸事故，有39人死亡。
2002－06－22	38	煤矿	山西	6月22日山西省忻州地区繁峙县沙河镇义兴寨松井沟金矿发生炸药爆炸事故，造成38人死亡。事故发生后矿主隐瞒不报，并逃跑。
2002－06－20	124	煤矿	黑龙江	6月20日9时45分，黑龙江鸡西矿务局城子河煤矿西二采区发生瓦斯爆炸事故，事故波及145、140采煤工作面和801、804掘进工作面，发生事故时灾区作业139人，其中124人死亡。
2002－05－07	112	航空	北方航空公司	5月7日晚9时47分，北方航空公司执行CJ6136航班的一架MD82客机，从北京飞往大连途中在大连湾附近海域发生坠机事故，机上载有9名机组人员和103名旅客（其中包括6名外籍旅客和1名香港旅客），全部遇难。
2002－04－15	128	航空	中国国际航空公司	4月15日北京中国国际航空公司一架波音767由北京——韩国釜山CA129航班，在釜山机场准备降落时，由于大雾弥漫、能见度低，并且下着雨，在金海机场附近失事。机上有乘客155人，机组3人，乘务员8人。其中，生还38人，死亡126人，还有2人失踪。

（续上表）

日期	死亡人数	分类	省区市	事故简况
2001-11-15	33	煤矿	山西	11月15日21时30分，山西省吕梁地区交城县天宁镇坡底煤矿（村办，有证）发生一起瓦斯爆炸事故，当班作业人员46人，其中13人脱险，33人死亡。
2001-09-21	36	汽车	贵州	9月21日4时40分，贵州省凯里市三穗长途汽运分公司一辆卧铺客车从广东东莞返回贵州天柱县过境广西龙胜县时，坠入距龙胜县城2公里处的勒黄水库内。该车内约有乘客50人，已抢救脱险14人，打捞出35具尸体，1人下落不明。
2001-08-23	30	汽车	甘肃	8月23日22时40分，甘肃省陇南地区徽县陇南运输公司一辆双层卧铺大客车甘K-04800（属于个人车辆，挂靠在陇南公司）由徽县开往西安途中，在甘肃省两当县至陕西省凤县之间的灵官峡路段（属于凤县）翻入30米深的沟中，死亡30人，重伤17人，轻伤2人。
2001-08-10	35	汽车	新疆	8月10日6时10分，新疆旅客运输公司一卧铺客车从乌鲁木齐前往喀什途中，在314国道库车至新和县间的三桥处坠入桥下，造成24人（其中包括1名巴基斯坦人）死亡，11人下落不明。
2001-07-22	92	煤矿	江苏	7月22日9时13分，江苏省徐州市贾汪区贾汪镇岗子村五副井发生瓦斯煤尘爆炸事故，造成92人死亡。
2001-07-17	36	其他	上海	7月17日7时20分，在上海市沪东中华造船（集团）有限公司工地，由上海电力建设公司承担的门式起重机在吊装过程中，由于一边钢支架的缆风绳松动失去平衡，致使横梁倾倒，造成39人伤亡，至17时45分已有36人死亡。

（续上表）

日期	死亡人数	分类	省区市	事故简况
2001－07－16	44	其他	陕西	7月16日3时20分，陕西省榆林地区横山县党岔镇马坊村发生一起土制炸药爆炸事故，倒塌窑洞40多孔，造成44人死亡。
2001－04－21	46	煤矿	陕西	4月21日0时40分，陕西省韩城矿务局下峪口矿服务公司二井发生瓦斯爆炸事故，4人生还，46人死亡，2人下落不明。事故发生后，韩城矿务局救护队赶赴现场进行抢救。
2001－04－06	38	煤矿	陕西	4月6日21时14分，陕西省铜川矿务局陈家山煤矿四石门皮带下山延伸段发生瓦斯爆炸，波及412综采面。当时灾区有76人作业，其中，22人生还，16人受伤，38人死亡。
2001－03－01	32	煤矿	黑龙江	3月1日13时，黑龙江省农垦总局鹤岗新华农场煤矿发生瓦斯爆炸事故，造成32人死亡。
2000－12－27	300	火灾	河南	12月27日河南省洛阳市东都商厦发生特大火灾，发现300人死亡。
2000－12－04	46	煤矿	山西	12月4日山西省河津市下化乡天龙煤矿发生瓦斯爆炸事故，截至12月13日，共找到46名遇难者，还有2人下落不明。

注：以上数据根据中国各大权威媒体报道整理。

（二）心理伤害

自然灾害对受害者或经历者也不可避免地造成极大的心理冲击，留下长时间的心理疾患，特别是对妇女和儿童。比如撤离家园的无助感、失去亲人的悲痛、险恶场面的震撼、遭受重大损失之后生活的艰辛等，这些都会造成心理上的严重失衡，悲伤、恐惧、忧愁、绝望、郁闷、焦虑、紧张、狂躁、惊恐、罪恶感等心理疾患就会显示出来。据调查，灾难发生后，灾民会出现恐惧、失眠、噩梦，会表现出对事物的麻木、精神不集中或过激行为，自杀率也往往会升高。北川县委农办主任董玉飞在2008年汶川地震后5个月自杀，遗书称工作生活压力太大。而自杀现象又将导致新一轮心理伤害。灾难会给个体造成身心伤害，包括身体、智力、情绪情感和行为模式的改变，而且众多创伤如果没有得到及时的处理则会遗留到事后的生活情境中，一直产生影响。如果不及时诊治，心理伤害便会转化为身体上的实质性疾病。有些灾民还会以吸烟、酗酒、服镇静药物来排解内心的痛苦，且极易造成依赖性。这些现象在医学上被称为“创伤后遗障碍”。以唐山地震为例，灾后人们承受了巨大的身体与精神痛苦，愤恨等情绪集中地反映在灾区居民身上。据调查，唐山地震后14.9%的人在看到地震后的惨状后产生不想活下去的念头，17.5%的人萌生离家出走的想法，许多人对社会产生非常消极的想法，而且精神病患者、自杀者、犯罪者人数显著增多。

(三) 贫困加剧

一些地区长期处于贫困状态是因灾害不断所导致的，部分居民长期摆脱不了贫困亦是因为自然灾害的连年袭击，进而带来相应的贫困问题。特别是旱涝等灾害损害的主要是农村，所损害的对象也主要是农民与农业，因而加剧了农村贫困，进一步扩大了城乡差距。

三、社会失序

社会失序是指公共应急事件导致的社会秩序在一定范围内和某种程度上受到破坏、出现混乱的状态。主要可以分为三类：一是公共关系紧张。如因利益矛盾导致的集体静坐上访。二是社会骚乱。罢课、罢市、罢工，非法集会、游行，集体围攻冲击党政机关、重点建设工程和其他要害部位，集体堵塞公路、铁路、机场，甚至集体打、砸、抢、烧、杀，造成局部骚乱。三是社会动乱。重大自然灾害往往导致局部的社会失控和社会动乱。以唐山地震为例，震后一段时期，犯罪率明显上升，刑事案件日均发案数为地震前平均水平的5.2倍，其中地震后初期以砸抢和风俗犯罪最为突出，哄抢国家财产行为较为普遍，社会秩序一度处于失控状态。而且每当灾害发生，常有灾民上访、流浪、乞讨等现象，1991年江淮水灾后虽然有政府救济与社会捐献，但因救济与损失相差太远，灾后人口外流、乞讨的现象急剧增加，有关部门不完全的统计表明这一时期新增外流及乞讨人员达千万以上。可见，非常态的自然灾害袭击会破坏常态的国家或社会管理，造成的秩序失控与社会动乱局面也就难以完全避免。

自然灾害的诸多影响

显而易见，灾害会对灾民造成伤害。在灾区，即便有一部分民众未受到直接影响，也可能受到间接影响。例如，假设一个村庄的修补匠和裁缝的经营场所在飓风中幸免于难，但其顾客的庄稼却遭到了破坏，这样他们的生意同样会受到损失。这些间接效应会波及灾区以外，通过商业对未直接受灾的区域造成影响。间接影响经常是（但并不总是）有害的。要对各种影响作出区分很难，但建立明确的概念会有所帮助。首先就要搞清如何衡量灾害的损失。

有关灾区产出的下降程度以及持续时间，这一问题一直存在争议。许多因素（商品价格、贸易条件、汇率的变化等）都会对产出造成影响。评估灾难影响时是否及如何将这些因素考虑在内，各方观点有所不同。一场灾害可能仅会对国家的一小部分地区造成影响，所以全国产出可能并不会和灾区产出的下降程度等同。研究发现，在发生重大灾难后，全国产出总会下降，但有时轻度灾害会引发产出提高（取决于具体灾害类型）。比如，地震可造成产出下降，但随后的重建又会带动经济活动的增加——尽管人们的生活状况显然会较灾前有所下降。经济增长率衡量产出的变动，所以即使产出仅恢复到下降之前的原有水平，（短期内的）增长率也将高于灾前水平。

任何时候经济产出都无法准确衡量人们的福利状况，在灾害发生后更是如此。每个人受到的影响各不相同，甚至同一灾区也不尽相同。如果农作物的总产量因受灾而降低，那么那些庄稼没受损失的农民将可以卖出较高的价格。所以间接影响——尤其在灾区之外的地区——并非全是不利影响。政府通常会在灾害发生后进行损失评估，而此类评估在范围、目的和方法方面不尽相同。在如何评估损失以及灾难的直接和间接影响方面，理论和实践都表明损失评估是很棘手的一项工作，容易出现高估（例如重复计算）和低估（很难估算生命损失或环境损失）。一些偏好也会影响估算结果的准确性。比如，遭受重大损失时可以获得更多外来援助，这就提供了夸大损失的动机。

有明确的评估目的有利于作出准确评估，尽管某些项目的确是无法衡量的。损失评估具有多重目的，而且这些目的往往相互重叠。评估可以为政府救灾活动提供指导（如需要投入多少资金来减轻受害者的痛苦，而投入资金救灾意味着必须削减其他方面的支出或提高税收），评估还可以用来说明如何加快经济恢复，或者确定用以改善灾害预防的具体措施。人们不会坐等别人的帮助来重建家园和恢复生活，但那些没有任何依靠的贫困群体可能需要帮助。政府通常提供现金和实物救助，但是称之为受灾“补偿”并不恰当，因为政府所提供的金额（一般小于人均GDP的两倍）通常低于人们所蒙受的损失。政府财政状况限制了这类转移支付的规模，因为即使政府可以借债，但日后还须偿还本息。所以，了解灾害对财政的中期影响要比评估对私有财产造成的损失更有价值。如果用于救灾和重建的支出挤占了对基础设施的维护资金，则未来灾害中的死亡人数和财产损失将会更大。

重建需要商业的复苏，这就涉及恢复灾区与其他地区之间的联系。修复这些联系（银行业、货运业）符合供应链上的个人和私营企业的自身利益，但修复实体基础设施（公路、桥梁、铁路）通常是政府的职责。评估公共基础设施的损失对时效性要求很高，政府必须迅速决断是否需要重建、哪些设施需要重建、在什么地方重建。这类决策反过来又会对个人的重建决策产生影响。由哪个部门作出决策取决于国家行政结构，但对于先修哪条道路或桥梁受灾民众则最有发言权。

灾害对民众健康和福利的影响不同于它对经济产出或政府预算的影响。灾害无疑会降低受灾民众的福利——即使幸存者恢复到了灾前的消费水平，但不管怎么说他们还是经历了灾害发生后的痛苦。

关于灾害对民众的短期影响人们已经进行过很多调查研究，这些研究发现灾害对受灾人员在教育、认知能力和心理健康等方面会有长期的不利影响。一些幸存者被推向了崩溃的边缘，受到的伤害永远无法恢复，如非洲的大范围干旱导致儿童发育迟缓、营养不良，其影响是永久性的。建立有效的保障网络可以减少此类不良后果的发生，但并不是所有的保障网络都有效果。

有关文献很早就指出灾害和冲突之间存在相关性。灾害，尤其是地震和干旱，往往会延长冲突时间，但良好的制度则可以减少冲突暴发的概率。这些制度往往与民主和良政密切相关，而民主和良政又与经济繁荣密切相连。这几方面的联系是通过政治竞争（而非投票选举本身）实现的。灾难是会加剧物资匮乏进而导致冲突的增加，还是会带来和平机遇？两者皆有可能，而良好的制度会使好的结果变得更有可能。①

第四节　公共应急事件经济分析的必要性与可行性

随着我国经济、社会的发展，近年来公共应急事件呈现频发态势。公共应急事件对经济发展造成的冲击，使人们意识到，其实质乃经济问题，需要从经济学的角度对其严重性、普遍性和特殊性进行系统研究。

---

① 以上内容参看世界银行研究报告《自然灾害、非自然灾难：有效预防措施的经济学》。

一、公共应急事件经济分析是当代经济发展与应急管理的必然要求

具体来说，对公共应急事件进行经济分析旨在：一是能够深刻揭示公共应急事件与经济发展之间内在的、复杂的互馈关系，指导人们选择合理的经济发展模式，有助于人们更好地协调经济、社会、文化、生态等方面的健康发展。二是能够对公共应急事件造成的损失进行准确的统计和计量，从而为应急管理决策提供科学依据。三是有助于政府、社会、家庭、个人对各种公共应急事件的投资效益进行科学评价，强化全社会的应急预警观念，提高应急管理的经济效益。四是运用经济学的相关理论、方法来系统研究各种公共应急事件，有利于提高全社会应急管理的能力。

二、公共应急事件经济分析是发展与完善当代经济学的客观要求

迄今为止，经济学仍被认为是探求经济增长与发展的学科。经济学界对类似于自然灾害引起的经济负增长或负发展等“减值现象”尚缺乏深入系统的研究。就其本质来讲，经济学的终极目标应该是提高全社会的福利，使全体人民共同富裕。但是，在经济发展过程中，公共应急事件作为负面因素，对国民经济发展、人民生活水平和生活质量提高都可能产生影响，甚至威胁到社会公众的生命财产安全。当前，从经济学视角研究公共应急事件在国内基本处于空白状态，因此，本书的研究有助于弥补这一缺陷。

长期以来，经济学的理论与实际部门都是从财富创造与积累的创业增值角度来研究经济增长和经济发展，忽视了在经济要素与社会财富密集程度不断提高和公共应急事件日趋频发的双重背景下，做好应急管理就是保护社会生产力、促进经济发展的积极而有效的措施。对公共应急事件进行经济分析是从已有资源及其创造价值的守业经济角度研究经济增长，其经济效益体现在避免或减少已有物质资源、人力资源、物化劳动的损失上，融合于国民经济的总体效益中。而且在一般情况下，守业减灾效益往往比创业增值效益更容易获取。据专家测算，公共应急事件发生后的应急资金的1%用于发生前的各种预防性投入，就能大大地减少公共应急事件可能带来的损失，应急预警投资效益是极为显著的。

综上所述，公共应急事件不以人们的主观意志为转移，它使得自然界、社会、人类的存在状态的常态遭到破坏或发生断裂，迅速对社会产生巨大的冲击和震撼。导致公共应急事件的原因有很多，包括自然原因、经济原因、社会原因等，由于环境和原因各异，公共应急事件的形式多种多样，具有各自的特殊性。但是各种公共应急事件无论形式如何，都具有不确定性、突发性与紧迫性、危害性、复杂性这些共同的特征。

公共应急事件的影响主要体现在其所造成的社会损失（包括直接损失和间接损失）上，还体现在对社会心理和个人心理造成的破坏性冲击，进而渗透到社会生活的各个层面。

近年来公共应急事件呈现频发态势，公共应急事件对社会、经济发展造成的冲击，使人们愈加认识到对公共应急事件进行系统研究是当代经济发展与应急管理的迫切需要。对公共应急事件进行经济分析，就是从已有资源及其创造价值的守业经济角度研究经济增长，而一般情况下，守业减灾效益往往比创业增值效益更容易获取。

应对突发事件：政府与市场的作用

政府应该允许土地和房地产市场自我调节，如有必要再采取有针对性的干预措施作为补充。如果土地和房地产市场运作良好，房地产价值即可反映出灾害风险，从而指导人们对居住地点和采取何种预防措施进行决策。世界银行对哥伦比亚波哥大市的 80 万栋建筑进行了详尽的实证研究，这些建筑由于多方面的不同（如规模、工程质量、距市中心的距离以及属住宅、商用还是工业用途等），所面临的地震风险程度也各异。由于可比房产之间的唯一区别是其灾害风险级别，这就使我们可以确定是否高风险区域的房产价值较低。

如果市场的作用遭到扼杀，则会抑制对加强预防的激励。在房租管制非常普遍的孟买，业主往往数十年不对房屋进行维修，一下暴雨，房屋就可能坍塌。房租管制并不是孟买或发展中国家的专利。自 1943 年以来纽约市就一直实行某种形式的房租管制，如今那里约有 100 万套房租受限公寓和 5 万套房租管制公寓。在 2009 年，美国纽约州还通过了一项在全州范围内限制房东随意提高房租的法规。此法的出台将使此前具备市场吸引力的大量住宅被纳入监管范围。约有 40 个国家实行此类法律，其中包括许多发达国家。此外，房租管制并非市场扭曲的唯一表现。许多国家只对房产交易征税，而对拥有房产不征税。但征收交易税会减少房产销售量并导致房产价值被低估。此外，对水泥价格和进口的限制可导致黑市交易和极高的黑市价格，结果就是在建筑中使用掺假水泥，造成建筑质量低劣。

土地和租赁市场的正常运作，可在引导民众定居适宜区域和采取预防措施方面起到重要作用，但这并不容易做到。改变造成市场扭曲的那些做法也并不容易，因为有很多人从这种扭曲中受益。应该从哪里着手做出改变往往不是一目了然的事。以往的政策对现在的决策也有很大影响，比如，目前矗立的许多建筑物是以前建造的，它们存在的缺陷不易找到且难以补救。同理，虽然现在纠正政策不一定有立竿见影的成效，但及早纠正总要好于拖延。在新建筑占据主导地位的区域（如发展中国家的城市），历史政策的影响不是太大问题，但相对发达的国家却面临着过去的不当政策带来的负担。比如，错误的保险定价（保险业受到政府管制，而平民主义压力导致风险溢价过低）已造成飓风多发的美国沿海地区房屋建造过度的现状。

由于不合理的税收结构和城市财政安排等政策，可负担且安全的住宅用地的供给往往有限，且不能根据情况变化作出及时调整，而这些政策的累积效应对贫困人口造成的冲击最大。政府可以大幅扩大贫困人群的选择范围——他们通常住在危险区域和面临灾害风险的贫民窟——但这并不是要硬性规定他们住在哪里。贫困家庭往往希望住的地方可以使其很方便地到达工作地点，即使这可能意味着要居住在受洪水威胁的河岸上或受泥石流威胁的山坡上。在某些情况下，为房产所有权提供保障（明晰产权通常对此有所帮助）会促使民众对预防措施作出投入。如果人们大量定居在危险地区会带来严重的社会后果，政府就应当有针对性地进行干预。干预措施可包括提供安全地区的土地，同时提供充足可靠的公共交通以及其他服务，使人们搬家后可以继续保留原来的工作。①

① 以上内容参看世界银行研究报告《自然灾害、非自然灾难：有效预防措施的经济学》。

第二章　公共应急事件经济分析的理论基础

公共应急事件经济分析运用的理论主要是价值理论、价格理论、失灵理论、预期理论、风险理论和可持续发展理论。

第一节　价值理论

在对公共应急事件进行经济分析之前，首先需要明确什么是公共应急事件影响的经济价值，这是对公共应急事件进行经济分析的前提。公共应急事件具有破坏性，会造成人员伤亡、财产损失，且会对社会心理和个人心理造成严重冲击，进而渗透到社会经济的各个层面，破坏正常的生产和生活秩序，造成社会的局部动荡和混乱，阻碍经济发展，降低社会福利。据相关统计，世界各国每年因各种公共应急事件造成的损失十分惊人，且还有诸多损失因为统计的困难并没有列于其中。不同于一般资产具有为人类提供物品和服务的“正”经济价值，公共应急事件影响的经济价值是一种“负”价值，即经济价值的损失。这里所指的经济价值是广义上的，包括有形的经济损失，也包括无形的心理创伤；包括既得利益的损失，也包括预期利益或者未来利益的损失；包括直接价值损失，也包括间接价值损失。可以认为，公共应急事件影响的经济价值即是通过价值尺度衡量的因公共应急事件发生而造成的各种损失。

对于应对公共应急事件的各种措施，即应急管理，包括事前预防、事中处置、事后恢复等，与一般的社会经济活动不一样，其目的不是为了价值形成或是价值增值，而是对已有各种价值的保护或恢复，外在表现为因公共应急事件发生造成的破坏和损害减少，甚至是避免公共应急事件的发生，是一种“负向”增值。随着社会经济的发展、全球化和城市化进程的加快，社会财富积累的增加，公共应急事件日益频繁和多样化，波及面更为广泛，影响更为深远，所造成的绝对损失呈上升趋势，因此应急管理显得越来越重要。实际上，公共应急事件影响的经济价值和应急管理的经济价值是一个硬币的两面。

我国目前处于社会经济的转型期，公共安全保障基础和经济高速发展的矛盾越来越突出，但过于重视 GDP 绝对增长的观念仍未完全转变。在常态下，政府和社会对于公共应急事件影响和应急管理的经济价值未引起足够的重视。此外，我国各种自然灾害频发、分布广、损失大，安全事故灾难总量一直居高不下，公共卫生形势依然严峻，各种群体性事件也持续增多等等，这些公共应急事件都对我国公共安全造成巨大的威胁。充分认识公共应急事件的相关经济价值，对我国经济的健康、快速、可持续发展，对社会整体福利和人民生活水平的提高都有着十分重要的意义。

一、基本价值理论

价值是经济学研究的核心问题之一，价值理论是经济理论体系的基础。回顾经济学理论中有关价值问题的相关论述，主要有劳动价值论、边际效用价值论、均衡价值论等价值理论。

（一）劳动价值论

劳动价值论的核心思想是“劳动决定价值”，即商品价值量是由生产这种商品的社会必要劳动时间决定的。它由英国经济学家配第首先提出，亚当·斯密和大卫·李嘉图也对劳动价值论作出了巨大的贡献，后经马克思进一步发展。马克思认为，商品具有二重性，即价值和使用价值。使用价值是商品的自然属性，由具体劳动创造；价值是商品的社会属性，是一般劳动的凝结，构成商品交换的基础。劳动生产率越高，生产一种物品所需要的社会必要劳动时间越少，凝结在该物品中的劳动量就越少，该物品的价值就越小，反之亦然。决定商品价值量的社会必要劳动时间是商品经济发挥作用的方式和途径。商品交换以价值量为基础，遵循等量社会必要劳动相交换的原则，价格随供求关系变化而围绕价值上下波动。

利用劳动价值论考察公共应急事件的相关价值存在一定的局限性，劳动价值论认为劳动是价值的唯一源泉，而实际中，自然资源不存在物化劳动，人本身的价值也无法用劳动衡量。因此，公共应急事件造成的自然资源损失、人的伤亡等没有价值，无法进行货币量化分析，但对于人类社会而言，自然资源和人显然具有非常重要的价值，而自然资源和人的价值衡量也正是公共应急事件相关损失评估中的难点所在。

（二）边际效用价值论

边际效用价值论兴起于 19 世纪 70 年代，最先由英国的杰文斯、奥地利的门格尔和法国的瓦尔拉提出，后经奥地利的庞巴维克和维塞尔加以发展，其特点是以主观心理解释价值形成过程，又被称为主观价值论，是边际效用学派的理论基础，是现代微观经济学的重要理论支柱之一。边际效用价值论者认为：第一，商品的价值取决于效用，并以“稀缺性”为条件，只有物品相对于人的欲望来说是稀缺的时候，才构成人的福利不可缺少的条件，从而引起评价，表现为价值。第二，价值尺度是边际效用，即满足人们欲望的最后一单位商品的效用（效用是指物品满足人欲望的能力）。不能直接满足人的欲望的生产资料的价值，由最终消费品的边际效用决定。第三，商品的价值是人对商品效用的主观感觉和评价，强调需求和心理因素的作用。第四，效用随着人们消费的某种商品的不断增加而递减，即遵循“戈森第一法则”。

虽然边际效用价值论被批评为“陷入唯心主义的深渊”，扭曲了市场价格理论和商品流通的客观规律，但对于劳动价值论无法衡量的一些公共应急事件造成的无形损失、自然资源损失、人员伤亡等，边际效用无疑提供了一个新的视野，如实践中得到广泛使用的“意愿调查评价法”即以此为其价值评估的理论基础。经济分析的结果是为了指导行动，其最终目的是增加人的福利，从这个意义上来说，采用人的主观评价来衡量价值，有其合理性和可取性。

（三）均衡价值论

均衡价值论是新古典学派的创始人阿弗里德·马歇尔提出的价值理论，是《经济学原理》的核心，是各种传统价值论综合的产物。马歇尔以英国古典经济学中的生产费用论为基础，吸收边际分析和心理概念，论述供给方，又以边际效用学派中的边际效用递减规律为基础，对其进行修改，论述需求方，认为商品的市场价格决定于供需双方的力量均衡，犹如剪刀之两刃，是同时起作用的，从而建立起均衡价值论。简单来说，马歇尔强调以均衡价格来衡量商品的价值。均衡价格是商品的需求价格和供给价格一致时的价格，也就是这种商品的市场需求曲线与市场供给曲线相交时的价格，是市场自发形成的。需求价格是由边际效用的大小决定的，根据“边际效用递减原则”，出售的商品数量越大，售价越小，需求的数量随价格的下跌而增大，随价格的上涨而减少。供给价格是由劳动、土地、资本等生产要素的供给及其变动规律决定的。

均衡价值论重视对供需双方的分析和边际增量的作用，有其可取之处，将其应用于公共应急事件的相关经济分析，有较强的实用性和可操作性。在进行货币量化分析时，市场价格无疑是非常重要和最常用的价值衡量标准。但需要注意的是，在实际市场中，往往存在价格扭曲失真的情况，要对市场价格进行必要的调整，对于一些不存在实际市场的价值衡量，则需采用变通的方法（如替代市场方法）。

（四）三种价值理论的比较与分析

上述三种价值理论在价值本质和价值决定问题上存在根本分歧。劳动价值论强调价值的社会经济关系，边际效用价值论重视主观评价和感受，均衡价值论侧重将价值分析看作价格分析。虽然这三种价值理论在观点上存在根本对立，但也存在着联系，如分析方法的相互引入等。

对公共应急事件进行经济分析，其基础是对公共应急事件相关价值的充分理解和认识，需要基于价值理论，以客观的态度对待不同的价值理论，吸收其合理的成分，并剔除其不合理的成分。此外，要根据实际需要，灵活变通，在对价值进行定义和量化分析时应基于理论并结合实践性、应用性、可操作性等标准。一些价值确实存在定义和衡量困难的问题，且由于时间、成本、资源等限制条件和原因，不能对价值进行精确的计量，则需要考虑采用合理的替代方法。

二、使用价值与非使用价值

使用价值是指某种物品被消费或使用时，满足人们某种需要或偏好的能力，如衣服能保暖、食物能充饥，它是商品的直接属性之一，不管是基于主观价值判断标准还是客观价值判断标准，各种价值理论均肯定了使用价值。事物的使用价值（Qu）等于事物的功能价值（Qf）与耗散价值（Qh）之差，即 $Qu = Qf - Qh$。其中，功能价值是指事物内部所有积极因素对于主体本质力的影响程度。耗散价值是指事物内部所有消极因素对于主体本质力的影响程度，且当事物的供给速度或消费速度足够大（即不稀缺）时，该事物的使用价值趋于零，即“使用价值零值定理”。某种物品的使用价值会随着社会的发展和人类的进步而改变，带着时代的烙印，如一些本不具有功能价值的事物由于科学技术的发展和人们的开发利用而有了新的使用价值，没有金属冶炼技术，很多矿藏永远不会有功能价值。使用价值又可分为直接使用价值、间接使用价值和选择价值。直接使用价值是指直接满足人们生产和消费需要的价值，一般可在市场上直接获得。间接使用价值是间接满足人们生产和消费需要的价值，一般没有同类或者相似的市场，不能直接商品化。以森林火灾为例，其造成的直接使用价值损失如木材资源、生物资源等，间接使用价值损失如气候调节、减少污染、营养循环等生态服务功能。

非使用价值又称为内在价值，是事物本身内在固有的、不因外在其他相关事物而存在或改变的价值，人们不能以直接或者间接的利用方式从中获益，它是针对人类及其后代或其他物种的重要性以及将来的利用而言的。非使用价值主要包括选择价值、遗产价值和存在价值，其相对于使用价值较为模糊，不易定义和表达，非使用价值来自人们的一些动机，主要包括替代动机、遗产动机、礼物动机、利他主义以及与伦理相关的同情动机、管理动机、权利动机和义务动机。选择价值是指人们赋予一种资产的超出其目前实际使用价值的价值，是为了未来可以使用或者后代人可以使用所表现的支付意愿。遗产价值反映人们为了自己的子孙后代能够使用或利用某种物品或者资源所表现的支付意愿，遗产价值涉及后代人的福利，也有学者认为遗产价值属于选择价值。存在价值反映人们为了某种物品或者资源能够存在下去所愿意支付的价值，它是对非商业性功能或尚未发现用途的价值的判断，与任何使用目的无关。

物品或者资源的价值等于其使用价值和非使用价值之和，反映了社会和个人福利水平的高低。要以全面、系统的观点去认识，不能只看到表面，只看到它带来的直接贡献和效益，那样会导致人们对价值的低估，而认识的误区则会进一步导致人们行为的偏差和错误。如人们对环境资源的无节制开发就是只看到了环境资源的直接使用价值，而忽略了其间接使用价值和非使用价值，最后导致环境被破坏，得不偿失，甚至是不可逆的负面后果。直接使用价值往往可用市场价格来衡量，较容易量化，为人们所熟悉，而间接使用价值和非使用价值则争议颇大，较难定义和衡量，但这些价值与直接使用价值一样，也是十分重要的，甚至更为重要，因此需要提高对它们的重视程度，对它们进行货币量化分析也是非常有意义的。

三、人的价值（the value of life）

公共应急事件可能造成人员伤亡。人是世上最珍贵的资源，人类各种活动的目的是为了自身的福利，人的价值问题是一个广受关注且敏感的话题。19 世纪 60 年代，美国学者舒尔茨在《人力资本的投资》[①] 一文中提出，人力资本投资是经济增长的主要源泉，人力资本的实现程度是度量人的全面发展和社会进步的重要尺度，是知识经济时代的核心竞争力的体现。综观相关研究，客体论、效用论、贡献论等理论从不同角度分别阐释了人的价值。客体论把人纳入“价值关系的主客体模式”来分析人的价值。效用论把能否满足人或社会需要以及满足的程度作为衡量人的价值的基本尺度。贡献论则抹去了效用论的思辨色彩，以人对社会或他人的贡献的大小来判定和衡量人的价值。马克思哲学认为，人的价值具有二重性，具体表现为人具有社会价值和自我价值。人的社会价值是指个人通过自己的实践活动为满足社会或他人物质的、精神的需要所作出的贡献和承担的责任，其大小取决于个人对社会所作的贡献的多少。个人的自我价值是指社会对个人的一种肯定，即社会对个人的尊重与满足。人的社会价值与自我价值是不可

① Theodore W. Schultz. Investment in Human Capital. *The American Economic Review*, 1961, 51 (1): 1 – 17.

分割的。自我价值是社会价值的必要前提，社会价值是自我价值的外在体现。

人的生命是无价的，这是基于哲学的思考，但在对公共应急事件的经济分析中，人的生命是有价的，有必要对人的价值进行货币量化，目的是为了综合比较和衡量公共应急事件的相关经济价值。对此必然引发伦理道德难题，有学者提出用统计生命价值的概念来代替实际的个人生命价值，这样的观点也许较易被人们所接受。在公共应急事件损失统计中，人员伤亡（受伤、死亡）属于直接损失，是人力资产的损失，有其特点，其价值的货币量化可采用间接的方式，如人力资本法、受伤成本法、参照法、意愿调查评价法等。人力资本法通过计算死亡人员未来收入的现值衡量其经济价值，但它面临伦理道德问题，用劳动收入衡量人的生命价值，那么富人的生命要比穷人的生命更有价值，发达国家居民的生命比发展中国家居民的生命更有价值，教育前期的年轻人的生命价值也非常低，这些结论显然是难以被道德伦理所接受的。受伤成本法通过计算因公共应急事件引起的受伤人员任何收入上的损失、医疗费用、药费、相关检查费用以及任何相关的支出等来衡量人的生命价值，但其排除了同受伤相关的非市场性损失，也易受个人差异的干扰。参照法通过参照保险公司对伤亡人员的赔偿金衡量其经济价值，但不同的地区和国家对其有不同的标准，有学者建议采用赔偿金的均值来作为伤亡人员的经济价值。意愿调查评价法通过调查人们对于避免非正常死亡的支付意愿来确定人的生命价值，这种方法评估得到的人的价值相比于其他方法更高，但其也同样不能消除个人收入的影响，收入较高的个人往往会有较高的支付意愿。虽然这些计量方法在实际中都存在着不少的争议，但这些方法对人的价值的评价确有其可取性和可操作性，也得到了广泛的应用。这些方法将在第三章中详细介绍。

四、公共应急事件的相关经济价值构成

公共应急事件的相关经济价值包括影响的经济价值和应急管理的经济价值。其中，公共应急事件影响的总经济价值（total economic value，TEV）应等于直接损失（direct losses，DL）加间接损失（indirect losses，IL），且是一个负值，即

$$TEV = -DL - IL$$

式中，直接损失（DL）是指公共应急事件发生即时或发生后最初几个小时内的损失，主要包括不动产损失、存货（包括最终商品、中间商品、原料、材料和备件）损失、人员伤亡（可将人员伤亡也换算为经济损失的数据）等等。间接

损失（IL）则可延伸至公共应急事件发生之后的五年（虽然大部分损失集中在公共应急事件发生后两年之内，一些公共应急事件影响的时间跨度甚至更短），是由于公共应急事件对生产能力和社会经济基础等造成的直接损害而导致的相关损失，主要包括由于物理设施、存货损坏以及生产收入损失而导致的运营成本上升，由于社会整体或部分功能丧失而导致的生产和服务供给减少，由于在生产和服务供给中不得不诉诸一些替代办法而导致的额外成本，由于预算调整和重新分配而导致的成本，由于公共服务供给功能部分或全部丧失而导致的收入减少，由于失业而导致的个人收入减少，应急救援的相关成本，由于连锁效应而导致的生产和收入减少，对非直接受害者的影响而导致的成本等等。需引起注意的是，公共应急事件也可能产生一些对经济社会有益的间接影响，应将这部分正面效益从间接损失中减去。不同的公共应急事件其具体损失统计不尽相同，应视具体情况分析。以地震为例，直接损失包括人员伤亡、社会资本、基础设施、企业设备、商品库存等的损失，间接损失包括对整个国民经济体系乃至经济发展产生的反作用，如从微观来看，企业因厂房、设备等的损失而导致未来生产能力丧失或降低。直接损失统计相对简单，而间接损失统计，由于其不确定和不易量化的因素太多，相对复杂和困难，特别是一些无形损失很难定义和计量，如公共应急事件带来的负面情绪（痛苦、反感、不安全感等），但这些都影响了社会福利和生活质量。此外，间接损失相较于直接损失，其损失额可能更大，且可能得不到充分的认识。有关经济分析方法将在第三章中详细介绍，一些确实难以计算的价值只能采用略去或者定性描述的方法，但原则上，需尽量全面涵盖所有损失。

应急管理的经济价值（economic value of emergency management，EVEM）应等于所降低的公共应急事件发生的风险（P）和公共应急事件发生造成的损失（TEV）之积减去应急管理的相关成本（C）。

$$EVEM = -P \cdot TEV - C$$

上式中，TEV 的计量方法见前述。应急管理的措施和所降低的风险之间的关系则需视具体情况予以具体分析，但应急管理的措施和所降低的风险之间的关系较为复杂，定量化其关系往往比较困难，一般在实践中采用合理的估计值和预期值。应急管理的相关成本是指政府或社会组织为应急管理活动而发生的各项费用支出，如购置设备、购买调运物资、支付工资、仓储费用等等。在这里，要注意机会成本的概念，机会成本是指将资源投入某一用途后所放弃的在其他用途中能够获得的最大效益。假设政府或社会组织的预算分配是以效用最大化为标准，其资源分配就要以最小的成本获得最大的收益，要将资源投入回报最大的用途，应在核算直接成本和直接收益时考虑间接收益、无形收益和机会成本，使预算决策更为科学合理。

第二节 价格理论

价格现象十分普遍，与人们的生活息息相关，市场上每一种物品和服务都有价格，但价格决定机制却十分复杂。回顾此领域的相关研究，威廉·配第、亚当·斯密、李嘉图、马克思、马歇尔、弗里德曼、斯蒂格勒、赫舒拉法等诸多经济学家都作出过积极的贡献。价格是价值的货币表现形式，受价值规律支配以及其他因素影响。在进行经济分析时，价格理论与价值理论一样，都是必不可少的理论基础。对于公共应急事件的经济分析自然也不例外，大部分采用价格衡量其经济价值。此外，由于涉及没有市场的物品和服务的价格以及市场中存在价格扭曲和失真现象，实际中，基于价格理论对公共应急事件进行相关货币量化分析时，面临着一些困难，需要进行必要的修正，如影子价格。以下将从消费者、生产者、市场三个角度来介绍一般价格理论。

一、消费者

消费者作为市场中的需求方，其需求是多种多样的，如吃饭、穿衣、娱乐等。商品具有满足人某种需要的特性，意味着商品具有有用性，商品有用性的大小与商品具有的某种特性的量有关，但并不一定成线性关系。在给定时间内，对一个消费者而言，消费任何商品的数量都是有上限的。在一定的价格之下，消费者愿意购买的商品数量，称为商品的需求量。一般而言，商品价格越高，消费者的需求量就越小；商品价格越低，消费者的需求量就越大。商品价格与对应的需求量的关系如图 2－1 所示。一般而言，需求曲线是向右下方倾斜的，价格 P 越低，需求量 Q 越大。

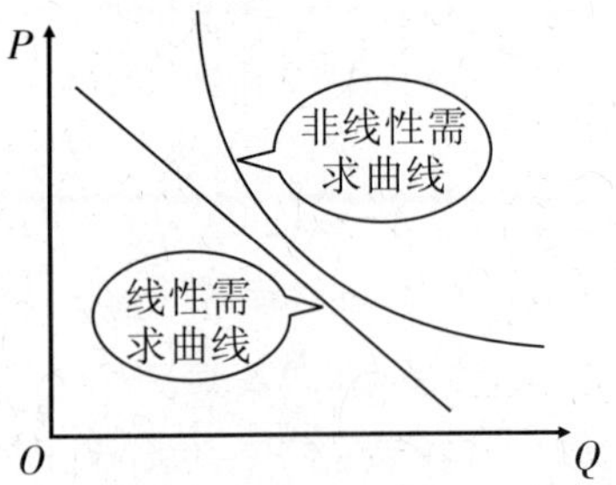

图 2－1 需求曲线

对于同一种商品，当商品基数有用性成立时，作为理性的消费者追求的是单位货币买到的商品满足需要的能力最大化，即支付的货币尽量少，购买到的商品满足需要的能力尽可能高。当基数有用性不成立时，理性消费者追求的是，支付的货币数量一定时，希望购买到的商品有用性最高，或者商品有用性一定时，支付的货币最少。对于这样的消费者选择行为，如果同一商品之间出现价格之比不等于有用性之比的情况，那么必然会导致商品滞销，从而生产者就会调整价格。我们可以假设商品之间的价格之比等于有用性之比，这样有助于简化分析。

对于不同商品的选择，则可使用偏好和效用来诠释消费者行为。偏好是指消费者对不同的消费方案作出的优劣比较，不同消费者的偏好不同，且同一消费者的偏好也会发生变化。效用是指消费者消费商品后获得的满足。效用论用以解释消费如何在不同的商品间作出选择，以实现自己的满足最大化或者效用最大化。边际效用是指消费的商品量增加一单位时，消费者获得的效用的增加量，当消费者增加某种商品的消费量时，边际效用递减。效用论认为，人同时选择消费不同的商品时，边际效用与价格之比要相等，消费者的效用才能实现效用最大化。如图2－2所示，物品 X 与物品 Y 的无差异组合对应的点连接起来即是无差异曲线。无差异曲线位置越高，无差异曲线对应的效用水平就越高。在商品价格一定时，消费者的收入刚好能够买到的所有商品的组合，称为消费者的预算线。预算线和无差异曲线的切点（A），就是消费者可选择的最佳商品组合。

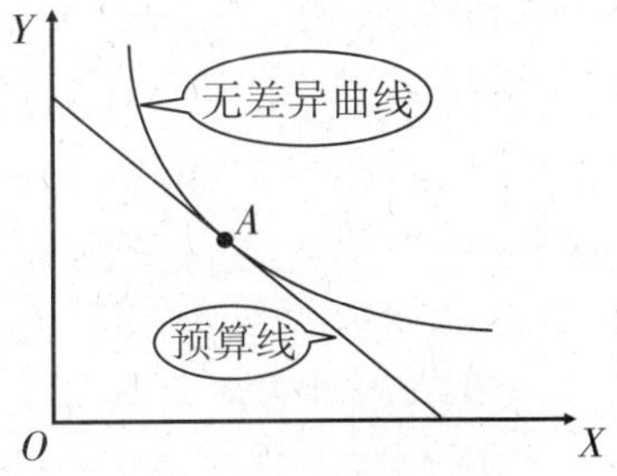

图2－2　消费者均衡

支付意愿是指消费者为取得一定量的物品或服务而愿意支付的最大金额，也即保留价格，且收入水平越高，其支付意愿越高，体现了消费者对所消费物品和服务经济价值的评价，也代表了消费者通过消费物品和服务所获得的效益之和。因此，需求曲线表示边际支付意愿或边际效益，即消费者每增加一单位物品或服务而愿意付出的金额或所获得的效益。消费者对于某种物品或服务的支付意愿高出其实际支付价格的部分称为消费者剩余，物品或服务的价格越低，消费者剩余在支付意愿或消费者效益中所占的比例就越大。

二、生产者

生产者是指提供商品的企业或个人。生产者为了向消费者提供物品和服务，必须投入生产要素，而使用任何稀缺资源都要付出代价，即生产成本（货币量化了的生产投入）。生产要素是指生产者投入的一切人力、物力和财力。在一定的生产技术水平下，企业投入一定数量的生产要素，将产出一定数量的产品。产量与要素投入之间的对应关系，称为生产函数。生产函数一般用 F 表示。如当投入的劳动为 L、资本为 K 时，物品或服务的产量为 Q，则有生产函数 $Q = F(K, L)$。在经济学中，成本是指机会成本，即将资源用于某种特定用途而放弃的其他用途上可能得到的最高收益，它不同于会计成本，不是财务分析中的现金支出，如加大应对公共应急事件的预防投入，这部分支出就不能用于经济建设，就是机会成本。生产成本又分为总成本（TC）、平均成本（AC）、边际成本（MC）三种。总成本指生产所有商品所付出的所有成本。平均成本则等于总成本除以总产量。而边际成本则指商品产量增加一单位时，所需增加的成本。生产函数是投入的要素和商品产量之间的对应关系。总成本函数为 $TC = TC(Q)$，平均成本函数为 $AC = AC(Q)$，边际成本函数为 $MC = MC(Q) = \frac{dTC(Q)}{dQ}$。

企业的收益可分为总收益（TR）、平均收益（AR）和边际收益（MR）。总收益是企业出售生产所有商品的所得收益之和，而平均收益等于总收益除以商品产量。边际收益则指商品产量增加一单位时，带来的总收益的增加量。供给曲线反映了商品价格与供给量之间的关系，图 2－3 显示了供给曲线的一般特征：供给量与价格成正比关系。供给曲线向右上方倾斜。价格 P 越高，生产者愿意供给的商品数量 Q 就越大，即商品的供给量就越大；价格越低，生产者愿意供给的商品数量就越小，即商品的供给量就越小。

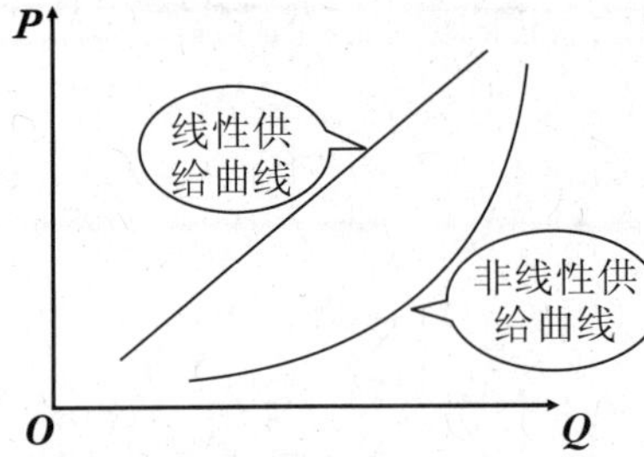

图 2－3 供给曲线

在经济学中，假定生产者追求利润最大化，利润等于总收益（TR）减去总成本（TC）。生产者之所以关心所生产商品的有用性，是因为商品的有用性与消费者的支付意愿有关，消费者总愿意为有用性高、质量好的产品付出较高的价格。只要增加产量，就会增加利润，生产者就会不断地扩大生产，直到增加一单位产量带来的收益（即边际收益 MR）等于增加一单位产量所需付出的成本（即边际成本 MC）为止，即利润最大化的条件为 $MR = MC$。

三、市场

市场是商品的生产者和消费者进行交易的场所。市场有完全竞争市场、垄断市场、寡头垄断市场、垄断竞争市场等不同类型。完全竞争市场是所谓的理想市场，以下重点分析理想市场条件下的情况。

完全竞争市场是指有众多独立的参与者，包括生产者和消费者，他们每个人都是价格的接受者，单个人或单个企业无法影响商品的价格，每个人都追求自身利益的最大化，且充分掌握有关商品价格的信息，生产要素是自由流动的，此外，不存在政府干预。长期竞争均衡状态，是完全竞争市场的一种理想状态，是经济分析的重要基础和出发点。长期竞争均衡时，某商品的价格将与该商品的有用性成正相关，与生产商品的边际有用性成负相关，与生产商品的边际成本成正相关。若商品价格之比等于商品的有用性之比，则可描述为：某商品的价格将与该商品的有用性成正比，与生产商品时的社会必要有用性成反比，与生产商品的社会必要成本成正比。设某商品的价格为 P，其有用性为 U，社会必要有用性为 U_0，社会必要成本为 C_0，边际有用性为 MU_0，边际成本为 MC_0，则商品价格规律可用数学模型表示为：

$$P = \frac{U}{U_0}C_0 = \frac{U}{MU_0}MC_0$$

若每单位商品的有用性一致，则 $P = C_0 = MC_0 = AC_0$，其中 AC_0 代表平均成本。

在现实市场中，由于供求存在波动，往往存在偏离长期竞争均衡的现象。在需求量不变的条件下，供给量增加，会导致价格下降；而供给量减少，则会导致价格上升。在供给量不变的条件下，需求量上升，会导致价格上升；而需求量减少，则会导致价格下降。短期内，只要需求量不等于供给量，商品的市场价格就会不断地调整，直到达成均衡价格。在该均衡价格之下，需求等于供给，这就是短期均衡。长期内，生产者可以选择进入或退出某商品的生产，则长期调整后，所有生产者的经济利润为 0，商品的总需求等于总供给，这是长期竞争均衡状态。供给和需求的变动，会引起价格的变动，如果某因素影响供给和需求，则也会影响价格，如生产成本上升则会导致生产者降低产量，使得供给量降低，从而导致商品价格上升。在公共应急事件发生时，如公共卫生事件可能造成对某种药物的需求上升，则会导致这种药物的价格上涨，如果政府不进行监管，甚至有不法商人囤积居奇，加上因流言造成的民众恐慌，那么这种药物的价格上涨将不受控制。在图 2－4 中，曲线 S 代表供给方，曲线 D 代表需求方，在价格为 P^*、产量为 Q^* 时，商品需求量等于供给量，供求均衡。

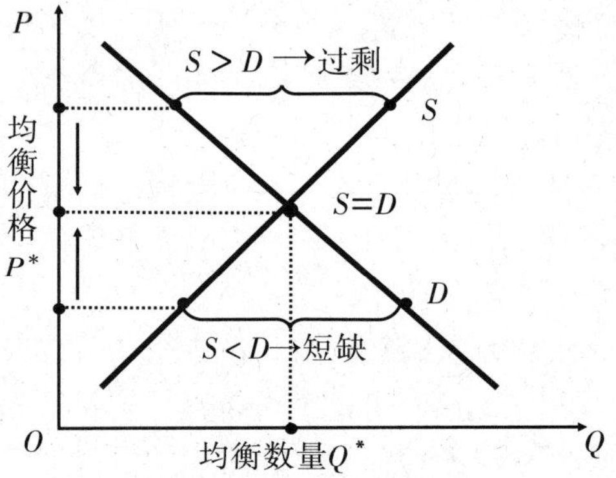

图 2－4　供求均衡图

图 2－4 所示是在市场正常运行下的情形，而在应急事件发生时，供给与需求都发生了变化，需求还在继续，但为应对突发事件的一些特殊商品的需求激增，供给则基本中断，只能靠库存或从其他地方调入，但无论如何，供给会锐减，供求缺口加大，价格急剧攀升，甚至有价无市（见图 2－5）等。

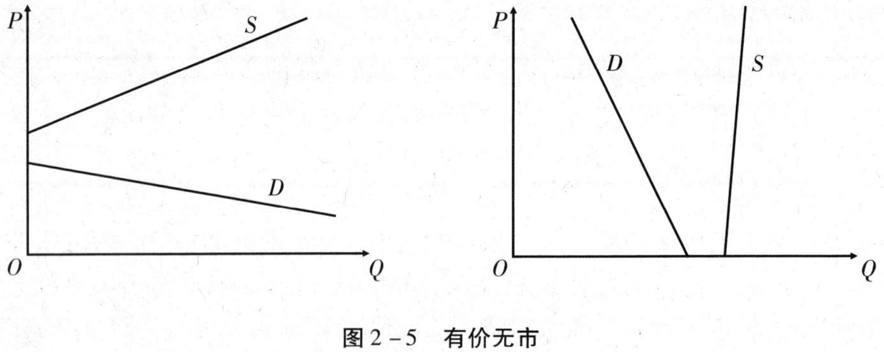

图 2－5　有价无市

应急事件发生时，供给短期内由于生产中断或等待其他地方的商品调入，导致应急事件发生地供给骤降，并且短期内难以恢复，其供给弹性极小甚至没有，而需求常常不减反增，如无外来干预，价格自然会突然大幅上涨（见图2-6）。

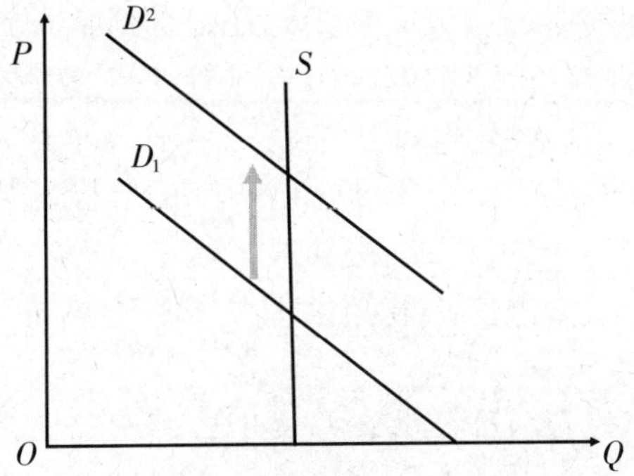

图2-6　应急事件中价格骤升

在完全竞争市场条件下，或者接近完全竞争市场条件下，价格代表了经济价值，我们可以使用市场价格直接或间接确定相关经济价值。而在非完全竞争市场条件下，如垄断、公共物品、产权不明晰、信息不对称等导致市场失灵，以及存在税收、补贴、数量限制等多种形式的政府干预，使得市场机制不能有效配置资源，那么，市场价格不能反映商品或者服务等的经济价值，甚至一些物品或服务没有市场交易和市场价格。所以，在市场价格失真或者扭曲的情况下，要对公共应急事件进行经济分析，货币量化相关的经济价值，则需要采用影子价格，对市场价格做必要的调整，而对于没有市场交易和市场价格的情况，则可采用非市场评估法，如意愿调查评价法，用被调查者的主观支付意愿来确定相关经济价值。

四、影子价格理论

影子价格（shadow price）最早是由20世纪30年代苏联经济学家、数学家列·维·康托罗维奇提出的，其在苏联被称为最优计划价格。康托罗维奇从资源的稀缺性出发，以资源最优配置作为价格形成的基础，认为价格是衡量资源稀缺的尺度，最优价格是由最劣等生产条件下的边际消耗决定的。荷兰数理经济学家、计量经济学创始人詹恩·丁伯根首次提出了影子价格的概念，运用线性规划的数学方式计算，他认为影子价格是反映资源得到合理配置的预测价格。1954年，他将影子价格定义为“在均衡价格的意义上表示生产要素或产品内在的或真正的价格”。康托罗维奇和丁伯根的观点基本相同，采用线性规划的方法，将资源和价格联系起来。之后，经济学家萨缪尔森进一步发展了这个概念，认为影子价格是以边际生产力为基础的，以线性规划方法为计算方法的资源价格，即某资源的影子价格是其边际生产力。20 世纪中后期，影子价格的概念和应用进入了世界经济的诸多领域，如投资项目经济评价、金融领域、经济增长等等。在中国，影子价格概念是在 70 年代末 80 年代初开始受到学术界的重视，用于投入产出模型的建立与一般均衡分析，主要应用于可行性研究领域。

数学上，影子价格是最优化线性拉格朗日乘子，即目标函数发生的增值。在经济学意义上，影子价格是单位资源变化所引起的目标函数最优值的变化量，是资源投入的潜在边际效益。对这一价格形式，经济学理论从不同的角度给予了解释，如边际理论、劳动价值理论、最优化理论、机会成本理论、支付意愿理论、理性市场理论等。

影子价格有广义和狭义两种理解，广义上，影子价格是泛指一切与市场交换价格不同的计算价格；狭义上，影子价格是指用线性规划方法计算出来的反映资源配置效果的价格。对于广义的影子价格，由于市场中存在的价格扭曲和失真现象，借助影子价格可以排除现行价格的不合理成分，计算方法要根据实际的需要，如把边际成本视为影子价格，扣除关税影响的国际市场价格，考虑政府干预（税收、补贴）的市场价格，考虑对环境、社会的影响。狭义的影子价格，其值反映了资源的稀缺程度或最优使用效果，可利用其制订最优计划——利用有限的资源取得最大的社会经济效益，计算方法是通过求解线性规划对偶问题的最优解或拉格朗日乘子。

宏观上，影子价格与国民经济的发展速度、生产和生产力的关系、资源和资源开发的程度、科技水平、人口和人口的素质、社会环境和经济环境及宏观经济调控意图等有关。微观上，影子价格与产品种类、原材料的稀缺程度、产品的生产条件和生产过程、产品的产量、产品的市场供求情况、产品的产地及影子汇率等有关。一般情况下，社会环境、经济环境良好，生产与生产力的关系协调，经济发达，市场完善，政策与价格体系合理，影子价格、理论价格、市场价格三者间较容易统一。

最优生产计划问题可描述为如下线性规划模型：

原规划：
$$\begin{cases} \max z = C^T X \\ s.t. AX \leqslant b \\ X \geqslant 0 \end{cases} \tag{2.1}$$

对偶规划问题：
$$\begin{cases} \min w = Y^T b \\ s.t. Y^T A \geqslant C^T \\ Y \geqslant 0 \end{cases} \tag{2.2}$$

其中，z 表示利润，X 表示产品的产量，C 表示产品的价格，b 表示资源的拥有量，A 表示单位产品所需的资源量。

2.2 式的最优解 $y_1{}^*$，$y_2{}^*$，$y_3{}^*$，$y_4{}^*$，$y_5{}^*$……即为资源的影子价格。

其基本性质如下：

（1）原规划与对偶规划有最优解的充分必要条件是它们同时有可行解。

（2）若原规划有最优解，则对偶规划也有最优解，且目标函数的最优值相等。

（3）若 X、Y 分别为原规划与对偶规划的任一可行解，那么 X、Y 分别为原规划和对偶规划的充分必要条件是：$Y_S X = YX_S = 0$，其中 X_S 和 Y_S 分别是原规划和对偶规划的松弛变量。

资源的影子价格与资源的稀缺度有关。也就是说，影子价格主要反映资源的利用对社会总产出的贡献程度，并以这种贡献的大小来衡量各种资源的价值。这可用线性规划对偶理论的互补松弛定理证明。

$$Y_j \times X_{sj} = 0 \text{（两者不同时为零）}$$

式中，X_{sj} 为第 j 种资源的松弛变量，它代表在最优目标实现情况下第 j 种资源的可能剩余量。以上定理可以分两种情况来讨论：

（1）若 $Y_j > 0$，则必有 $X_{sj} = 0$。这就是说，若第 j 种资源的影子价格大于零，则该种资源必然是稀缺的。

（2）若 $X_{sj} > 0$，则必有 $Y_j = 0$。这就是说，若第 j 种资源存在剩余，则该种资源的影子价格为零。

以上所说的稀缺，指的是这种资源的增加，能够导致总产出的增加；所说的剩余，指的是这种资源的增加，不能导致总产出的变化。

第三节　失灵理论

经济学所指的效率通常是指帕累托效率，由 19 世纪意大利经济学家维尔弗雷德·帕累托所提出，他认为，如果一种变动至少使一个社会成员的福利增加，而不使任何一个其他成员的福利减少，则这种变动是有效率的。如果社会中存在这种变动，即所谓的帕累托改善，则社会经济未达到帕累托有效状态；而如果社会中不存在这样的变动，即重新配置资源不能在使他人处境不变差的条件下使任何一个人的处境变好，则社会经济达到了帕累托最优。在完全竞争市场中，在“看不见的手”的牵引下，消费者依据效用最大化的原则作购买的决策，生产者依据利润最大化的原则作生产决策，追求自身利益最大化的个人在价格信号的指引下，市场本身能实现帕累托最优。但完全竞争市场是一种理想状态，现实中常常无法满足，存在很多价格失真、扭曲的情况，即各种失灵现象，包括市场失灵、政府失灵、志愿失灵。公共应急事件是突然发生的，并会产生人员伤亡、财产损失以及一系列负面影响，对社会经济造成巨大的冲击，在这样非常态的背景下，失灵的问题会表现得更为严重。

一、市场失灵理论

市场失灵是指市场无法有效地配置资源的情况。据《新帕尔格雷夫经济学大词典》的解释，所谓市场失灵就是：假如有足够的市场，假如所有的消费者和生产者都按竞争规则行事，假如存在均衡状态，那么，在这种均衡状态下的资源配置就达到帕累托最优状态。［阿罗（Arrow），1951；德布勒（Debreu），1959］当情况不符合此项定律的结论时，即市场在资源配置方面是低效率的时候，就出现了市场失灵[①]。注意这里说的都是假如，“假如”、“那么”是经济学理论上的通用文字表达方式，这是就理论上来说的，并不等于实际的市场失灵，也可以说，如果不存在这些假如，就不存在市场失灵。

由于存在凯恩斯所说的“有效需求不足”，他主张扩大国家干预经济的权利，通过财政和货币金融政策来增加公共支出，以刺激消费需求；降低利率，以刺激投资需求。[②] 凯恩斯认为市场机制在配置资源时存在缺陷，而弥补这种缺陷的方法就是加强政府干预。1958 年美国麻省理工学院巴托教授首次在《市场失灵的剖析》一文中创造并正式使用了“市场失灵”，他用这一概念来形容市场机制配置资源存在缺陷，并逐渐被学术界认可和使用。通常市场失灵的表现是公共产品的供给、外部性、垄断、信息不对称与收入分配的悬殊。市场失灵的根本是单靠市场去配置资源解决不了这些问题，而必须援引外在力量，现实中可选择的就是政府和第三部门。

需要指出的是，市场失灵分为市场能为下的失灵与市场不能为下的失灵，现实中更多的是市场不能为下的失灵，这不能指责市场，而是超出了市场的作用边界。政府不能越位，同样市场也不能越位。凡在市场机制、均衡价格机制不能调节的领域或产品，都存在市场失灵，勉强为之，必然导致资源配置的低效率。

---

① 新帕尔格雷夫经济学大词典（第 3 卷）. 经济科学出版社，1996. 351.

② 姚开建. 经济学说史. 中国人民大学出版社，2003.

（一）公共产品

公共产品（public goods）也被称为公共物品、公共消费品。公共产品是相对私人产品而言的，以苹果和灯塔为例，苹果是典型的私人产品，灯塔是典型的公共产品。对于苹果，如果你把它吃了，别人就无法享用；而对于灯塔，只要在它的照明水域内，船只可以共享灯塔的导航，某条船只对灯塔的消费丝毫不妨碍其他船只。传统认为公共产品具有非竞争性和非排他性。非竞争性（non-rivalry）是指一个人对公共产品的消费不会影响其他人从对公共产品的消费中获得的效用，即增加额外一个人消费该公共产品不会引起产品边际成本的任何增加。非排他性（non-excludability）是指不可能阻止不付费者对公共产品的消费，对公共产品的供给不付任何费用的人同支付费用的人一样能够享有公共产品带来的效用，难以用分别、单独的收费排他，即消费产权界定具有不可能性和不可行性。公共产品包括国防、外交、公共安全、城乡基础设施、公共交通、照明、绿化、公共卫生设施与服务项目、公共文化设施、各种公共服务项目（治安、消防、气象等）以及基础科研成果等。需要注意的是，公共产品不等同于政府定价、提供的产品，它具有外部公益性的产品和免费产品。

总结以往公共产品理论以及笔者的研究，提纲挈领地对公共产品以及应急事件中公共产品的供给作如下的阐述：

公共产品首先是公共需要的产品，私人产品自然就是私人需要的产品。既然是公共需要的产品，则该产品应该是反映或符合公共意愿、公共选择的产品，是满足了公共偏好的产品。公共并不意味着百分之百，而是根据一定的制度或法律程序代表了绝大多数人的公共需求倾向的产品，因为没有任何产品是百分之百地符合所有人的。公共产品必须满足公共需求是公共产品得以成立的政治合法性的本质规定，而要做到符合公共需求是极其困难的，绝不是简单地自我标榜就行的。公共产品在实践中的界定是极为复杂的，私人产品可以通过自负其责的私人选择来判定，公共产品则是一个公共选择的结果，这里，政治与行政的分权、制衡、监督、执行、相关程序、选择机制等就显得至关重要了。公共产品必须是公共必需的产品，何为必需、必需什么、必需多少、如何供给、什么时间供给等，在一个非政治民主的选择机制中，公私产品的划界永远都是混乱的，实践中的政府越位、空位、缺位就是难以避免的。

公共产品是私人不提供或市场不提供的产品，或是提供后难以收费或得利的产品，或是提供后收费的社会成本极高而社会收益极低的产品，所谓公共产品的市场失灵皆出自此。私人不提供或市场不提供的根本原因在于消费产权的难以界定性，或界定的极高成本性，因而营利性的私人企业或市场不愿意提供。公共产品的真正本质属性是消费品产权难以界定性，即究竟一个人消费了多少、什么时间消费、如何消费等，是难以界定的，或技术上难以实现，或技术上可以实现，但界定成本极高，使得界定失去经济意义。正是由于这一点，才使得分割收费不可能，“搭便车”成为必然发生的结果；而消费的产权无法界定，“搭便车”的普遍存在，不缴费的难以被排除在消费之外，导致追求利润最大化的私人难以供给、不愿供给，即所谓的市场失灵。换句话说，凡是可以分割收费、收费的收益大于成本的产品都是私人产品，否则就是公共产品。也正是由于消费产权的难以界定性，才有了非排他性、非竞争性、非分割性，是先有前者，才有后者，相反的逻辑是难以自圆其说的。

公共产品只能从需求的角度加以界定，而不能从供给方面予以划界，因为一些私人企业或慈善组织出于公益的目的也会向社会或他人供给公共产品；反过来，现实中，政府也提供了大量的私人产品，所以绝不能简单地从供给的角度，认为政府或公共部门供给的都是公共产品，私人部门供给的都是私人产品。在应急事件发生时，政府尽快恢复公共产品的供给是责无旁贷的，但绝没有理由排斥或阻止私人组织、NGO 组织从事公共产品供给的工作，反而要大力提倡和鼓励。

免费提供或供给的产品并不等于就是公共产品，即免费的产品很可能是私人产品，如应急事件中大量的食物、衣被等是不折不扣的私人产品，所以公共产品不等于免费产品。事实上，归根到底，公共产品也不是免费的，只是其付费的方式不同于私人产品罢了。

真正符合公共需求的公共产品的供给最终都是政府要负责的，即使不是直接的，是向私人购买的，最终政府还是要负责的，这是政府永远不能以任何理由推脱的。换句话说，在应急事件中，私人组织、其他非政府组织自愿或免费供给了大量的公共产品，但都不能替代政府的责任，问责的最终承担者必定是政府。

常态下公共产品供给的最终责任者是政府，非常态下或应急条件下公共产品的供给更是政府的首要任务。

由于公共产品所具有的特性，导致现实中不可避免地出现“搭便车”问题，人们抱着坐享其成的心理，不愿意为公共产品付费，却享受着公共产品带来的好处，由于公共产品和私人产品一样存在着成本，所以这必然导致公共产品供给的不足，公共产品供给的不足又导致了整体福利的损失。

公共产品理论是公共经济学的核心理论，很多经济学家都对其进行了研究，如庇古模型、鲍温模型、一般均衡模型、威克赛尔—林达尔模型等，这些模型探究了不同条件下公共产品供给的最优条件，但在实际中，理想化的状态总面临一些困难，由于消费产权不可分割，搭便车现象便难以避免，无法知道个人对公共产品的偏好，个人有利益动机去隐瞒自己的偏好，即无法得出个人对公共产品真实的需求曲线。这样，公共产品的成本分担就产生困难，无论是以税收的方式，还是以其他收费的方式。

公共产品引致的市场失灵只是确定政府职能的必要条件，而不是充分条件，其充分条件是直接承接市场失灵矫正的非政府组织也失灵，而此时政府替代市场要比市场、非政府组织做得更好，即不存在政府失灵的情况。人类社会常常面临许多市场失灵与政府失灵并存的情形，即人类并不能立刻很好地解决所有的问题。在市场失灵、非政府组织失灵与政府失灵并存的情况下，唯一可选择的应对策略就是放手让市场、让无数“经济人”去试错，去摸着石头过河，在无数次付出成本的情况下，探索出一个次优的解决方案来。例如在中国很多城市中，物业定价在供需双方的博弈中，迄今没有找到一个很好的定价机制，而政府的定价又导致了一个更劣的局面，那就不如放手让供需双方自由平等地谈判、讨价还价，不断地试错以找出对双方都是剩余最大的均衡结果来。

公共产品之一——城市基础设施

政府必须提供充足的基础设施和其他公共服务，并且发掘多用途基础设施的潜力。基础设施本身就具备很多预防功能，但是否有效却取决于其质量。基础设施需要维护，如在冬季或雨季到来之前修补道路上的坑洞，在钢桥因腐蚀而导致性能退化之前涂上油漆，检查并修复混凝土桥中的裂缝等。所有工程师都知道维护的重要性，但他们经常无法获得维修所需的预算拨款——即使在美国也是如此。2007 年明尼阿波利斯市桥梁坍塌事件就引发了人们对此类疏忽的关注。

政府支出项目应当按照（经济）回报率的降序排成一个清单。但在受到预算限制和各年预算有较大起伏的情况下，低回报率的项目常被放到可延期的高回报项目之前。由于维护可以推迟执行，故而被再三拖延，直至设施崩溃。排水系统在建成后因未得到充分维护而形成堵塞，这样暴雨就会导致洪水淹没贫困群体的居住区。其他一些公共服务与灾害预防的关联不那么明显，但也很重要，如可靠的城市交通。提供这些服务要求更优——但不一定更多——的公共支出。例如，在大多数非洲国家，约 30% 的基础设施需要得到修复，而仅 6 亿美元的道路维修支出即可实现 26 亿美元的年收益。

政府必须确保新的基础设施不会产生新的风险。这一点尤其重要，因为在许多发展中国家，基础设施投资（长期资本）可能会在未来几十年达到峰值。将基础设施建在不易受灾的地区即是一种防范风险的方法。然而，即使是经过精心设计、建造和维护的基础设施，也未必总能预防灾难的发生。因此，对于那些

“关键基础设施”，政府必须多加留意。①

（二）外部性

布坎南（James McGill Buchanan）认为只要某一个人的效用函数（或某一个厂商的生产函数）所包含的变量是在另一个人（或厂商）的控制之下，即存在外部效应。简单来说，当个人（或一些人、家庭、企业、国家）承担了某些成本，却没有获得对应的利益，或者获得了利益，却没有承担对应的成本时，就存在着外部性，这些利益或者成本也必是由人获得或承担的。经济主体之间的活动都是相互影响的，外部性总是存在的。

外部性又被称为溢出效应、外部影响或外部效应，可分为正外部性和负外部性，也可分为生产中的外部性和消费中的外部性。正外部性又被称为外部经济或正的外部效应，负外部性又被称为外部不经济或负的外部效应。举例来说，工厂在生产过程中造成的污染是一种负外部性，它所造成的社会成本包括政府治污的成本、自然资源的减少、环境的破坏、对居民健康的影响等等，如果不对工厂排污进行合理收费，那么工厂的个体成本就小于社会成本。教育具有正外部性，其个人收益（受教育者本人的收益）显而易见，但社会收益（受教育者以外的人或组织以至一个社会或国家的收益）却容易被忽视，社会收益正是教育的正外部性。

设经济主体 A 的效用函数（或生产函数）为 U_A，主体 B 的效用函数（或生产函数）为 U_B；$X_A = X_1, X_2, X_3, \cdots, X_n$ 为影响 U_A 的各种因素；$Y_A = Y_1, Y_2, Y_3, \cdots, Y_n$ 为影响 U_B 的各种因素；则 $U_A = f(X_A, Y_B)$，$U_B = f(Y_B, X_A)$。

设 Rp 为内部效益，Re 为外部效益，Rs 为社会效益，$Rp + Re = Rs$。

当 $Re = 0$，$Rp = Rs$ 时，不存在外部性；当 $Re > 0$，$Rp + Re = Rs$ 时，则存在正外部性。

设 Cp 为私人成本，Ce 为外部成本，Cs 为社会成本，$Cp + Ce = Cs$。

当 $Ce = 0$，$Cp = Cs$ 时，不存在外部性；当 $Ce > 0$，$Cp + Ce = Cs$ 时，则存在负外部性。

外部性的存在会造成资源配置失当，正外部性会导致产量生产过少或消费数量过少，负外部性会导致产量生产过多或消费数量过多。解决外部性的基本思路是让外部性内部化，即通过制度安排让社会收益或社会成本与私人收益或私人成本相等，可采用政府监管（行政手段、法律手段）、产权界定（经济手段）、道德约束（道义手段）等方法。①政府监管，可采用税收和补贴的方法（庇古

① 以上内容参看世界银行研究报告《自然灾害、非自然灾难：有效预防措施的经济学》。

税），即对负外部性的生产（消费）活动征税，对正外部性的生产（消费）活动给予补贴，能有效激励正外部性的生产（消费）活动，抑制负外部性的生产（消费）活动，但税收或补贴额的确定存在着困难。②采用市场机制，根据科斯定理，如果产权关系明晰且可自由交易，那么经济活动中的私人成本与社会成本必然相等，外部性就会被内部化。虽然权利属于谁的问题会影响财富的分配，但如果交易费用为零，无论产权如何界定，都可以通过市场的交易活动和权利的买卖者的互定合约而达到资源的最优配置，即可通过当事人的谈判纠正外部性，但实际中由于协商谈判、实施协议存在大量交易成本，所以谈判也不一定能解决问题。③让企业合并或者兼并，但当导致负外部性的经济主体不止一家，受到外部不经济影响也不止一家时，合并或兼并就不一定可行。

（三）风险和不确定性

风险和不确定性是由信息不对称造成的。信息不对称是指在市场交易中，交易双方拥有的信息不对称的经济现象，它造成了市场交易双方的利益失衡，并影响社会的公平公正以及市场机制配置资源的效率。市场要实现资源最优配置，就必须有充分的信息，但实际中，信息对于交易双方经常是不平等的，它和土地、资本一样，是稀缺资源，对它的占有可以使拥有者在博弈中获得相关的收益。

信息不对称现象由肯尼斯·约瑟夫·阿罗在1963年提出，他以柠檬市场（the market for lemons）为例说明①，在英文中，“柠檬”有次品之意。信息不对称会带来逆向选择和道德风险问题。逆向选择是指在签订合同或从事交易之前存在信息不对称，某些特征被隐藏，导致劣质品驱逐优质品，市场交易产品整体质量下降的现象。道德风险是指在签订合同之后，参与合同的一方面临对方改变行为损害本方利益的可能。前者可以二手车买卖为例。假定二手车市场上有两种车，好车和坏车，卖主（二手车的主人）知道车的性能，但买主不清楚，所以其出价介于好车和坏车的价值之间，结果导致好车被留下，坏车被买走，市场失效。后者则可以车险市场为例。当车买了保险后，车主对车可能就没有不买保险时那么小心了，结果各种索赔的可能性上升，产生道德问题。

信息不对称是普遍存在的，其原因主要在于：①有限理性（bounded rationality）。交易相对方对交易产品的质量、真伪缺乏分辨能力，这是由其所拥有的和能支配的资源的有限性所决定的，特别是一些需要用专业知识分辨质量、真伪的交易产品。一般在市场交易中，卖方处于信息优势的地位。②信息搜寻成本。

---

① George A. kerlof. The Market for “Lemons”: Quality Uncertainty and the Market Mechanism. *The Quarterly Journal of Economics*, 1970, 84 (3): 488-500.

要了解某一方面的知识或信息需要花费成本，包括人力、物力、财力等资源的投入。如要了解一条街上哪家餐馆的菜肴最好，就需要一家家去品尝。因此，交易方会因为信息搜寻成本过高（支付不起或超过收益），而得不到充分的信息。③信息垄断。信息是一种稀缺资源，是可以让拥有者获利的。因此，信息的拥有者会凭借自己的优势地位隐藏信息或者提供虚假信息从而获得经济利益，这样就阻碍了对方获得真实充分的信息。

信息不对称会造成生产者和消费者不能合理决策，劣货驱逐良货，需求缺口和供给过剩共存，导致不公平交易和不公平竞争，不利于市场良性发展。要解决风险和不确定问题，就要增加信息的供应，消除和减少交易者之间的信息不对称，禁止或限制信息垄断现象。市场本身具有解决信息不对称问题的力量，具体的方法有卖方担保、商业保险、价格显示、建立信誉等等，但这些源于市场交易方为赢得市场获取利益而采取的自发行为，让交易对方信任自己，这样的行为是内生的，有着一定的局限性。政府或者第三部门介入有其必要性，政府拥有公共权力，即权威性和强制力，能凭借其地位优势，对市场中的信息垄断、不公平交易、不公平竞争进行规制（比如制定法律、法规），向信息相对弱势方提供更多真实的信息，对交易者进行资格审查等。第三部门包括行业协会以及其他多种民间组织，其可以制定行业规范、进行监督管制等，但其不具有强制力、权威性，导致具有根本的局限性。

（四）市场势力

市场势力是指卖方或买方不适当地影响商品价格的能力。在相当长一段时间内企业能将价格定在竞争水平之上以获得额外的利润，包括卖方垄断力、买方垄断力，主要表现形式有行业垄断、自然垄断、垄断竞争、价格—生产联盟等。市场势力可能会带来产量受限、物价上涨、技术进步受到阻碍、分配进一步不均等。

行业垄断是指政府或政府的行业主管部门为保护某特定行业的企业及其经济利益而实施的排斥、限制或妨碍其他行业参与竞争的行为。自然垄断产生于规模报酬递增的情形，所谓“规模报酬递增”指的是在其他条件不变的情况下，某一产品或行业的净收益的增长速度超过其生产规模的扩大速度，在这样的情况下，垄断是自然形成的。垄断竞争是介于完全竞争和完全垄断之间的情形，是指在一个市场中有许多厂商生产和销售有差别的同种产品，这些有差别的同种产品是彼此之间非常接近的替代品，且这个市场中厂商的生产规模较小，其市场影响力也较小。价格—生产联盟也即卡特尔，是指生产同类商品的企业达成规定产品产量、确定商品价格的协议，目的是提高产品价格和控制产量以获得垄断利润。

价格—生产联盟是一种串谋行为，它损害消费者利益和社会经济福利，大部分国家都制定了反垄断法来规制这种行为。不过，价格—生产联盟具有天然的不稳定性，价格—生产联盟内部的成员都有自然违约倾向。

市场势力与企业的需求价格弹性相关，在企业需求无弹性情况下，即消费者对价格变动的反应能力弱，则企业的市场势力就较大。市场势力的来源主要有三个：结构性进入障碍（规模经济、必要的资本支出、产品差别化）、行为性进入障碍（企业策略性进入阻止和排他行为）和行政性进入障碍（政府授予企业的垄断市场地位和合法的市场垄断权）[①]。市场势力对社会福利的影响主要体现在以下几个方面：①配置低效率，市场势力造成的高价格和低产量导致资源配置损失；②生产低效率，使用资源浪费严重，成本较高；③社会福利净损失，如为保持垄断地位的寻租活动支出。实际中，企业或多或少都会拥有一定的市场势力，一般只有严重损害市场竞争的市场势力才会引起关注和被制约，如政府的法律规制（美国的反托拉斯法、欧盟的竞争法等）。

二、政府失灵理论

市场失灵是政府干预经济活动的原因，但政府本身也会存在失灵现象。所谓政府失灵，指的是由于政府干预不当而导致无法实现资源最优配置，其未能有效克服市场失灵，甚至限制和阻碍了市场机制的良性运作。政府失灵没有一个准确的定义，它产生于对政府干预有效性的质疑。蒂莫西·贝利斯（2009）总结了描述政府失灵的三种方式：①依据经典的市场失灵标准——帕累托低效；②考虑政治过程最终达成了并不符合民众要求的分配结果；③政治选择或者政治决策不能引致帕累托优于政府缺失状态下达成的结果。

政府失灵可表现在以下多个方面：①干预无效。政府干预的范围和力度不足或者干预方式不当。政府进行干预是为了实现一定的目标（如提高效率、促进公平），但有时会事与愿违，如政府对某个民族产业的保护，可能会导致此行业企业的依赖性，更不思进取，更缺乏市场竞争力。政府有时干预的成本大于收益，得不偿失，在这种情况下，政府的干预也是无效的。如政府外包是为了提高效率和质量，但如果谈判、寻租、监管等成本过高，超过外包的收益，这样的外包并非合意。②干预过度。政府干预的范围和力度超过了合理需要，过多地运用行政指令性手段干预市场运作，产生非政策目的的负面效应，结果不利于市场机制的正常运作，如政府对某一行业进行扶持，以给予补贴、优惠贷款等方式提高其产品价格或生产购买规模，这样扭曲了市场的资源配置，导致供过于求，最后

---

① 唐要家. 市场势力可维持性与反垄断. 经济管理出版社，2009.

可能仍需政府买单。③干预缺位。政府在其职能领域不作为而导致的政府失灵现象，主要是指提供公共产品和公共服务，如保护环境、制定法律法规、投资基础设施等等。虽然政府往往是干预过度，但不可否认政府有责任和义务在某些领域发挥其作用，纠正市场失灵现象。④腐败寻租现象。政府机构存在着官僚主义作风，体制僵化，缺乏活力，机构臃肿，浪费严重，效率低下，滥用职权，政府官员贪污受贿、追求私利等现象，损害了公共利益，违背了政府的初衷。

政府失灵的原因在于：①有限理性。一方面政府面对的社会问题是非常复杂的、不确定的，其对经济社会活动的干预是涉及面广、错综复杂的决策过程，政府不可能掌握完全充分可靠的信息；另一方面，政府也不是全能的上帝，其能力是有限的。正如一般人在决策时会出现错误，政府制定公共政策时，由于信息和能力有限，也一样会出现偏差。以提供公共产品为例，由于民众和政府之间存在着信息不对称，导致政府不能很好地回应民众的需求，民众也不能很好地监督政府的公共产品供给。此外，政府可能由于财力不足、能力有限等原因不能提供某些公共产品，或提供的公共产品数量和质量低下。②缺乏竞争机制。政府的成本和收益是相分离的。维持政府收入的主要是税收，税收不同于企业出售产品获得的收入，它是稳定的，与政府的成本无关，另外，政府的成本缺乏有效监督和约束机制，政府机构臃肿、浪费严重、效率低下正是它的现实反映。企业会因为成本高于收益而破产，但政府不会。在毫无竞争且没有成本和收益这种关键性联系的情况下，政府的低效、浪费很难避免。政府实际上是一个垄断组织，其没有内在的动力提高效率，追求利润最大化。③私利性的存在。政府也是经济人，它并不总是那么高尚地追求公共利益。政府决策并不是至少不全是由其责任（扩大公共利益）产生的，很多时候是由个人或集体行为产生的，是一种博弈的过程，而博弈的结果可能是增进了部分人的利益而损害了另一部分人的利益，对于社会整体福利的效果可能是增进的，也可能是减少的。瓦格纳指出政府就其本性而言，是有一种天然的扩张倾向的。作为一个政府部门，可能会追求预算的最大化（预算最大化会导致政府官员策略性地扩大部门支出和人员数目，很多支出和人员增长可能是不必要的），作为一个政府官员，可能会以职位的晋升或者个人财富的增长为目的。由此，产生了腐败寻租问题。④权力寻租行为。政府的公权力是一种稀缺资源，这种稀缺资源可以带来高额的利润。寻租是政府干预的产物，主要分为两种行为：一是政府自身的寻租，对一些公共产品或服务进行收费，扩大政府相关机构部门的收入，为其内部人员谋取福利；二是外部寻租，政府外部的个人、组织通过贿赂政府内部官员的方法，获得一些有利条件和优惠，进而赚取额外的收益。如果收益大于贿赂，这样的行为对于个人、组织无疑是在经济上合意的，但对于社会的整体福利却是一种损失，而且会降低政府形象和公信力。

⑤缺乏监督机制。监督机制的缺乏来源于民众不能获得完备的政府相关信息，也没有权威性的保障机制或对政府的约束机制，使得其对政府的监督效力有限。缺乏有效的监督机制，政府容易为谋求自身的利益而损害公共利益。而且，政府的成本和收益可能是难以衡量甚至是不可见的。

失灵的政府干预失灵的市场，其结果显然不容乐观。实际中，政府的干预无效、干预过度与干预缺位也备受诟病。解决政府失灵有一些代表性的观点，如进行体制改革，转变政府的职能，明确政府与社会、市场的边界，建设服务型的责任政府；提高政府官员的素质，加强政府官员的道德素质，减少设租寻租现象，改进政府官员的选拔、录用、评价等机制；建立完善的社会约束和监督机制，加强法制建设，精简机构和相应人员，削减政府公权力的不受限扩张；引入竞争，管办分离，政企分离，政事分离，掌舵而非划桨，市场能解决的就交给市场，即便是供给公共产品，也可以采用购买外包等方式，供给与生产相分离；引入第三部门的力量，等等。

三、志愿失灵理论

除了政府（第一部门）、市场（第二部门），社会中还存在着第三部门。“第三部门”的概念源自西方，是由美国学者 Etzioni、Levitt 最先在 1973 年提出，然后被世界各地的学者们接纳并运用。Etzioni[①] 认为第三部门是公共部门和私人部门外的第三种选择，以应对日益增长的各种需求，它并非是对前两种选择的摈弃，而是补充和平衡前两者的重要角色。我国清华大学 NGO 研究中心的王名[②] 认为第三部门、公民社会、NGO、非营利组织，指的都是同一类的社会组织，即独立于政府和企业市场体系之外的非营利的、有公益导向的社会部门。关于第三部门的定义，学术界还未有一个明确的共识。简单来说，第三部门意指政府、市场外的选择，是一个内涵甚广的概念，包括非政府组织（NGO）、非营利组织（NPO）、基金会[③]、社团法人[④]等。Lester M. Salamon、Helmut K. Anherier[⑤] 指出第三部门组织虽然具有多元化和复杂性的特点，但其也具有相似的特征，如正式

① A. Etzioni. The Third Sector and Domestic Missions. *Public Administration Review*, 1973, 33.

② 王名. 中国的第三部门之路. 21 世纪导报，2005-12-25.

③ 基金会是指利用自然人、法人或者其他组织捐赠的财产，以从事慈善、公益事业为目的非营利性法人。此定义来源于维基百科。

④ 社团法人是指多数人集合成立之组织体，其组成基础为社员，无社员即无社团法人。此定义来源于维基百科。

⑤ Lester M. Salamon, Helmut K. Anherier. *Defining The Nonprofit Sector*. Manchester: Manchester University Press, 1997.

的组织架构、独立于政府、自我管理、非利益驱动、慈善行为等。

正如埃莉诺·奥斯特罗姆[①]在《公共事务的治理之道》中所指出的，彻底的私有化和利维坦既非解决公共事务悲剧的灵丹妙药，也非唯一选择。在市场失灵和政府失灵的情景下，相较于追求私利的市场和拥有权力的政府，第三部门不以牟利为目的，有其内在的优势，包括：①灵活优势。不同于政府的官僚体系，第三部门的组织架构和运作方式有较大的弹性和适应性，回应和行动迅速。②专业优势。第三部门往往专注于自身致力的某项或者某几项服务，容易形成专业优势。③效率优势。第三部门参与公共产品供给可以增加有效竞争，提高效率，且其能更好地根据民众需求供给公共产品，减少浪费。④成本优势。特别是第三部门有很多志愿者参与，可以降低成本。⑤贴近民众优势。第三部门有促进公益的使命感，且有很强的社会参与性，贴近基层，关心弱势群体，能更好地满足民众多样化和个性化的公共产品需求。

但第三部门也有其弊端，最先由 Lester M. Salamon 提出了志愿失灵（voluntary failure）理论，并指出志愿失灵可分为四种类型：①慈善筹款不足（philanthropic insufficiency）。慈善机构所需的开支与所筹集的资金之间存在缺口。②慈善的特殊性（philanthropic particularism）。慈善对象存在着局限性，集中在特定的社会群体，而另一些需要受助的人群可能被忽略。③慈善的家长式作风（philanthropic paternalism）。捐款者对如何使用捐款有较大的发言权，可能忽视受助对象的声音，且不必对公众负责或接受监控。④慈善的业余性（philanthropic amateurism）。志愿者非专业人士，不可避免地影响组织绩效和服务产品的质量。Salamon 的理论主要是限于常态下的志愿者组织，而在非常态下（公共应急事件的情境下），志愿失灵的现象显得更为严重。2008 年《人民论坛》上的一篇关于汶川救灾的评论文章描述如下："在志愿者激情洋溢的背后，'志愿失灵'现象值得关注和反思。首先，由于志愿者和民间组织缺乏组织性、专业技能和有效经验，导致部分志愿者盲目进入灾区，形成了另一种形式的'灾民'，如一部分志愿者对救灾情况估计不足，吃穿住行都没有充分准备，反而占用了救灾的稀缺资源。其次，各类民间志愿者组织间缺乏沟通和协调机制，导致同构型志愿者组织太多，救灾功能与角色重叠，造成资源与人力的浪费，无法发挥彼此互补的功能，反而成为灾后重建时另一项困扰。"[②]

志愿失灵的具体表现可以从志愿者、志愿者组织、外部环境三方面来描述。

---

① 埃莉诺·奥斯特罗姆．公共事务的治理之道——集体行动制度的演进．余逊达，陈旭东译．上海三联书店，2000.

② 汤蕴懿．"志愿失灵"现象值得关注和反思．人民论坛，2008（14）.

①志愿者。志愿者往往是非专业的，没有专业的知识或技能，仅凭爱心、同情心投入志愿服务；志愿者是暂时性的，可能无法提供长期的服务，可能怠倦、失去热诚或者转移注意力，而不再提供无偿服务；志愿者有可能是功利的，缺乏真正的服务精神，形式主义严重。②志愿者组织。志愿者组织的管理可能是松散的、无序的、缺乏统筹的；志愿者组织可能资金不足，由于是非营利性的，导致其在资金来源上可能面临困境，而资金不足会严重制约志愿者组织的发展，也会导致人才不足；志愿者组织在运作过程中也可能偏离公益的目标，过度营利，谋求私利，且缺乏有效的监督机制；志愿者组织可能缺乏有效的激励和评估机制，不能调动志愿者的积极性或对其工作作出评价；志愿者组织是分散的、独立的，不能有效地整合资源，造成资源浪费、重复；志愿者组织提供的服务可能与受助方的需求不符，且关注对象是特定的，可能忽略了其他需要帮助的群体。③外部环境。缺乏良好的制度环境，志愿者或志愿者组织的合法权益没有得到保障；社会对志愿者、志愿者组织的认同度不高，可能缺乏公益精神。

应对“志愿失灵”问题，一方面，第三部门（志愿性部门）要加强自身内部的建设，完善管理体系和制度，建立有效的激励和评估机制，对志愿者进行相关的培训和指导，加大宣传，培养全社会的公益精神，贴近受助群体，了解他们的需求，并且不同志愿者组织之间应互相沟通，整合资源。另一方面，则要借助政府和市场的力量。政府要提供良好的制度环境，保护志愿者和志愿者组织的合法权益，并提供优惠条件促进志愿者组织的发展，与志愿者组织合作，共同寻求资源整合，有效发挥志愿者组织的作用；志愿者组织要注意与企业的合作，作为有社会责任感的企业也应热心公益，为志愿者组织提供资金和物质上的援助等。

第四节 预期理论

预期是指对未来情况的估计，在日常生活中到处可见，小到眼见乌云而预测下雨，大到对国家宏观经济运行的预测。在经济学中，预期是指对与当前决策有关的经济变量的未来值的估计，其涉及人们对经济运行未来趋势的预测与判断，对现实经济运行起着很大的指导作用。公共应急事件在一定时间内会对人们的预期造成很大的冲击，比如，一个依赖旅游业的地区发生规模较大的公共卫生事件，会使得游客量大大减少，从而要对此地区未来一定时间内相关经济形势的预测值作出调整；“非典”期间，由于民众预期的失误，导致广东省出现了白醋和板蓝根抢购事件。

一、预期的内涵

经济预期由预期主体、预期变量、相关信息、预测方法、预期值五个基本要素构成。预期主体是指进行预期的行为人，包括个人、企业、政府。预期变量指的是所预期的对象，如GDP预测值、某产品的价格等。相关信息是指帮助预期主体进行相关预期的信息。信息起着十分关键的作用，信息越充分，预期越准确，但根据有限理性理论，预期主体对信息的掌握是不完全的。预测方法是预测所用到的技术，包括凭经验拍脑袋，也包括科学的预测技术，有定性分析（如专家意见法、集体讨论法等）、定量分析（典型调查法、因素分析法等）、定时分析（移动平均模型法、指数平均模型法等）、定比分析（一元线性回归法、多元线性回归法、非线性回归法等）。预期值是指预期的结果，在经济学中，常以一个特定的数值来描述，如用预期就业率来描述未来的劳动力市场。

预期的分类是多种的。从预期主体来看，预期可分为个人预期、企业预期、政府预期等；从时间角度来看，可分为短期预期、中期预期、长期预期；从预期理论的流派来看，可分为马克思主义计划理论、凯恩斯预期理论、理性预期理论；从预期的形成机制来看，可分为外推型预期、适应性预期、理性预期。

1. 外推型预期

外推型预期是指简单地根据过去的经验推断未来的情况，重视近期的经验，而对长期信息和经验不予重视，适合于短期预测。

假设 P_{t-1} 代表 $t-1$ 期的价格水平，P_{t-2} 代表 $t-2$ 期的价格水平，对 t 期的价格预测可定义为 $P_t^* = P_{t-1} + \lambda\ (P_{t-1} + P_{t-2})$，其中 λ 为预期系数，可大于0，亦可小于0。

2. 适应性预期

适应性预期与外推型预期类似，是一种更为普遍的预期形式，考虑了所有过去的信息，但忽略了当前和未来的信息。

用公式可表示为 $P_t^* = P_{t-1} + \eta\ (P_{t-1} + P_{t-1}^*)$，其中 η 为适应系数，决定了根据过去的误差调整预期的速度。P_{t-1}^* 是由 P_{t-2}^* 和 P_{t-2} 决定的，由此可以类推 $P_t^* = \eta P_{t-1} + \eta\ (1-\eta)\ P_{t-2} + \cdots + \eta\ (1-\eta)^{n-1} P_{t-n}$，即 $P_t^* = \eta \sum_{n=1}^{\infty} (1-\eta)^{n-1} P_{t-n}$。

3. 理性预期

理性预期相较于前两种预期更为完善，是指人们在理性情况下，针对某个经济现象进行预期，他们会最大限度地利用所得到的信息来做出行动而不会犯系统性的错误。

用公式可表示为 $P_t^* = E_{t-1}(P_t)$，其中 E_{t-1} 代表 $t-1$ 期所能得到的信息为条件的数学期望，即任何时期的预期价格等于该价格以前期所得到的信息为条件的数学期望。

理性预期也有不足，如其理论假设是较为苛刻的，且模型的操作和估算也相对较为困难。

虽然预期基于理性判断和客观信息，有很强的客观基础，但它不能脱离预期主体而存在，也具有一定的主观性，比如受到个人经验、文化、习惯等的影响。预期是动态的，它基于过去的经验、环境的变化、信息的更新、预测技术的创新，以及预期主体经验、知识和判断能力的发展，随着时间动态调整。预期是一种估计，带有一定的概率性，不能完全与未来的情况一致，只能代表某个变量的发展趋势，不确定是客观存在的，甚至有可能由于环境的剧烈变动等原因导致预期与现实截然相反。

总的来说，预期是理性行为和非理性行为的结合。理性预期是基于理性行为假定之上的，但现实中，预期是带有主观性的，预期主体的非理性行为也一样不能被忽略，心理层面的无意识行为也会影响人们的预期，广告的功能便是如此，让人们无意识地认同某种商品并购买，此外，如羊群效应、青蛙现象、鳄鱼法则等比比皆是。预期的目的是为了获得预期收益，对未来的情况作出估计以最优化行动，获得预期利益。对某地区的社会经济发展情况的预期将影响对此地区的投资。最后，要说明的是，预期是一种博弈，预期主体不断判断自身行为的合意性，不断调整预期，再不断调整行动策略，以期获得最大的预期收益，而个人的决策行动会影响其他人的决策行动，最后调试的结果即是一个不完全信息的动态博弈过程。

二、影响预期的主要因素

预期的形成受多种因素的影响，以下几个要素是极为关键的。

（一）时间

预期是在特定的时间内对未来某一特定时期的某一变量做出估计的行为。时间在预期中显得十分重要。长期预期相较于短期预期的精确度较低，其不确定性更高。在预期方法中，时间是一个基本参数，从预期到预期行为再到预期利益的实现是有时滞的。一方面，预期主体可以选择不同预期行为，甚至不作为，在这些不同行为方案之间选择是有机会成本的；另一方面，预期收益是未来某一个特定时期的收益，需要通过贴现来计算其现值。在这种意义上，预期行为实际上相当于投资决策，需要考虑时间价值。

（二）知识

对于同一个预期变量，不同的人会由于其知识的差异而作出不同的预期。知识积累越多，其作出的预期相对精确程度越高。个体的知识和知识的传播及学习机制是预期主体作出正确预期的基础和保证。

个体的知识是分散的，随着现代社会的发展、专业分工的细化、知识的爆炸，个体拥有的分散知识显得越来越微不足道，但这些大量存在的分散的知识却整合成强大的社会知识。个人由于经历、教育背景、智力等原因会有个体知识上的差异，实际上，每个人都有特定的知识优势，当然，一些人掌握着比普通人更多的知识，即专家或者权威。这些专家或权威的组织（专家小组、权威机构）所汇聚的知识是理论化的，相对科学化，是对个体零散知识的整合。知识是可传播、学习和掌握的。理论知识只要通过系统的理论学习即可掌握，经验知识则需要通过实践而获得。理论知识以其权威性、全面性、严密性被人们所认可，但在演绎的过程中可能会忽视一些实际情境下的特定知识和技能，造成知识的实用性下降，甚至有些理论知识根本就得不到实证的支持。个体如果通过实践来积累知识，那速度是相当慢的，面对现今复杂的社会环境，理论知识的系统学习有其重要性。教育程度越高，阅历越丰富，个体的预期相对精准。个体的分散预期毕竟是主观性较高的，而专家小组、权威机构的预期科学性、客观性较强，其社会认可度也较高，对社会中的其他成员和组织会产生较大的影响。但个体预期也有其存在的必要性和必然性，知识的分散性是不同人预期差异的重要原因，这亦影响了预期利益的实现和分配。

此外，需要注意的是默认知识、公共知识对预期的特殊影响。默认知识指的是那些下意识或者潜意识的知识，难以交流、传播和观察，即所谓的“只可意会，不可言传”，这些默认知识往往是日积月累形成的，主要来源于经验，没有系统化、理论化，甚至预期主体本身也无法言明，却切实对预期产生了影响。与此相关的，反复的实践能提高预期的准确性，也就是说，对某一预期变量的不断重复预期，则有可能更逼近正确的发展态势。公共知识是指所有预期主体都知道的知识，是人们形成预期的基础，即所谓的常识，是社会的行为标准，近代公共教育的普及使得很多知识成为公共知识，造成个体预期的趋同化。以公共知识为基础的预期使得社会有序、安定，不同个体的预期存在共通性。

（三）风险

风险是永远存在的，生活充满着不确定性。预期和现实相符有一定的概率性，未来是没有办法由人完全准确预测的。风险可分为系统性风险和非系统性风险。系统性风险是无法避免的，可能会带来普遍性损失。非系统性风险只对单个组织有影响，造成单个组织的损失。系统性风险的分析不属于经济分析的范围，也就是说某些公共应急事件的发生是不可控制的，如一些自然灾害。但在其发生之后，可以预期人们的应对行为，当事人的经验、能力、知识等成为其降低风险的基础。对于非系统性风险，则可采用保险等方法降低风险。预期主体对风险的态度不同，其预期以及预期行为也会不同，可分为风险厌恶、风险中性和风险偏好。风险越大，预期收益越大。但一般来说，大部分人都是风险厌恶者。总的来说，风险的可控制程度决定了预期主体的预期行为，而影响风险控制能力的因素极为复杂，首先，一些社会经济环境因素是不可控制的；其次，能力有限；再次，信息不完全。因此，预期主体不可能有较高的风险控制能力，从而导致其采取回避风险的行为。

（四）信息

信息在预期中十分重要，充分、准确而及时的信息能有效形成准确的预期。在传统经济学理论中，信息被假定是完全的，但这实际上与现实不符。1961 年斯蒂格勒的《信息经济学》和维克利的《反投机、拍卖和竞争性密封招标》标志着信息经济学的诞生，信息问题受到了主流经济学的关注，信息是有成本的。对于预期主体来说，信息是不完善的，形成准确的预期需要尽可能多的信息，但信息的搜寻是有成本的，人们由于时间的限制或者成本的制约而无法搜寻到完备的信息，甚至信息搜寻的成本会超过预期收益。信息搜寻成本包括两部分，一是搜寻活动本身的成本，如资料费、交通费等；二是搜寻的机会成本，即放弃继续搜寻而导致的损失。信息搜寻有一个临界点，超过这个临界点，预期主体将放弃信息的搜寻，根据已有的信息形成预期。信息不仅是不完全的，还存在着不对称现象，人们有可能隐瞒信息以及由此带来的逆向选择和道德问题，因此有效的信息传播机制是十分必要的，这需要通畅的信息传播渠道、良好的个人素质和知识结构、保证公平的制度环境等等，这无疑也会增进社会的整体福利。

政府在自然灾害信息获取与共享中的作用

政府能够而且应该确保人们可以方便地获取信息。人们在制定预防决策时通常需要有关灾害风险的信息，收集这类信息并向人们提供信息看似简单，有时做起来却并不容易。尽管有些国家试图收集并归档灾害数据，但常常存在工作时断时续或力度不足的问题。对用于分析灾害的环境参数和相关数据如何归档没有通用标准。因此数据交换、灾害分析和灾害制图工作就变得非常困难。而在收集到信息的情况下，也并不一定会进行信息分享，虽然信息分享的成本很低——因为政府机构已经完成了数据的收集和分析。有时“安全、商业和国防”因素被作为拒绝提供数据的理由，但其中仅有极少数算得上合理。有时候对商业利益的考虑超越对公共利益的考虑。因此，再怎么强调公开灾害风险信息的重要性也不为过。或许正因为灾害风险信息很重要，将风险级别上升的信息公之于众常常会碰到很大的政治阻力。例如，虽然美国的联邦应急管理局（FEMA）已经更新了美国墨西哥湾的沿海防洪地图，但沿海社区却拒不接受，因为该信息会导致房地产价格下降。如果建立一个系统性机制，能够根据风险的不断变化跟踪相关信息，并将风险因素融入房地产估价，则将大大有助于为加强预防提供激励。如果人们能够容易地获得洪泛平原地图和地震断层线地图，开发商和业主就可以更清晰地了解存在的风险，由此可以更加因地制宜地进行建设。此外，收集天气和气候数据也是实现准确预测必不可少的组成部分。①

三、预期的影响

人们的预期导致了预期行为，以下分析预期对一些重要经济变量的影响。格林斯潘有一句名言，“如果你觉得听懂了我说的话，那你一定是误解了我的意思”。也许正是因为他认识到作为美联储主席，他的话将影响人们的预期，而人们的预期调整会改变预期行为，进而对经济造成巨大的影响。

（一）价格

穆斯在《理性预期与价格波动理论》中首先提出了理性预期，理性预期理论认为人们会根据过去价格变化的情况和其他相关信息对未来的价格作出预期，并且在作出预期时，会考虑干扰因素以调整预期。因此，企业的定价往往会定得高一些，以防止因通货膨胀等原因降低实际收入。如果企业预期其产品价格上涨，在这种情况下，它会增加存货，而增加存货也即扩大生产，需要雇用更多的工人，生产扩大意味着供给增加，则产品价格下降，但实际中可能企业囤积了存货，供给并没有显著增加；另外，由于就业率提高、工资上涨、需求增加，结果实际价格上升。反之，如果企业预期其产品价格下降，在这种情况下，它会缩小生产规模，甚至解雇工人，从而导致供给减少，产品价格上升；而在实际中，可能企业会抛售存货，供给并没有减少，而由于失业率上升、工资下降，需求确实减少了，结果实际价格反而下降。这与心理预期的自我实现有些类似，人们的预期产生了预期行为，导致了价格波动，银行挤兑则是一个非常极端的例子。市场

① 以上内容参看世界银行研究报告《自然灾害、非自然灾难：有效预防措施的经济学》。

会出现非理性行为，不理智的通货膨胀预期会导致市场抢购行为，特别是在公共应急事件的情景下，政府需要在其中扮演稳定器的角色。

金融市场中的价格变动与预期的关系是较易观察的。股票价格变动一部分来源于股票基础价值的变动（未来红利和利率），这一部分是理性的；另一部分来源于人们的狂热和泡沫，这一部分则是非理性的，导致了股票价格与基础价值的偏离。人们根据自己对股票价格未来变动的预期（包括理性预期和非理性预期）去决策是否购买股票。结果，在股票市场中，有利好的消息，则股票价格上升；有利空的消息，则股票价格下降，这正是人们的预期导致的预期行为改变了股票的价格。

（二）消费和投资

消费依赖于对未来的预期，消费理论是 20 世纪 50 年代由芝加哥大学的米尔顿·弗里德曼与 MIT 的弗朗哥·莫迪利阿尼各自独立发展起来的。弗里德曼的“持久收入理论”认为消费者不仅只考虑当前收入。莫迪利阿尼的“生命周期理论”认为消费者自然而然的消费计划范围是他们整个的一生。消费依赖于当期收入，也依赖于对未来收入的预期，一般人们根据未来劳动收入、实际利率和纳税来建立自己的预期，从而导致消费的波动往往比当期收入的波动幅度要小，若他们消费的下降是暂时性的，则消费的波动幅度比收入的降低要小一些，且即使当期收入不变，消费也可能变化，消费下降有可能是由消费者信息的大幅度下降所引起的。消费者的乐观和悲观对消费波动有很大的影响。

投资决策与预期利润有关，投资与未来利润的预期现值呈正向变动。以购买新机器为例，需要计算预期利润的现值，并与机器的价格进行比较，若预期利润的现值大于机器价格，则作出购买决策。投资要有远见，主要依赖于预期未来利润，虽然当前利润也会对投资产生影响。

在一般情况下，消费和投资是同步变动的，在对未来信心上涨的情况下，消费和投资都会上升。投资的波动性会大于消费，但由于消费所占 GDP 的比例高于投资，两者对产出波动的贡献是大致相同的。

（三）产出和政策

对未来收入和未来利率的预期影响当前支出，进而影响当期产出。政策的影响依赖于人们的预期对政策的反应。而支出和产出的变化又依赖于当前政策如何影响人们的预期，从而使人们改变消费和投资决策。

产品市场的支出依赖于当前和预期未来的收入，以及当前和预期未来的实际利率。预期未来收入或者预期未来实际利率会影响当前的支出和产出。对未来实际利率的预期不变，当前实际利率的下降对支出没有多少影响；同理，对未来收入的预期不变，当前收入的变化不会对支出产生太大的影响。进而，产出也不会有太大的变化。

理性预期假设人们会通过评估现有政策，从中找出对未来收入、利率等的影响，从而形成预期。货币政策对经济活动的影响在于短期名义利率的变化是否能带来当前和预期未来实际利率的变化，以及如何变化。而对于财政政策，削减预算赤字会导致对更高产出和更低利率的预期，从而带来产出的提高。

第五节　风险理论

人们所生活的自然环境和社会环境充满了风险，一般来说，风险是指发生不利事件或者各种灾害的可能。公共应急事件即是一种风险，它有破坏性，会造成人员伤亡和财产损失。因此，探讨公共应急事件的发生概率分布以及潜在损失十分重要。风险是一种潜在的损失分布。人们希望能对客观世界的某些风险进行有效的控制或者测算，风险理论便由此诞生，特别是概率统计学科的发展，使得对风险进行有效系统的定量研究成为可能。

一、风险的内涵

究竟何为风险，对于风险这个概念，各种说法莫衷一是，如风险是损失机会或者损失的可能性，风险是一种损失的不确定性，风险是一种可能发生的损害，风险是一种不能预期的结果等等。而且，面临的具体问题或情境不同，对风险的理解和描述也不同，如社会风险、自然风险、政治风险等等，同一个词汇被用来表达既有共性又有特性的意思。有人主张风险是客观存在的，但也有人认为风险是具有主观性的。一般来说，在风险理论中，我们从潜在损失和发生损失的概率这两方面去理解风险，风险是体现在潜在损失和发生各种不同程度损失的概率分布之上的，如对于自然灾害，潜在损失是指自然灾害发生后造成的经济损失，发生损失的概率是指自然灾害发生的可能性。

风险与三个因素直接相关：自然状态的不确定性、人的主观行为以及两者结合所蕴涵的潜在结果。在讨论风险和对它进行度量时，一般可从以下三个角度出发：

（1）从当事人（决策者）的角度出发讨论潜在后果及其所对应的不确定性，包括不利的潜在后果有哪些，严重程度如何，发生的可能性有多大，这是最常见的，一般的风险研究都是此类传统的风险分析。

（2）从某个决策问题出发，讨论一个决策者面对某种风险的反应或态度，即风险态度，如风险厌恶、风险偏好、风险中性。决策者的风险态度直接影响其决策行为，这部分与预期理论有所交叉。

（3）参照某个决策者的问题和目标来讨论每项备选方案的风险大小，这种情况是对前面两种情况的综合。

二、损失分布

损失分布指的是潜在损失的概率分布，包括单次损失量的分布、损失次数的分布（某项风险可能导致多次损失）以及总损失量的分布。对于单次损失量，一般的规律是损失量小的发生的频率较高，损失量较大的发生的频率较低，而当损失量很小时发生的频率也很小。总损失量与单位时间内所发生的损失次数和单次损失量有关。

由于损失是不确定的，要对它进行货币量化分析，需使用随机变量来描述。而概率分布则是把握随机变量的统计工具。常用的获取随机变量的概率分布方法有基本统计方法、贝叶斯方法、随机模拟方法。

（一）基本统计方法

基本统计方法又称为频率学派方法，主要依靠样本信息来估计未知参数，从而得到损失的概率分布。

用基本统计方法获得损失变量的概率分布通常按照以下步骤进行：①以历史记录为线索，获得损失分布的大概轮廓，如从一组损失记录中确定最大损失、最小损失、平均值、中位数、众数、方差等特殊值，并画出损失分布的大致形状；②从各种已知的理论概率分布中选择一种类似可行的概率分布，如伽马分布、韦伯分布等；③利用样本估计上述分布的参数，从而确定具体的损失分布函数，可采用数理统计学中的矩方法、极大似然法以及分位点法等；④进行统计检验，以确定所选择的分布类型和参数估计是否恰当。此外，需要注意的是，对损失分布进行估计时，不同的目的有不同的精度，要选择不同的概率分布。损失分布可能是离散型分布、连续型分布，也可能是混合型分布。

（二）贝叶斯方法

贝叶斯方法又称为主观贝叶斯方法，由英国学者贝叶斯（Bayes）首先提出，通过采用“先验概率”、“损失函数”等主观信息，在不具有完备样本信息情况下可综合考虑主观信息估计未知参数，获得损失分布。具体步骤如下：

假定：设损失变量 X 的分布含有未知参数 Θ，分布函数的函数形式记为

$F(x,\theta)$，在随机变量 X 为连续的情况下，相应的密度函数为 $F(x,\theta)$。Θ 为随机变量，本身亦对应着概率空间。在贝叶斯的框架下，损失变量 X 在点 x 的概率分布可以有以下两种考虑：一为条件概率，当 $\Theta=\theta$ 已知时，为 $F(x\mid\theta)$ 或 $F(x,\theta)$；二为无条件概率，对任意 Θ，为 $F(x)$（与 Θ 无关）。

(1) 选择随机参数 Θ 的先验分布。这基于人们对于 Θ 所掌握的知识和经验，是较为主观的判断。Θ 的分布函数和密度函数分别为 $H(\theta)$ 和 $h(\theta)$。

(2) 建立样本的似然函数。对损失变量 X 进行一系列的试验或观察，记 X 的观察样本为：x_1，x_2，x_3，…，x_n，则当 $\Theta=\theta$ 时，X 的第 i 个观测点 x_i 的密度函数为 $f(x_i\mid\theta)$，则样本的似然函数为 $L(x_1, x_2, x_3, \cdots, x_n; \theta)=\prod^{n} f(x_i\mid\theta)$，$\theta\in\Theta$ 或者简记为 $f(x\mid\theta)$，$x=(x_1, x_2, \cdots, x_n)$。

(3) 计算参数 Θ 的后验分布。用 $f(x\mid\theta)$ 表示这个后验密度，则有 $f(x\mid\theta)=\dfrac{f(x\mid\theta)\,h(\theta)}{\int_{\Theta} f(x\mid\theta)\,h(\theta)\,\mathrm{d}\theta}$，$\theta\in\Theta$，此后验密度既包含样本的信息，也包含了参数 Θ 的先验信息。

(4) 选择损失函数。损失函数是指用来刻画参数的真实值和估计值之间的偏差程度，度量了统计估计的效用。

(5) 参数估计。在一定的准则下对总体分布中的参数进行估计，按照后验分布计算估计量的损失函数的数学期望。

总的来说，贝叶斯估计分为两个阶段，前者根据所选择的先验概率并利用新的观察信息求出后验概率，后者根据所选择的损失函数并利用最小期望损失来给出未知参数的贝叶斯估计。

（三）随机模拟方法

随机模拟方法利用现代计算机技术的便利，将可能的情况进行模拟，以获得对现实的了解。模拟的基本步骤包括：①建立恰当模型；②设计试验方法；③从一个或多个概率分布中重复生成随机数；④分析模拟结果。需要注意的是，在建立系统模型之前，可能需要事先做一些假设以简化模型（对某些因素忽略不计或将几个因素合并考虑），还要进行灵敏度分析，对真实结果与分析结果的偏离有所认知并预先采取相应对策。

一般来说，模拟方法对以下几种情况十分有效：①无论是从费用还是从时间上均难以对风险系统进行大量实测；②由于实际风险系统的损失后果严重而不能进行实测；③难以对复杂的风险系统构造精确的解析模型；④用解析模型不易求解；⑤对解析模型进行验证。

三、风险模型

风险模型可分为封闭式集合风险模型和开放式集合风险模型。

（一）封闭式集合风险模型

封闭式集合风险模型是指由固定多个个体风险组合而成的集合风险模型。如果用 X_i 表示第 i 个个体风险（$i = 1, 2, 3, \cdots, n$），S_n 表示它们组合之后的总风险，则封闭式集合风险模型可表示为：$S_n = X_1 + X_2 + X_3 + \cdots + X_n$，其中 n 为固定的正整数。

一般来说，假定 X_i 是相互独立的随机变量，这样做数学处理比较方便。而实际中各个个体是否发生损失，相互之间不一定独立。如果个体风险是同质的，则损失分布应该是相同的；如果不同质，则有不同的分布。

（二）开放式集合风险模型

开放式集合风险模型是由若干多个个体风险组合而成的集合风险模型。如果用 X_i 表示第 i 个个体风险（$i = 1, 2, 3, \cdots, N$），S_N 表示它们组合之后的总风险，则开放式集合风险模型可表示为：$S_N = X_1 + X_2 + X_3 + \cdots + X_N$，其中 N 为不确定的正整数。

与封闭式集合风险模型相比，开放式风险集合模型的区别在于个体数目上，封闭式集合风险模型的数目 n 为事先能确定的固定数，而开放式的数目 N 为事先不能确定的随机数，更能反映实际情况，对于系统来说，可能有个体的进入或者退出。同样，一般假定 X_i 是相互独立的随机变量，且不要求它们是同分布，当然如果它们是同质风险，则是同分布的。S_N 是一种复合分布，由 N 的分布和 X_i 的分布构成，常见的复合分布如复合泊松分布、复合负二项分布、复合二项分布等。

第六节　可持续发展理论

发展是人类永恒的主题，人类发展的历史是不断认识、利用、改造和适应自然的历史。近几百年来，一方面，科学技术迅速发展，世界经济快速增长，人类社会空前繁荣，全球化进程大大加快；另一方面，世界人口急剧增长，自然资源日趋短缺，生态环境不断恶化，公共应急事件时有发生，且破坏力升级，波及范围愈广，人类面临前所未有的挑战。面对这些全球性危机，20 世纪 50 年代以来，人们对增长—发展模式进行了质疑，1962 年美国海洋生物学家 R. 卡尔逊发表了《寂寞的春天》，揭示了环境污染对生态系统影响的深度和广度，敲响了环境危机的警钟。1972 年美国麻省理工学院一个 17 人小组发表了著名的报告《增长的极限——罗马俱乐部关于人类困境的报告》，人口、粮食、自然资源、工业生产和污染被认为是五个最终决定和限制地球增长的因素。1972 年，首届联合国人类环境会议前由美国经济学家芭芭拉·沃德和生物学家勒内·杜博斯起草了一个非正式报告《只有一个地球——对一个小小行星的关怀和维护》，从社会、经济、政治的角度来探讨环境问题。1980 年国家自然保护联合会、联合国环境规划署、世界野生动物基金会联合发表了《世界保护自然大纲》，并首次明确提出了“可持续发展”的概念，“为使发展得以持续，必须考虑社会因素、生态因素和经济因素，考虑生物的和非生物的资源基础。人类的利用必须强调对生物圈的管理，使其既能满足当代人的最大持续利益，又能保持其满足后代人需要与欲望的能力”。1987 年，世界环境与发展委员会向联合国提交了《我们共同的未来》，第一次系统地对可持续发展的内涵进行了阐述，指出可持续发展是“满足当代人需求的同时，又不损害后代人满足其需求的能力的发展”。1992 年联合国环境与发展大会通过了《21 世纪议程》，标志着可持续发展战略实践的开始。2001 年欧文·拉兹洛出版了《第三个千年》一书，作为布达佩斯俱乐部关于全球问题的最新报告，其认为要克服人类内在的限度以创造人类更好的未来。2002 年联合国可持续发展世界首脑会议通过了《可持续发展执行计划》，对过去 10 年全球可持续发展实践进行了评估，并对世界未来可持续发展进行了具体的规划。

可持续发展的概念是一个内涵甚广的概念，不同领域的学者关注的重点有所不同，强调可持续发展中的不同属性，主要包括人口可持续发展、资源可持续发展、环境可持续发展、经济可持续发展、社会可持续发展。总的来说，可持续发展指的是在生态承载能力范围内，合理有效地利用自然资源，保持生态系统的稳定性，维持资本系统的稳定性，维护社会系统的公平性，在不断提高人类生活质量的同时，实现生态系统、经济系统和社会系统的协同进化（龚胜生、敖荣军，2010），包含共同发展、协调发展、公平发展、高效发展以及多维发展，遵守公平性（fairness）、持续性（sustainability）、共同性（common）等原则。可持续发展理论亦是一个跨学科的理论，涉及人口学、社会学、经济学、环境学、生态学等理论，是对公共应急事件进行经济分析的基础性理论和思想。

一、人口可持续发展

人口（population）是一个集合概念，指的是生活在一定地理区域的人，包括人口数量、人口结构、人口素质和人口观念。人是社会经济活动的主体，既是可持续发展的目的，也是可持续发展的动力。

（一）人口数量

社会的存在和发展需要一定数量的人口，人口数量的过多和过少都会限制和阻碍社会经济的发展。1968 年，美国著名学者保罗·埃利希曾说过，“我们将会被我们自己的繁殖逐渐湮没”。20 世纪是全球人口大爆炸的世纪，人口从 1820 年的 10 亿增加到现今的 68 亿，增长了 6 倍多，特别是在发展中国家，过快的人口增长给环境和资源造成了极大的压力，是环境恶化和资源耗竭的根本原因。与此同时，一些发达国家（西欧和北美的一些国家）却面临着人口增长率为零或呈现负增长的问题，人口数量过少会造成劳动力资源短缺，社会有效需求不足，进而阻碍社会经济的发展。

保持适度的人口规模，是实现可持续发展的必要条件，人口增长率应维持在资源环境和经济力量所能承受的范围之内。1910 年，瑞典经济学家维克赛尔第一次提出了适度人口的概念，“人口达到其数量稍许增加就会导致繁荣不再增加而是减少的那一点”，即一定条件区域自然和社会环境所能承载的最优人口数量，不超过其再生和更替的水平，但又要避免人口过少，保证充足的劳动力资源。

（二）人口结构

除了人口数量，人口结构与社会经济发展的关系也十分密切，人口结构可以影响再生产模式，从而对人类可持续发展产生影响。人口的自然结构包括人种、性别和年龄。

当今社会面临着人口老龄化的挑战，而老年人口系数过高不利于可持续发展。据联合国统计，2002 年全球老龄人口总数达 6.29 亿，而到 2050 年这一数目将接近 20 亿，占总人口的 21%。目前国际通行的人口老龄化指标为 60 岁以上的人口比例达到 10% 以上或 65 岁以上的人口比例达到 7% 以上。中国在 20 世纪 80 年代到 20 世纪末就进入了老年型人口结构。人口老龄化带来一系列社会问题，如劳动人口抚养比上升、劳动力资源不足等等。

男性与女性的比例即为性别结构，性别结构如果失衡，将造成不可估计的社会和家庭问题。根据我国第五次人口普查资料显示，目前我国男女出生性别比为 116.9：100，这意味着未来人口结构中男性人数将超过女性人数，这可能会带来一些负面影响。一段时间内，一些地区的男性人口多，另一些地区的女性人口多，这是正常的，但一般来说，男女人口的性别结构应是基本平衡的。

除了人口自然结构，还有人口经济结构的平衡（包括人口产业结构、人口民族结构等）、人口空间结构的平衡（人口在地域空间内分布构成的比例关系）。

（三）人口素质

人口素质即人口质量，包含身体素质、思想素质、文化素质等。身体素质是人的生理系统和身体器官的机能状况，包括体质强弱、智力高下等等。影响身体素质的有先天遗传因素，也有后天环境影响因素。人的身体素质会影响到人的道德素质和文化素质，是人口素质发展的自然基础，进而影响到一国或一地区社会经济的整体发展。思想素质是指思想道德水平，包括世界观、社会观、道德观等等，具有明显的社会性，可持续发展实际上也是一种新的价值观，需要被人们接受、认可和实践。文化素质是指人的文化科技知识水平，取决于家庭教育、学校教育和个人努力，人的文化素质对社会经济发展十分重要，"科教兴国"、"人才强国" 等都是强调人的文化素质的重要性。

科学技术是第一生产力，其与可持续发展之间应是良性互动的，科学技术推动可持续发展，而可持续发展规范科学技术进步，彼此是螺旋式上升的。应充分认识人口素质中的文化素质的重要性，突破发展的限制，解决发展的桎梏，开创文明的新纪元。

（四）人口观念

人口观念指的是人的思想意识，是人们对客观事物的综合认识，既有客观性，也有浓重的主观色彩。观念支配行动，正确的观念有利于做正确的事，错误的观念则会带来灾难性的行为后果。

可持续发展要求人们树立正确的生态文明观、绿色消费观和清洁生产观。生态文明指的是人与社会及自然和谐共生、良性循环、全面发展、持续繁荣的文化伦理形态，强调自然系统、社会系统、经济系统的协同进化。绿色消费观和清洁生产观是生态文明的核心理念。前者基于人类社会需求的无限性和自然资源的有限性矛盾，倡导理性合理消费，消费要节能、节材、无毒、无污染等；后者是在生产领域，指的是清洁的产品、清洁的生产过程、清洁的服务。总的来说，要合理利用资源和能源，最大化经济效益的同时对环境的损害最小化。

二、资源可持续发展

资源指的是自然资源，联合国环境规划署将其定义为在一定的时间和技术条件下，能够产生经济价值，提高人类当前和未来福利的自然环境因素的总称，包括土地资源（农业用地、城市用地等等）、矿产资源（能源、矿物等等）、生物资源（动物、森林、草场等等）、环境资源（阳光、地热、空气、水）等等。

自然资源具有以下特性：①稀缺性，人类的需求是无限的，而自然资源的供给是有限的；②区域性，自然资源的分布不均衡，在地域空间上存在显著的差异性；③整体性，自然资源之间彼此联系，形成一个有机的系统；④多样性，自然资源的价值和功用是多样化的；⑤公共性，自然资源具有公共物品的属性，是全社会、全人类共有的财富；⑥可变性，自然资源的数量和质量是处在动态变化中的。对于不可再生资源，随着人类的利用和开发，其数量和质量在不断下降；对于可再生资源，只要对其的开放利用不超过自然的承载能力，资源的数量和质量将保持相对稳定，生态系统具有一定的自组织和自稳定能力。

2005 年的统计数据指出，全球生物多样性与 1970 年相比下降了近三分之一，其中热带物种种类减少了一半。世界自然基金会（WWF）2008 年发布的《活力星球》指出，人类每天消耗掉的自然资源要多于地球本身再生资源的 30%，由此造成毁林、土壤退化、空气和水污染、鱼类和其他物种明显减少。而与此同时，过去 30 年，人口几乎翻了 2 倍，对自然资源的需求在不断增长。我国由于社会经济发展和人口膨胀的巨大压力，对自然资源的开发利用强度较大，也引起了严重的生态环境问题，高投入、高消耗、高污染和低效益的工业化进程导致了我国自然资源的严重浪费和环境污染，对我国资源和经济的可持续发展造成了严峻的挑战。

资源可持续发展，首先需要在认识上肯定自然资源的价值，自然资源不像一般市场上的商品有明确的价格来代表其价值，自然资源的生态价值、社会价值等是较难衡量和计算的，按照马克思政治经济学的理论，商品的价值取决于社会必要劳动时间，从这个角度来说，自然资源甚至是没有价值的。而且，自然资源是一种公共资源，其产权是不明晰的，人们往往使用但并不付费，造成对它的价值认识不足甚至过度使用，“公地的悲剧”即是经典的例证。其次，要处理好社会经济发展与自然资源的关系，经济的发展不能以自然资源的高消耗为代价。掠夺式、粗放型的开发将导致自然资源的耗竭，而恶劣的生态环境最终会抑制社会经济的发展。最后，具体来说，应坚持集约型地开发利用自然资源，提高资源的利用率，降低资源的消费，在经济发展的同时注重生态效益，加强资源的保护，对可再生资源适度开发，最优利用，保证其可再生性；对不可再生资源，则节约限制使用，并开发可替代资源。自然资源的保护，是全社会的责任，政府有其义务和责任，更重要的是，每个人都要有保护自然资源的意识，提倡低碳生活，节约保护各种资源。

（一）资源价值

对于资源价值，不同的学者基于不同的价值理论有不同的看法。例如：①效用价值论认为资源的效用量大小决定资源的价值量；②稀缺价值论认为资源稀缺性越强，资源价值量就越大；③价格决定论认为资源价格决定资源价值，即资源所有者能获得的经济利益；④地租价值论认为资源价值是土地租金的表现形式，可运用绝对地租和相对地租概念来说明资源价值量的大小；⑤双重价值论认为资源价值是由劳动创造的价值和自然力形成的价值组成。不管学者对资源价值有着怎样的分歧，不可否认的是，资源具有有用性和稀缺性，资源是有价值的。

资源价值的货币表现形式即为资源价格。通用的资源定价方法有机会成本法、影子价格法、替代价格法、补偿价格法等等。此外，不同的自然资源有具体的定价方法，如矿产资源的探矿权评估可采用勘查成本效用法、地质要素评序法、约当投资—折现现金流量法、粗估法等；采矿权评估可采用贴现现金流量法、收益法、收益权益法、可比销售法等。

（二）资源产权

自然资源的产权是由所有权、使用权、收益权、管理权、规划权等一系列权利构成的。一个良好的产权制度是保护自然资源的重要基础。自然资源存在稀缺性，在原始社会，相对充足的自然资源可以实行谁占谁有的制度，但现今随着社会经济的发展，这样的制度明显已经不再适应，为了更合理地开发利用自然资源，许多国家采用的是自然资源所有权属于国家的制度，但使用权、管理权、收益权可以转移给私人以提高资源的利用效率，当然也有国家如德国采取了大部分自然资源为私有产权制度，不过国家对私人产权行为进行了严格限定。产权的界定，可以消弭外部性，让社会收益与私人收益相等、社会成本与私人成本相等，更好地明晰权责利以保护自然环境，阻止私人的非理性行为酿成集体非理性的悲剧，避免私人因为私利过度开发自然资源导致环境破坏。值得探讨的是，如何设计一种制度，可以让自然资源所有权的代理人（比如政府）真正代表公共利益，不因私利或者寻租现象而破坏自然资源。此外，所有权的代理人可以让渡自然资源的收益权给私人，进行合理配置，更好地使用自然资源。

（三）资源评价

资源评价是指对资源进行综合的评估，包括其数量、质量、分布特征、开发条件、开发成本、开发收益、市场供需情况、未来变化趋势等等，大到对一国的水资源情况进行评价，小到对一潜在开采矿藏进行评价。资源评价是基于丰富的实测资料，定量与定性相结合，动态评价与静态评价相结合，系统、全面、完整、专业地了解自然资源的相关情况。评价方法有模糊评价法、层次分析法、因素分析法等，不同的自然资源有其特定的评价体系和方法。资源评价的目的是为了促进自然资源的综合保护、开发和利用，是自然资源产权所有者进行相关决策的参考，也是国家从宏观层面促进资源合理配置的基础。一般来说，资源评价可分为资源条件评价、资源经济评价。前者主要是对资源的相关特征进行评价，后者则是从成本收益的角度对资源的经济价值进行评价。

（四）资源配置

自然资源配置是自然资源综合利用问题，是指通过一定的方式把稀缺的自然资源在不同的领域、不同的用途间进行合理的分配，目的是实现自然资源的最优化和可持续开发利用。资源配置主要有两种方式：计划方式、市场方式。在经济学中，资源配置的目标是帕累托效率和利润最大化，对于自然资源也不例外。但需特别注意的是，对于自然资源，应全面考虑整体效益和长远影响，考虑代际平衡，保护后代人的利益，维护人类的长远利益。

区别对待不可再生资源和可再生资源。由于不可再生资源不具备自我更新的能力，某一时点的使用都会减少以后时点的使用，不可再生资源的配置问题是有限资源在空间和时间上的合理分配，把私人和社会的资源开发利用决策规范化，寻求有效利用资源的条件，寻求不同时期的开发规模，追求总收益最大化；而可再生资源具有一定的可再生和自我恢复的能力，但这种能力是有限度的，由于可再生资源的存量是不断变动的，后一阶段的存量与原始禀赋和变化速率有关，对于可再生资源应侧重于对资源存量的最优控制，目标是使得整个开发周期的净收益现值最大化。

三、环境可持续发展

环境是指自然环境，即一切可以直接、间接影响人类生活和发展的各种自然因素的总和，是人类赖以生存的物质基础。环境和资源是两个密切联系但有着区别的概念。资源是环境的产物，如生物资源、矿产资源等都来自自然环境。环境也是一种资源，能够产生经济价值，提高人类的福利。

自然环境是重要的生产力，保护环境就是保护生产力，改善环境就是发展生产力。环境生产力由资源生产力、环境纳污力和灾害破坏力组成。资源生产力是指自然环境生产自然资源的能力；环境纳污力是指自然环境吸收净化人类社会所排放的污染物的能力；灾害破坏力是指自然环境固有的或对人类活动反馈所形成的自然灾害的破坏能力。可以说，前两种能力是正面的，后一种是负面的，自然灾害属于公共应急事件。

环境的价值构成有两种分类方法，第一种分为使用价值和非使用价值。其中，使用价值是指现在或未来的环境物品能被当代人直接或间接地使用，并能增加人类福利的价值，包括直接使用价值和间接使用价值；非使用价值是指通过当代人的努力，为后代人留下的能够带来福利的环境资源价值，包括存在价值、选择价值、遗赠价值。第二种分为有形物质性的商品价值和无形舒适性的服务价值。环境计量的基本方法有综合分析法、预期收益资本化法、边际机会成本法，以及其他替代方法，如市场价值法、人力资本法等等。

环境是一种公共物品，具有非排他性和非竞争性，比如新鲜空气，某人呼吸不会影响他人的呼吸，也不能阻止他人免费呼吸新鲜空气，但环境在某种程度上存在“拥挤效应”，一个美丽的公园，如果游客太多，自然会影响每个人对优美环境的欣赏。环境影响有明显的外部性，环境损失、环境收益都具有外部性，无法通过自由竞争市场中的价格反映，很多时候环境是没有价格的，保护环境的社会收益大于个人收益，破坏环境的社会成本大于个人成本，保护环境或破坏环境的全部收益或成本没有体现在个人的收益成本核算中。

环境可持续发展是可持续发展中十分重要的问题，保护环境即是保护人类可持续发展的生存基础。一方面，环境污染和生态破坏危及的是人类自身的安全，全世界每分钟、每年的环境灾难数字都十分可怕和惊人：每分钟损失耕地 40 公顷，每年损失 2 100 万公顷；每分钟有 21 公顷森林消失，每年消失 1 100 万公顷；每分钟有 11 公顷土地沙漠化，每年沙漠化土地为 600 万公顷；每分钟有 4. 8 万吨泥沙流入大海，每年流入大海的泥沙为 250 亿吨；每分钟有 85 万吨污水排入江河湖海，每年的污水排放量为 4 500 亿吨；每分钟有 28 人死于环境污染，每年有 1 500 万人因此丧命。环境问题导致的经济损失占 GDP 的比重在工业化国家为 2% ~4%，在东欧国家为 5% ~10%，在贫穷国家为 10% 以上。人们过度砍伐导致森林覆盖率降低，过度放牧造成草原退化，肆意捕杀导致物种灭绝，盲目开垦导致水土流失、土地沙漠化，过度开采地下水导致地面下沉，过度使用化石燃料导致温室效应等等，一些恶劣的环境问题包括地震、火山活动、泥石流、干旱、台风等等，也随着环境的破坏日益频发，这正是对人类破坏性行为的反馈。保护环境即是减少损失，降低灾害风险。另一方面，保护环境能促进经济发展。保护环境有助于经济转型，提高对自然资源能耗度和污染较少的第三产业，解决工业结构性污染问题，大力发展绿色经济、低碳经济、循环经济，节能减排，淘汰污染重、效益差的产业，鼓励科技含量高、污染少、能耗低、前景好的产业，推动产业结构调整和优化升级，推进资源性产品价格改革和环保收费改革，增强环境科技创新和支撑能力，促进环境和经济的和谐发展。良好的自然环境是吸引投资的重要因素，可以增强地域的竞争力，最直接的是可以发展休闲旅游业。环境保护还有利于提高人们的生活水平和质量，提高人们的身体素质，保护人们的身心健康。此外，环境产业也可以创造大量的经济效益和就业岗位，成为 GDP 新的增长点。

落实环境可持续发展可从以下几个方面入手：①建立完善良好的制度环境，将环境可持续发展纳入法制轨道，根据需要健全环境相关立法，加强对环境保护的监督和规范；②重视科技力量，大力发展环境科技，鼓励环境相关的研究，积极开展技术示范和成果推广；③保护生态环境，防污治污，并以预防为主，综合治理，加强对自然环境的监控及对重污染企业和产业的整治；④利用市场化手段推动环境可持续发展，完善产权机制，鼓励发展环保产业，增加环保投入，当然，政府也应该提供一定的优惠政策和条件，进行必要的引导；⑤提高民众的环保意识和环保观念，鼓励民众的参与，提倡绿色生活。

四、经济可持续发展

经济，是一个国家或一定区域内，组织一切生产、分配、流通和消费活动与关系的系统的总称。经济可持续发展指的是可持续的、良性的经济活动的产出增加。1972 年罗马俱乐部的报告《增长的极限》指出在有限自然资源和环境的条件下，现有的经济活动不可能可持续地发展下去，增长的极限将在某个时点出现，经济增长是不可持续的。但也有学者认为经济增长是没有极限的，制度和科技可以解决经济增长的桎梏。20 世纪 90 年代以来，经济增长是否有极限不再是争论的重点，而是关注一种怎样的经济增长模式可以实现经济可持续发展。经济的不可持续增长，其障碍主要在于环境资源是有限的，人类的经济活动超过了环境的承载力，继而不可能持续增长，甚至威胁到人类的生存。人类的经济活动规模是受到自然环境资源的限制的。历史上，人类为了追求经济的增长，不惜以破坏资源环境为代价，其后果是灾难性的，最终经济也将失去增长动力，发达国家“先发展，后治理”的模式正是现今发展中国家很好的反面教材。经济与环境是相辅相成的，经济越发达则越关心环境质量，经济越不发达则越可能破坏环境，而环境的恶化使得经济越不发达，结果便成了恶性循环。要使得经济可以持续增长，就需要协调经济、社会和自然，寻求可持续的经济发展模式。

（一）农业可持续发展

农业被称为第一产业，是国民经济的基础，是利用动植物体的生理机能，把自然的物质和能量转化为人类所需要产品的生产部门，它与自然环境资源的关系最为密切。实现农业可持续发展，在于解决农业发展与环境保护的良性协调，在发展农业的同时，避免以破坏资源与环境为代价，不采用粗放式、掠夺式的发展模式，合理利用、保护和改善自然资源，创造良好的生态环境，促进农业全面、综合、协调地发展。

生态农业又被称为环境友好型农业，是按照生态学原理和经济学原理，运用现代科学技术和管理手段以及传统农业的有效经验建立起来的具有较高经济效益、生态效益和社会效益的现代化农业。可以说，生态农业协调了发展和环境之间、资源保护和利用之间的矛盾，形成了环境与经济的良性循环，是经济、生态、社会三大效益的统一，是农业可持续发展的实现模式，如充分利用太阳能、采用生物方式防治病虫害、减少农药化肥等等。

（二）工业可持续发展

工业被称为第二产业，是国民经济的核心，18 世纪英国工业革命后工厂手工业逐步转变为机器大工业，工业从农业中分离出来成为一个独立的物质生产部门。传统工业从自然环境中取得原料，转化为人类所需的产品，并向环境输出污染，其个体成本小于社会成本，环境损失转嫁给了社会。工业化的发展带来了物质的极大丰富，但同时也使资源日益枯竭，污染日益严重，阻碍了工业的发展步伐。实现工业可持续发展，需要节能减排，提高资源的利用率，并更少地输出废物和污染。

生态工业指的是依据生态经济学原理，以节约资源、清洁生产和废弃物多层次循环利用等为特征，以现代科学技术为依托，运用生态规律、经济规律和系统工程的方法经营和管理的一种综合工业发展模式。相较于传统工业，生态工业不片面地追求经济效益，将经济效益与生态效益并重，强调科技的作用，对资源进行合理开发利用（集约利用、循环利用），采取“原料—产品—废料—原料”的生产模式。

（三）第三产业可持续发展

第三产业即服务业，指的是在再生产过程中为生产和消费提供各种服务的部门，主要包括流通和服务两大部门。相较于第一、二产业，第三产业相对能耗程度和污染程度较低。第三产业的繁荣是现代化经济的必要特征，发展第三产业有利于优化产业结构，促进整个经济持续、快速、健康发展。

具体的第三产业可持续发展需要落实到具体的细分类别上。如绿色贸易（以良好的生态环境和先进的绿色技术为依托的有利于环境保护、资源节约、生物多样性以及人类和动植物生命健康与安全的对外贸易）、生态旅游（具有保护自然环境和维护当地人民生活双重责任的旅游活动，强调对自然景观的保护，是可持续发展的旅游）等等。

五、社会可持续发展

社会是指共同生活的人们通过各种各样的社会关系联合起来的集合，是一个复杂的系统。可持续发展要求实现人与人之间的和谐，以及人的全面发展和社会的全面进步。社会可持续发展是人口趋于稳定、经济稳定、政治安定、社会秩序井然的一种社会发展，核心是人的全面发展，要求以人为本。社会可持续发展既要重视当前发展，又要协调未来发展；既要经济发展，又要相应的社会、科技、文化的发展；既要人和社会的发展，又要自然、环境的相应发展，使得社会发展达到人与自然的和谐统一，生态和经济的共同繁荣，人类社会能够不断地发展进步。

（一）制度环境

制度一般指要求大家共同遵守的办事规程或行动准则，也指在一定历史条件下形成的法令、礼俗等规范。人类社会离不开特定的制度背景，良好的制度环境是社会发展的重要保障，否则社会将会陷入高度的混乱之中。

制度包括正式制度和非正式制度。正式制度包括：①国际秩序。可持续发展不是一国一地区的事，应是全世界共同的目标和责任，联合国环境与发展大会、世界气候大会等是建立合理国际秩序的典范，要在全世界范围内实现可持续发展。②国家制度。国家制度应在一国的范围内代表社会的根本利益协调生态、经济和社会问题，促进一国的可持续发展。③具体立法。如制定适用的环境法律，切实地保护生态环境和自然资源，防治环境污染和生态破坏。制定适合的经济政策，明确自然资源和环境的产权，提高自然资源的价格，鼓励绿色产业的发展，淘汰高能耗、高污染的产业等。对于非正式制度，要建立生态伦理，提高公众的环保意识，倡导良好的环境道德风尚，每个人都能自觉地保护环境，以道德为约束，达到人与自然的和谐统一。

灾难有效预防的四项主要结论

第一，灾难往往暴露出灾前的许多决策（有些属于个人决策，有些是集体行为，还有一些属于不作为）的累积性影响。对灾害发生的经过、原因进行更深层次的探讨，可预防灾难重复发生。任何灾难都包含多重因素，有些显而易见，而有些则不明显。桥梁或建筑物坍塌的直接原因可能是泥石流，但往往也与设计不合理或施工质量差有关。而更深层的原因可能是因为山坡上没有植被，增加了泥石流的强度（如海地的情况）；或者是城市规划不合理，将桥梁或建筑物建在危险地段。人们往往把问题的表象当作问题的根源：山坡裸露被视为泥石流灾害的原因，但真正的根源可能是极度贫困——人们为了生存而不得不将植被消耗殆尽；或者政府授予的伐木特许权不合理，放任砍伐却不鼓励植树。因此，有效的预防措施并不总是“显而易见”的。

第二，预防措施通常是可行并符合成本效益的。世界银行对四个中低收入国家灾害易发地区的房屋所有者可采取的某些预防措施进行了成本效益分析。基于假定（但合理）的成本和折现率，这些预防措施的收益大于成本。另外一些预防措施则属于基础设施（例如良好的排水系统）的范畴。世界银行考察了政府在预防措施方面的支出，发现预防支出普遍低于救灾支出，救灾支出在灾难发生后上升并在此后数年维持高位。能否实现有效预防不仅取决于资金的数量，还取决于资金如何使用。例如，孟加拉国投入合理资金用于建设避难场所、发展精确天气预报技术、发布警报引起民众注意并安排有序撤退等，从而成功降低了热带风暴引起的死亡人数。所有这些措施的成本比构筑大规模堤坝的成本低，并且后者的效果并不理想。

第三，很多公共和私人措施必须共同发挥作用，以实现有效预防。印度尼西亚雅加达周边低洼地区的例子充分显示了情况的复杂性：当地居民将房屋柱基加高以防止洪水来袭，但同时又打井汲水，这会引起地面下陷。尽管居民很清楚这样做的后果，但如果政府不能提供自来水，他们也别无选择。因此，个人采取的预防措施还取决于政府的作为或不作为，反之亦然。贫困国家往往做不到公共措施和私人措施的相互配合，这解释了为什么这些国家往往更容易受灾。贫困人群可能了解其所面临的灾害风险，但要避免遭受损失只能更多地依靠公共服务，而这些公共服务却往往不足。比如，由于公共交通不完善，他们居住在离工作地点较近、由于受灾风险大而地价较低的地区，而富裕人群则可选择私人汽车代步，远离此类风险。穷人也希望搬到更安全的地区，但前提是他们的收入增加或公共交通的可靠性提高。许多贫困国家的政府在提供此类公共服务方面都面临很大困难，而在实现这一目标之前，贫困群体只能继续深陷在脆弱的生存状态中。

第四，城市受灾害侵袭的风险上升，但这并不意味着城市的脆弱性一定会加剧。到2050年，生活在面临风暴和地震危险的大城市的人口将翻一番（从2000年的6.8亿上升至2050年的15亿）。当然数据的增长也因国家和地区而异。如果城市具备完善的管理体制，其脆弱性就未必会加重，但仅从预测的风险增长来看，在应对灾害方面我们的任务十分艰巨。

这四项结论并没有对如何采取预防行动提出处方。灾害预防需要很多人在很多方面做得更好，但要让相关群体行动起来并非易事。一套成功的有效预防政策应包含信息宣传、干预措施以及基础设施。这种政策反映的核心是“制度”，如果没有良好的制度，任何政府措施都将难以奏效。①

（二）科学技术

科学技术是人类社会发展的强大动力，科学是有关研究客观事物存在及其相关规律的学说，科学技术即是将这些知识应用于实践。现今人类发达的物质文明和精神文明离不开科学技术的迅猛发展。有学者认为，科学技术可以打破发展的桎梏，实现可持续发展。

实际上，科学技术对于可持续发展是把双刃剑。一方面，科学技术赋予了人们强大的改造自然的能力，满足人们的各种需求，也是现有资源问题和环境问题的治理工具。科学技术的创新、应用和扩散，监控资源、环境问题，提高了资源的利用效率，降低了能源的消耗，开发了新型能源，防治污染，净化环境，保护濒危生物等等。此外，科学技术提供的不仅是实用的工具，还冲击人们的价值和意识，改变人与自然之间的关系。另一方面，正是科学技术的发展，使得人们对自然资源进行了掠夺式的开发利用，工业化带来严重的资源和环境问题，这是科学技术不发达的农业社会所不能想象的。总的来说，科学技术是中性的，它的好坏在于人们如何利用它。

（三）福利保障

可持续发展的目标是人的发展，是以人为本的，追求的是一个公正的社会。良好的福利保障是可持续发展的必然要求。福利保障是政府的责任，也是公民的权利。福利保障应是均等化（与平均化相区别）的，在全世界范围内均等化，在一国范围内均等化。每个人都有权享受基本的福利保障。

现今，发达国家的自然、社会、经济的可持续发展都要好于发展中国家，越贫穷的国家，其资源问题、环境问题越令人担忧。贫困是经济、社会、文化落后的总称，贫困会形成“贫困—生态退化”的恶性循环，使得陷入这种循环的地区或国家社会经济长期滞后，民众的福利水平提高缓慢，而与此同时资源破坏严重，自然环境恶化。不消除贫困则不可能实现可持续发展，生存的需求会使得人们为了发展经济而不顾自然环境的承载能力，不顾子孙后代的发展权益和社会福利，造成频繁的自然灾害、地方性流行病、物种的灭绝等等。发达的地区和国家有责任帮助贫困地区脱贫致富，扶贫有多种方式，重要的是提高贫困地区的可持续发展能力和贫困人口的可持续发展能力，提高教育和科学文化水平，使其走上

① 以上内容参看世界银行研究报告《自然灾害、非自然灾难：有效预防措施的经济学》。

可持续发展的道路。

综上所述，对公共应急事件进行经济分析的基础是对公共应急事件相关价值的充分理解和认识。不同的价值理论以不同的视角提供了分析的理论基础。我们应以客观的态度，吸收其合理的成分，结合实践性、应用性、可操作性等标准对价值进行量化分析。对于一些确实存在定义和精确计量困难的价值，则需要考虑采用合理的替代方法。

对于公共应急事件的经济分析大部分运用价格衡量其经济价值。现实市场中存在价格扭曲和失真现象，所以基于价格理论对公共应急事件进行相关货币量化分析时，需要进行必要的修正，如影子价格。同时由于市场失灵、政府失灵、志愿失灵等各种失灵的存在，在公共应急事件这样非常态的背景下失灵的问题会表现得更为严重，并造成人员伤亡、财产损失以及一系列负面影响。

在经济学中，预期是指对与当前决策有关的经济变量的未来值的估计，其涉及人们对经济运行未来趋势的预测与判断，对现实经济运行起着很大的指导作用。公共应急事件在一定时间内会影响人们的预期，人们的预期行为的改变会对一些重要经济变量产生影响。

风险是一种潜在的损失分布。人们希望能对客观世界的某些风险进行有效的控制或者测算，风险理论便由此诞生，特别是概率统计学科的发展，使得对风险进行有效系统的定量研究成为可能。公共应急事件是一种风险，具有破坏性，会造成人员伤亡和财产损失。因此，探讨公共应急事件的发生概率分布以及潜在损失十分重要。

以人为本，走可持续发展的道路既是坚持的发展战略，同时也是在某种程度上减少公共应急事件或降低公共应急事件造成的危害的有效途径。

第三章　公共应急事件经济分析方法

第一节　成本收益分析

成本收益分析（cost－benefit analysis，CBA）指的是通过权衡成本和收益来评价某一项目的可行性或在多个项目中择优的系统经济分析方法，其基本理论可追溯到19世纪的福利经济学，采用成本收益分析，各种备选项目的成本和收益都可以通过分析得到清晰的反映，作为决策者的参考，如今在私人部门和公共部门中都有着广泛的应用实践。

相对于私人部门，由于社会收益和社会成本的衡量较为困难，故公共部门的成本收益分析相对复杂。对于公共项目，其收益和成本在不同的社会成员之间分配是不平等的，有些人可能受益多一些，而另一些人可能承担了较多的成本。由于外部性的存在，单纯的市场机制无法反映社会的成本和收益，社会成本和收益不一定存在市场价格，如公共卫生服务提高了人们的身体素质，降低了公共卫生事件发生的风险，其收益是很难用货币衡量的；以牺牲环境为代价发展经济，虽然经济增长了，但造成资源短缺、环境恶化，其成本也一样很难用货币衡量。社会的成本和收益也需要考虑代际的因素，考虑长远收益和长远成本，不应短视，更不能将后代人的成本作为当代人的收益。此外，市场价格由于市场势力、供求关系、税收等原因存在着一定程度的扭曲和失真，不一定能反映真实的成本和收益，即便是有市场价格的成本和收益也可能需要根据实际情况进行必要的调整，如采用影子价格（影子价格已在第二章进行了介绍）。

对于公共应急事件经济分析，成本收益分析可用于分析应急管理的经济价值，如分析某项预防、应急措施或重建项目的可行性，在多项预防、应急措施或重建项目中选择最优的措施或项目等等，其分析结果有助于作出科学的决策和评估。由于诸多相关措施、项目属于公共部门，故对其进行成本收益分析时，特别要注意如何对较难衡量的成本和收益进行合理的货币量化。公共应急事件预防、应急机制的经济收益主要体现为预防、应急机制的建立，对事件造成的直接和间接经济损失的避免或减少，对社会正常经济秩序的维护。如果没有高效可行的预防、应急机制，公共应急事件一旦发生，造成的直接和间接的经济损失将非常巨大。如资料显示：我国每年因公共安全问题造成的经济损失达6 500亿元，其中安全生产事故引发的损失共计2 500亿元，社会治安事件引发的损失共计1 500亿元，自然灾害造成的损失共计2 000亿元，生物侵害导致的损失共计500亿元，约占GDP总量的6%，这些问题每年夺去20万人的宝贵生命。而实际造成的负面效应仅靠这几个量化指标是无法表达的。又如，2003年的“非典”对我国经济的影响十分明显，对此北京大学经济研究中心的海闻教授有个粗略的估算：受“非典”影响，2004年旅游业的直接损失就高达1 400亿元，加上间接损失，对经济的影响总额为2 100亿元，但如果把外国投资和对外贸易方面的影响考虑进去，其损失远远超过2 100亿元。突发公共应急事件预防、应急机制的建立与运行，可以在突发公共应急事件发生之时，迅速采取应急措施，防止事件损害的扩大与延伸，将损失降到最小程度。而有些突发公共事件，特别是人为的突发公共应急事件，如果预防措施得当，甚至可以避免事件和损失的发生。

突发公共应急事件预防、应急机制作为公共产品，其社会收益体现为维护人民的生命健康权利、维护社会核心价值观和道德观、消除不安定因素产生的社会心理影响、维护国际声誉、树立我国良好的国际形象等方面。消除或降低突发公共应急事件对人民生命健康的威胁，维护人民的生命健康权利，这是预防、应急机制所产生的最大收益。突发公共应急事件一旦发生，首先直接面临威胁的是广大人民的生命健康权利。例如在1976年唐山大地震中，短短的30多秒中，24.2万人死亡，16万人受重伤。我国地震灾害较为严重，20世纪发生的破坏性地震夺去了60万人的生命，近10年在台风、暴雨、洪水等灾害中丧生的人数每年都有上万人。在谋求经济和社会发展的全部过程中，人的生命始终是最宝贵的。维护人民的生命健康权利是我国预防、应急机制建立的首要目的。突发公共应急事件一旦发生，预防、应急机制的启动与运行，可迅速整合社会资源，及时、有序地转移受灾地区的人，或采取其他必要措施，保障人民生命安全。

一、成本和收益

成本包括直接成本和间接成本，直接成本指的是项目本身直接消耗的有用资源；间接成本指的是由项目引起的外部费用，即因项目导致的社会损失。以水电站为例，其直接成本是建设此水电站的费用，其间接成本则是水电站的兴建给周围生态环境带来的影响（可以产生的环境污染及造成的生态平衡破坏所需的治理费用来衡量）。

收益包括直接收益和间接收益，直接收益指的是项目本身直接带来的经济利益；间接收益指的是由项目引起的外部收益，即因项目导致的社会收益。同样以水电站为例，其直接收益是水电站发电所得的收入；其间接收益是扩大防洪范围，为当地农田灌溉、农产品加工带来的收益等。对于许多项目，其间接经济收益可能大于直接经济收益。

有形的成本和收益，特别是具有市场价格的成本和收益较易衡量，但一些成本和收益是无形的，很难对其进行货币量化，如减少环境污染、阻止生态恶化、提高身体健康、节约时间等等，但其却有着十分重要和巨大的价值，在第二章第一节"价值理论"中已经对这方面作了一定的阐述。对于这些成本和收益，要采用合理科学的方法进行尽可能的货币量化，以便进行综合全面的经济分析。估算某种无形价值，其收益是使用者愿意支出的最大金额，其成本是成本负担者愿意负担的最小金额，具体的货币量化方法将在本章接下来的部分中详细介绍。

二、成本收益分析

成本收益分析分为两种：

第一，单个项目分析。主要步骤如下：①确定项目所要实现的目标；②为实现项目目标拟订方案；③预测、估计、确定选定方案的预期成本和预期收益并进行量化；④若预期净收益大于等于零（即预期收益大于等于预期成本），或预期净收益大于等于目标净收益，则方案具有可行性。

可用数学函数表示如下：

设预期成本为$f_1(x)$，预期收益为$f_2(x)$，则预期净收益$f(x)$［预期净收益等于预期收益减去预期成本，即$f(x)=f_2(x)-f_1(x)$］应大于等于零或目标净收益f^*，项目具有可行性，即

$$f(x)\geqslant 0 \text{ 或 } f(x)\geqslant f^*$$

第二，多个项目分析。主要步骤如下：①确定项目所要实现的目标；②为实现项目目标拟订若干个可行的替代方案；③预测、估计、确定每个方案的预期成本和预期收益并进行量化；④根据预期成本和预期收益计算评价指标；⑤根据评价指标，择选排序和综合评价结论。

可用数学函数表示如下：

设预期成本为$f_1(x)$，预期收益为$f_2(x)$，则预期净收益$f(x)$等于预期收益减去预期成本，即

$$f(x)=f_2(x)-f_1(x)$$

1. 最有效准则

当成本不变时，选择收益最大者，也就是在规定的成本限额条件下使项目获得最大的收益，即当$f_1(x)<C$时，求 $\max f_2(x)$（其中，C 为费用标准定额）。

2. 最经济准则

当收益不变时，选择成本最小者，也就是用最小的成本来获得既定的收益，即当$f_2(x)>B$时，求 $\min f_1(x)$（其中，B 为收益标准定额）。

3. 收益成本差额或比值原则

当收益和成本都不固定时，选择收益成本差额最大者或比值最大者，也就是净收益最大或单位净收益最大，即 $\max f(x)$ 或 $\max \theta(x)$ [其中，$\theta(x)=\dfrac{f_2(x)}{f_1(x)}$]。

三、评价标准

1. 净收益

净收益（F）指的是项目收益（B）与成本（C）之差，即 $F=B-C$。净收益是成本收益分析中最直接和最基本的评价标准。净收益大于0，则项目具有可行性；在多个项目中择优，选择净收益最大的项目。

2. 收益—成本比率

收益—成本比率（θ）指的是项目收益（B）与成本（C）之比，即 $\theta=\dfrac{B}{C}$。对于单个项目，如果 B/C 大于1，则项目具有可行性。但对于多个项目的选择决策，B/C 值的大小则不一定能作为项目选择的标准，B/C 值越大并不意味着项目一定越优。比如有两个项目 A 和 B，项目 A 的成本现值是300，收益现值是900，则收益—成本比率为3。而另一个项目 B 的成本现值为2 000，收益现值为4 000，其收益—成本比率为2。如果将收益—成本比率大小作为评估标准，则项目 A 优于项目 B，但实际上项目 A 的净收益现值为600，而项目 B 的净收益现值为2 000，在投资允许的情况下，项目 B 明显带来更大的收益。

3. 现值

一些成本和收益是在一段时间内发生的，但成本收益分析却是在某一个时点上的评价。货币是具有时间价值的，同样的1元钱，今天的1元钱和十年后的1元钱，其价值明显是不同的。现值即是为了衡量不同时期的成本和收益而进行的换算，将未来的成本和收益以恰当的折现率进行折现，将不同时点发生的成本和收益统一到一个时点上。

可设折现率为 r，第 t 年的净收益为 R_t，净收益为当年的收益（B）减去成本（C），则净现值 PV 为：

$$PV = R_1 + \frac{R_2}{(1+r)} + \frac{R_3}{(1+r)^2} + \cdots + \frac{R_t}{(1+r)^{t-1}}，也即 PV = \sum_1^t \frac{R_t}{(1+r)^{t-1}}$$

在对一个项目进行可行性评估时，可以计算净现值，若净现值大于0，则项目具有可行性。在对多个项目进行选择决策时，可以计算每一个项目的净现值，净现值最大的项目，则是最优的项目。

在现值法中，折现率十分重要，折现率的高低会影响到一个项目净现值的大小。如果折现率过高，则项目净现值会显得过低，反之亦然，从而影响正确的决策。一般来说，计算公共项目所采用的折现率会较低，其更多地追求长期利益，重视后代人的利益，不像私人可能会更多地关注短期利益。折现率的确定可以采用多种方法，与当时的利率水平有非常密切的关系，如私人部门的税前投资收益率、私人部门的税前储蓄收益率。

此外，需要注意的是，无论是采用名义值还是实际值（去除了通货膨胀），其计算所得的结果是一致的，但利率和净收益所采用的数值应是一致的，即利率如果是名义值，净收益也需使用名义值的数据。

4. 内含报酬率

内含报酬率指的是使未来现金流入现值等于未来现金流出现值的贴现率，即使一个项目的净收益的现值等于零的贴现率，也被称为内部收益率。

可设内含报酬率为 ρ，第 t 年的净收益为 R_t，净收益为当年的收益（B）减去成本（C），求 ρ，意味着求解下述方程：

$$R_1 + \frac{R_2}{(1+\rho)} + \frac{R_3}{(1+\rho)^2} + \cdots + \frac{R_t}{(1+\rho)^{t-1}} = 0$$

按照上式计算内含报酬率较为困难，实践中，如果每年的净收益相等，则可直接利用年金现值系数表，如果每年的净收益不相等，则可采用试误法。

对于衡量一个项目的可行性，则比较内含报酬率和适度的市场收益率，若大于某一标准，则从机会成本的角度来看，项目是可行的。在风险相同的情况下，将资源投入到这个项目中可以获得比一般项目更多的收益。在对多个项目进行选择决策时，可比较不同项目的内含报酬率，内含报酬率越高，则项目越优。

内含报酬率考虑货币的时间价值及项目运行所有期间的收益，有利于长期战略的选择，较为科学。此外，最重要的是它考虑项目的内在收益率，如果项目是通过借款来筹资的，且内含报酬率低于利率，则这样的项目是亏本的，这给决策者一个十分直观的判断依据。

相较于净现值，内含报酬率更为方便而直接，说一个项目的内含报酬率为30%，比说在15%的贴现率下，净现值为6 000元要简单。对于净现值的计算，没有确定的贴现率则无法估算，但内含报酬率却没有这样的限制。不过内含报酬率在对互斥项目进行评估时可能会产生误导，此时应用净现值是更准确的评估标准。

总之，可根据实际情况选择合适的评价标准。需要注意的是，收益—成本比率、内含报酬率在应用时都有一定的限制，而净收益和净现值这两个评价标准则较为可靠。

此外，在成本收益分析中还需要注意以下几个方面：

(1) 如果加入风险和不确定因素，收益和成本就应该是期望收益和期望成本，例如某项目有 P_1 的可能获得收益 B_1，P_2 的可能获得收益 B_2，…，P_n 的可能获得收益 B_n，则此项目的期望收益为 $E(B)=P_1B_1+P_2B_2+\cdots+P_nB_n$。项目的净现值也应该为净现值的期望值，为 $E(PV)=\sum_{1}^{t}\frac{E(R_t)}{(1+r)^{t-1}}$。当然，风险决策也可以采用最小最大后悔值法、最大最小成本法、最小最大遗憾法。

(2) 要注意项目可能的连锁反应，既要考虑连锁收益，也要考虑连锁成本，即要全面考虑项目的间接收益和间接成本。以建水电站为例，水电站的建立会增加发电量，增加的发电量不仅可以创造直接的经济效益，而且可以带动相关的企业，增加相关企业的产出，但是，修建水电站可能淹没一些原先的风景区，风景区的门票损失可能是直接成本，但其他依附当地旅游的酒店、商店也可能因此而倒闭。

(3) 项目的成本和收益可能较为复杂，要小心谨慎，避免重复计算成本或收益。比如计算一个项目的成本，可以计算这个项目实施的实际成本，也可以计算项目的机会成本（投入此项目的资金用于其他项目可获得的回报），但此两种方法计算所得的成本不能加总，因为资金的投入是互斥的，如果投入此项目便不能投入彼项目获利了，故只能算其中的一个，否则就是重复计算。

第二节　成本效果分析

成本效果分析（cost－effectiveness analysis，CEA）是一种比较两种或两种以上行动方案（项目）的相对成本和效果的经济分析方法，它不同于成本收益分析，成本收益分析将方案的成本和收益都进行了货币量化，而成本效果分析不对效果进行货币的衡量。成本效果分析经常用于健康服务领域，在此领域，对于健康效果很难进行货币量化。成本效果分析一般适用于同类目标、相同指标的比较，比较不同项目达到相同或相近效果时，哪个项目的成本最低；或者投入相同或相近的成本，哪个项目的效果最好。

效果指的是有用效果，由各种使用价值组成，满足人们的各种需要，对于环境、安全、卫生和教育等项目而言，其效果主要是体现在提高健康水平、挽救生命、改善环境以及提高知识水平等方面。运用成本收益分析，这些效果需要用货币单位表示，但实际中，这些效果是很难进行货币单位量化的，而且量化的方法不同会导致结果产生较大的差异，从而影响决策的科学性。而成本效果分析用自然单位表示效果，避开了一些项目收益不能用市场价格量化反映的技术难题，对于很难用货币单位表示的收益，成本效果分析无疑是一种很好的能够替代成本收益分析的经济评价方法，同样，其也可用来分析应急管理的经济价值。

在成本效果分析中，效果指标十分重要，它与评价目标密切相关，必须选择适当的效果指标来代表每个项目的效果。一般来说，要求效果指标具有有效性（能够反映方案目标）、可比性（不同方案间可以互相比较分析）、客观性（明确的定义和内容，不受主观影响）、灵敏性（能及时准确地反映事物的变化）、特异性（有较强的针对性）。一般来说，可用三种不同的指标度量效果，包括投入物指标、过程指标和产出物指标。通常不使用投入物指标，因为该指标与最终效果的联系不甚紧密。过程指标因为含有关于效果的假设而经常被作为度量最终效果的唯一实际可用指标。产出物指标直接与项目的目的有关，可以用于更广泛的比较。

一、步骤

1. 项目的确定

明确项目的目标和即将要比较的备选方案，目标明确后才便于选择合适的效果指标（既便于度量，也能切实反映项目目标），项目的目标可能是单一的，也可能是多目标的。一般来说，单一目标的评价相对简单，而多目标则相对复杂。必须至少存在两个以上明确的备选方案（备选方案数量无上限），且备选方案之间要具有可比性，每个备选方案的成本、效果都是可以测量的，才能进行成本效果分析。

2. 成本的计算

计算该项目实施期间的净成本，包括直接成本和间接成本。在项目的期限不止一个自然年的情况下，应采用现值法，把过去发生的成本以及未来的预期成本换算成现在的成本。

设净成本的现值为 P，F_n 为第 n 年的净成本，i 为年贴现率，t 为完成项目所需的年数，则

$$P=\sum_{n=1}^{t}F_n\ (1+i)^n$$

设 P_V 为现在的成本，P_C 为过去的成本，r 为折现率，n 为年限，则

$$P_V=P_C\times\ (1+r)^n$$

3. 效果的计算

效果既包括项目实施的正面效果，也包括带来的不良影响，必要时作时间上的调整。

4. 决策

应用成本效果分析方法，对各方案进行评价，为决策者提供方案选择的依据。当备选方案比较多时，可以先大致排出方案之间的优劣次序，淘汰那些明显较差的方案，对相对较好的方案进行进一步细致的比较分析。

5. 敏感度分析和其他不确定分析

在得出经济评价结果之后，对因素变动下的评价指标进行计算，如成本、贴现率或结果的判断标准等可变因素，由此确定各影响因素变动对项目目标的影响程度。对可以控制的因素确定控制措施，对不可以控制的因素，寻找防范措施和对策。其他不确定性分析方法有情景分析法、概率分析法、风险分析法等。

二、评价标准

成本效果分析的逻辑思路是以最低的成本达到最大化的效果，常用的评价标准如下：

1. 成本效果比

可应用成本效果比（C/E），也可应用效果成本比（E/C）。成本效果比越小，或效果成本比越大，则表示项目的效果越好。单一的成本效果比是没有意义的，只有将两个或两个以上方案的成本效果比进行比较，才有意义。例如，计算某项目每一单位货币成本可获得多少生命年，挽回多少例死亡等。

2. 增量成本—增量效果比

由于成本越高，效果越好，成本效果比难以充分显示成本、效果两者之间的关系，故进行增量分析。增量比例，即增量成本—增量效果比，指的是某项目比另一项目所多花费的成本与该项目比另一项目多得到的效果之比，用以说明增加

成本，其相应增加的效果是多少及是否值得。

设项目 1 的成本为 C_1，效果为 E_1，项目 2 的成本为 C_2，效果为 E_2，则

$$\text{增量成本—增量效果比} = \frac{C_1 - C_2}{E_1 - E_2} = \frac{\Delta C}{\Delta E}$$

一般来说，每增加一个货币单位所获得的效果的增量逐步下降，即边际效果递减。但一项采用创新技术的项目，可能在增加效果的同时只增加少量的成本，甚至降低成本。

3. 多个效果指标的处理

在有些项目评价中，效果指标可能不止一个，且这些效果指标都有其重要性，这样的情况下应采取适当的办法进行处理。

（1）尽量减少效果指标，选择最具有代表性的重要指标，将代表性较差的效果指标删去。此外，将有从属关系的指标，去掉从属指标；不能协调的指标，只留其一；方向一致的指标进行合并。

（2）在精选效果指标之后，对各效果指标根据其数值给予一定的分数，再根据其重要程度予以一定的权重，然后换算成一个综合指标。用这个综合指标来比较不同项目的效果。

4. 敏感性分析

当数据具有不确定性时，进行敏感性分析是为了确定数据发生多大变化会影响决策。若数据的微小变化会导致结果较大的改变，则说明决策对该数据十分敏感；若数据发生较大变化，结果基本不受影响，则该数据敏感性小。

5. 分析决策

一般成本效果分析有三种方法：①成本相同的比较效果的大小，选择效果最大的项目；②效果相同的比较成本的大小，选择成本最低的项目；③比较增量成本和增量效果的比率（在项目投资不受预算约束的情况下采用）。

此外，在应用成本效果分析时，需要注意以下几个方面：

（1）对于成本，要进行综合全面的核算，根据实际情况，采用不同的分类。如根据成本的可追踪性，分为直接成本和间接成本；根据成本和服务量的关系，分为固定成本、变动成本、半固定成本；根据成本的可控性，分为可控成本、不可控成本；与决策相关的成本有机会成本、边际成本。另外，要注意成本的核算只采用一种分类方式，避免重复计算。

（2）在成本效果分析中经常遇到这样一种情况，即项目 A 的成本和效果均低于项目 B，这就需要考虑项目 B 为了获得额外效果付出的额外成本是否值得，

采用增量成本—增量效果比这个评价标准，但这种额外成本的资源是来自其他的项目，这样就扩大了对比的范围，也可以综合应用成本收益分析和成本效果分析。

（3）总的来说，成本效果分析法对于比较相同目标互相竞争的项目是很好的办法，却不能用来比较相差甚大（具有不同的目标）的项目，而且至少需要两个以上的具有共同目标的备选方案，只能从中选择最佳方案而不能从项目的效果和成本的指标比较中进行经济评价，即不能像成本收益分析法那样回答项目的可行性问题（成本和效果采用不同的计量单位，难以比较）。其应用范围也不如成本收益分析法那样广泛，而且，成本效果分析中的效果指标狭隘地局限在对当事人的影响之上，而实际中，项目可能产生连锁反应，项目的收益不仅体现在直接当事人身上，也间接地体现在其他人身上，但其优点在于克服了诸如生命等难以货币量化的困难，毕竟很多指标都是很难进行货币衡量的，甚至有些指标的货币量化还存在伦理上的问题。

第三节　存在/不存在分析

存在/不存在分析（with - without analysis）即有无对比法（with - without comparison），在项目评估中，它指的是将项目实际发生的情况与若无项目发生的情况相对比，以度量项目的真实效益、影响和作用。当然，存在/不存在分析不仅可以用于项目评估，还可用于评价许多其他对象，如计划、行动等等。其存在与不存在对比的重点是分清评价对象作用的影响和与评价对象无关的意外作用的影响。对于公共应急事件，存在/不存在分析则是对比发生公共应急事件的地区与相似的但未发生公共应急事件的地区的情况，或对比应对公共应急事件的某项措施实施与不实施的情况等，以确定公共应急事件或应对公共应急事件的某项措施的影响或作用。

存在/不存在分析的步骤如下：

1. *方法一*

（1）确定评价的公共应急事件和反映公共应急事件情况的指标；

（2）确定未发生公共应急事件且与发生公共应急事件的地区类似的某个地区作为参照；

（3）收集发生公共应急事件的地区发生公共应急事件前后的指标数据以及未发生公共应急事件的参照地区的前后指标数据；

（4）从数量和幅度两方面比较发生公共应急事件的地区的指标变化值和未

发生公共应急事件的地区的指标变化值；

(5) 寻找其他影响因素，如果有，确定它们的影响或在阐述公共应急事件影响的同时指出这些影响因素。

这种方法适用于可以找一个与发生公共应急事件的地区具有可比性的地区，但实际中这样一个参照地区是很难找到的，不可能和自然科学的实验一样，精确控制实验组和参照组的相关条件，只有公共应急事件这一个影响因素发生作用，故在确定参照地区和解释发现时需要格外谨慎。一般来说，参照地区可选择经济发展和社会文化背景相似的地区，如邻近地区。此外，更为科学的方法是对实验组和参照组进行随机抽样（没有进行随机抽样，对象群可能不平均，如被比较对象的动机和个性不同很难被鉴别出来），严格按照自然科学实验的程序进行，但这无疑在时间和成本上耗费巨大，而且在某些情况下是不可行的。

2. 方法二

(1) 确定评价的某个应对公共应急事件的措施和反映公共应急事件情况的指标；

(2) 收集实施此措施和不实施此措施情况下的指标数据；

(3) 从数量和幅度两方面比较实施此措施和不实施此措施情况下的指标变化值，估算此措施的作用和影响；

(4) 寻找其他影响因素，如果有，确定它们的影响或在阐述此应对公共应急事件的措施影响的同时指出这些影响因素。

这种方法适用于可以找到一个不实施此措施且发生类似公共应急事件的具有可比性的参照地区，同样，存在与方法一中一样的难题，这样的参照地区是很难找到的。社会科学实验相较于自然科学实验，由于其条件的限制，往往无法排除干扰因素的影响，在一个人为可以控制变量的条件下进行对比实验。故存在/不存在分析有其局限性，一般与其他分析方法一起使用。不过，现代计算机仿真模拟技术的发展为解决此问题提供了一个崭新的思路，在计算机虚拟环境下，进行系统建模，模仿现实社会经济系统的运行，可以监控公共应急事件发生的情况，并可以进行干预实验（对实验组进行干预，实施某项应对公共危机的措施，参照组则任其发展），对比实验组和参照组在一定时间段的情况，则可得出此项措施的作用和影响。计算机仿真模拟是对现实的高度虚拟，虽必然会忽略一些现实中的因素，但其可以抓住问题的本质，并尽量贴近现实，提供有针对性、有效的政策建议。

最后，需要说明的是：①对于反映公共应急事件情况的指标，根据具体实际的需要，可分为直接指标和间接指标。直接指标主要指的是公共应急事件造成的直接财产损失和人员伤亡等。间接指标则是反映公共应急事件对社会、环境、经济造成的影响的指标，如经济影响指标指的是反映对公共应急事件所在地区、国家产生的经济方面影响的指标，如 GDP、就业率、物价水平、投资等等；环境影响指标评价内容包括污染控制、地区环境质量、自然资源利用和保护、区域生态平衡、环境管理等，如污染控制可检测污染物浓度；社会影响指标则包括贫困、平等、参与性、妇女、持续性等，如居民的生活条件和质量（其收入变化、身体简况等等）、民众的态度和参与度、社会治安等等。②关于相关数据的收集。数据收集是评估的基础，也是评估中比较麻烦和烦琐的工作，使用的数据应具有合理性、准确性、完整性和可比性。数据来源一般包括现有的记录和统计、专家、一般民众、其他国家地区的实践经验、特殊渠道等等。收集的方法包括文献检索、文件阅读、测量、专家意见、案例分析、自然观察等等，有一手材料，也有二手材料，各有优缺点，如文献检索和文件阅读成本较低，但其针对性和有用性可能不强。一般根据不同的需要或不同的来源采取不同的收集办法，如现有的记录和统计可以从相关部门（如统计局）获得，对一般民众可以调查问卷、访谈、观察等方式收集数据。

第四节　发生前后分析

发生前后分析（before - after analysis）即前后对比（before - after comparison），在项目评估中，它指的是将项目实施之前与项目完成之后的情况加以对比，以确定项目的作用和效益的一种对比办法，或指将项目前期的可行性研究和评估的预测结论与项目的实际运行结果相比较，以发现变化并分析原因。这样的对比可以揭示计划、决策和实施的质量。当然，发生前后分析不仅可以用于项目评估，还可用于评价许多其他对象，如事件、行动等等。对于公共应急事件，发生前后分析则是对比公共应急事件发生之前和发生之后的情况，或是对比发生前的预测与发生后的实际情况。

发生前后分析的步骤如下：

1. 方法一

（1）确定评价的公共应急事件和反映公共应急事件情况的指标；

（2）收集公共应急事件发生前和发生后各项评价指标的数据；

（3）比较公共应急事件发生前后的数据，估算公共应急事件的影响；

（4）寻找其他影响因素，如果有，估算它们的作用大小或在阐明公共应急事件影响的同时指出这些影响因素。

这种方法实际上隐含了一个重要的假设，即在没有公共应急事件的情况下，之前的情况将保持不变并一直下去，而实际中，由于本身的发展趋势或其他因素的影响，即使不发生公共应急事件，评价指标的数据也可能发生变化。这样简单的前后数据对比可能高估也可能低估了公共应急事件的影响或作用，造成准确性不高。但这种方法简单易行，应用性很广，在时间和费用有限的情况下，这种方法可能是唯一的选择。

2. *方法二*

（1）确定评价的公共应急事件和反映公共应急事件情况的指标；

（2）收集公共应急事件发生前若干个间断时点的时间序列数据和公共应急事件发生后的结果数据；

（3）运用统计分析方法，根据公共应急事件发生前若干个间断时点的数据预测各个指标值；

（4）比较预测值和公共应急事件发生后的实际结果，其差别代表了公共应急事件的影响和作用；

（5）寻找其他影响因素，如果有，确定它们的影响或在阐述公共应急事件影响的同时指出这些影响因素。

与方法一不同的是，对公共应急事件发生后的实际结果对比不是发生前的情况，而是根据发生前的历史数据预测的情况。这种方法适用于历史数据充足，而且不发生公共应急事件，数据具有并保持较为明显的趋势（上升或下降）的情况，即未来数据是可以根据过去若干个间断时点的历史数据预测的。相比方法一，此方法增加了成本和难度，但提高了分析的准确性，剔除了一些对评价指标产生影响的却与公共应急事件无关的其他干扰因素。

在方法二中，需要用到统计预测。统计预测是在大量过去间断时点的历史数据基础上，运用社会、经济、环境统计和数理统计方法研究事物发展变化趋势和方向的预测办法，可以根据精度的要求和所得到的数据类型，采用时间序列分析、回归分析、类似比较法、增长比率法等具体方法。

当然，发生前后分析也可以用来评价应对公共应急事件的措施的效果，通过对比实施此应对措施前后的公共应急事件的情况来衡量此措施的作用和影响，步骤类似，不再赘述。至于反映公共应急事件情况的指标以及相关数据的收集问题，则在前一节存在/不存在分析中已经介绍过。

第五节　直接市场评估法

直接市场评估法（market - based method）指的是直接采用市场价格（当存

在价格扭曲时，则应进行适当调整或采用影子价格）来对公共应急事件的影响进行测算的经济评估方法，包括市场价值法、医疗费用法、人力资本法、恢复或重置费用法、影子工程法、机会成本法等。直接市场评估法是操作相对容易、应用最广泛的一种方法，在对公共应急事件进行货币量化分析时，可以考虑优先采用，但很多损失是没有相应市场的，因而也没有市场价格，或者现有的市场只能反映其部分价值，所以，直接市场评估法也有局限性。

一、市场价值法

市场价值法又被称为生产率法。其应用于公共应急事件经济分析，首先要调查因公共应急事件发生造成的工业、农业或服务业产出量的变动，然后按照市场中的现行价格计算这些变动量的价值来估算公共应急事件造成的公共部门和私人部门的成本和效益，作为公共应急事件影响的经济价值。

公共应急事件会影响相关地区相关产业的产出量，甚至还会通过影响生产过程影响生产者的成本和利润，而且产出量的变化会影响市场供求，进而导致市场价格的变动，最终影响到消费者的福利水平。比如，由于自然灾害导致某地区粮食产量下降，这导致了农民的收入下降，同时，由于粮食产量下降，市场上供小于求，粮食价格上升，消费者因此也受到了影响。

采用市场价值法时，产出量变化的计算依据是市场价格。当存在价格扭曲或失真情况（市场经济不完善，如存在垄断、价格补贴、企业不自负盈亏等）时，则要对市场价格进行适当调整或采用影子价格来取代市场价格，尽可能综合全面地考虑所有受影响行业产品的产出量变化。

按照公共应急事件带来的产量变动是否引起市场价格变动，可以分为两种情况，产量变动不影响市场价格和产量变动影响市场价格。一般来说，在前者的情况下，公共应急事件的影响力是较小的，其导致的某地区的产出量变动对该产品市场产出水平的影响很小，不能影响整个市场的价格，那么采用的衡量产出量变动的价格即是那个保持不变的价格。而在后者的情况下，公共应急事件造成的产出量的变动相对于市场而言较大，预期市场价格发生明显的变化，此时，则不能直接采用现场的市场价格，而要根据产品需求曲线对其进行调整，即采用在产品需求曲线上新产量对应的新价格。

市场价值法的具体步骤如下：

（1）确认公共应急事件产生影响的可能后果和范围，包括直接影响和间接影响，如地震造成了某种产品存货的损失，这是对产出量变动的直接影响，而地震还造成了机器和厂房的倒塌，使得预期这种产品的未来产量下降，这是对产出量变动的间接影响。公共应急事件造成的影响具有连锁效应，其内在的联系是复杂的，需要进行全面、系统、综合的考虑，尽可能地囊括所有由公共应急事件造成的直接和间接产出量变动。

（2）估计公共应急事件造成的产出量的变动值。对每一种相关产品的产出量变动都要进行估算，包括采用清点、统计、预测等方法。

（3）估计产出量变动的市场价值（经济价值），应估计产出量和价格变化的净效果。

假设公共应急事件影响了 n 种产品的产出量，ΔQ_n 代表第 n 种产品的产出量变动（$\Delta Q = Q_1 - Q_0$，Q_1 代表公共应急事件发生前的产量，Q_0 代表公共应急事件发生后的产量），P_n代表第 n 种产品的价格，则公共应急事件的经济影响 S 可以用以下公式表示：

$$S = \sum_{i=1}^{n} \Delta Q_n \times P_n$$

对于 P_n，需要根据实际情况确定，采用市场价格或者经过调整后的价格。对于产出量变动造成市场价格变动的情况，确定 P_n的一个简单方法是计算产量变动前市场价格和产量变动后市场价格的平均值。

最后，需要说明的是，使用市场价值法应注意以下问题：

（1）市场价值法采用了发生前后对比分析，其有一个前提假设，即在不发生公共应急事件的情况下，产出量不变。而实际中，可能因为其他的因素，即使不发生公共应急事件，产出量也会发生变化，这时计算 ΔQ，不能使用 Q_0，应使用常态下产出量的预期值 $E(Q_1)$，$E(Q_1)$ 是根据 Q_1 预测得到的，采用$E(Q_1)$旨在消除与公共应急事件无关的因素对产出量变动的影响。

（2）市场价值法所需的数据资料包括：公共应急事件对某种产品造成产出量变动的证据及变动量的大小，所受影响的产品的市场价格数据，对生产者和消费者已有的应对行为的识别，对生产者和消费者反应的预测等等。评估专家需要通过多种渠道、途径和方法收集这些数据资料。

二、医疗费用法

医疗费用可用来评价公共应急事件引起的健康影响（疾病）的经济价值。公共应急事件可能造成某种疾病（发病率）的增加，与治疗该疾病相关的医疗费用可以作为人们避免该疾病所具有的支付意愿的底线值，医疗费用包括门诊费、住院费、药费、检查费等。如突发公共卫生事件包括传染病疫情、群体性不明原因疾病、食品安全和职业危害、动物疫情以及其他严重影响公众健康和生命安全的事件，可以统计突发公共卫生事件造成的医疗费用来评价其部分影响和作用。举例来说，一次群体性中毒事件造成200人腹泻，平均每位腹泻患者的医疗成本约为100元，则估算该次群体性中毒事件对人体健康造成的影响可以得到：$100 \times 200 = 20\ 000$ 元。

（一）使用医疗费用法的步骤

（1）识别公共应急事件可致病的特征因素，识别出其可以导致哪些疾病。不同的公共应急事件引起的疾病不同。对于公共应急事件造成的直接人员损伤，如骨折、烧伤，其识别相对简单，而另一些由其引发的关联不那么明显的疾病，如呼吸道疾病、肺炎，其识别则相对困难。

（2）确定公共应急事件导致的发病率的提高幅度以及处于风险之下的群体规模，公共应急事件导致的病例数等于发病率的提高幅度乘以处于风险之下的群体规模。确定致病动因（公共应急事件）与疾病发生率之间的关系属于医学范畴，需要医学专业人员的统计数据和实验数据，统计数据可以由对相关卫生医疗机构进行调查统计获得，实验数据应建立在病例分析、实验室实验、流行病数据资料分析的基础之上。确定处于风险之下的群体规模，即确定致病动因的影响区域和范围，这涉及建立扩展模式，或将总暴露人口数缩小到那些对该风险特别敏感的脆弱人群，如儿童、老人、孕妇和其他相关疾病患者等。

（3）估算平均每位病例的医疗费用。医疗费用可采用市场价格，当市场价格存在扭曲时，应进行调整或采用影子价格。

（4）估算公共应急事件导致的医疗费用，即为公共应急事件导致的病例数和平均每位病例的医疗费用的乘积。

（二）用数学函数表示

设公共应急事件导致 n 种疾病，其中第 n 种疾病，在公共应急事件发生前的发病率为 d_{n1}，发生后的发病率为 d_{n2}，处于风险之下的群体规模为 M_n，平均每位病例的医疗费用为 P_n，则公共应急事件造成的健康影响（疾病）的经济价值 I 为：

$$I = \sum_{i=1}^{n} (d_{n2} - d_{n1}) \times M_n \times P_n$$

最后，需要说明的是，使用医疗费用法应注意以下问题：

（1）医疗费用法无法评价疾病给人们带来的痛苦（精神层面的成本）。疾病的成本，一方面是医疗费用，另一方面是疾病带来的痛苦以及生活所受到的负面影响，医疗费用法对后者的评价无能为力，这些损失很难被量化。

（2）应确定疾病与公共应急事件之间有明确直接的因果关系，疾病是非致命性的，且不是慢性病。

（3）医疗费用被看作人们对疾病支付意愿的下限值，没有考虑个体对疾病或健康的偏好。人们一般喜欢健康而非疾病，会愿意为了健康而支付更多的治疗费用或保健费用，比如流感季节，有些人会吃一些预防药物防治感冒或打预防针等。

（4）由于医学的限制，一些由公共应急事件导致的疾病难以被识别，致病动因在环境中作用强度的分布与人口分布以及敏感人群分布的关系十分复杂。发病率结果是由多种因素导致的，难以准确地区别出公共应急事件的影响。

三、人力资本法

人力资本法可用来评价公共应急事件引起的收入损失和人员伤亡的经济价值。公共应急事件可能引起误工、死亡、工作能力降低、工作机会减少、工资水平下降等等，由此导致受影响者收入减少，此减少的收入即为人们避免公共应急事件发生的支付意愿的底线值，可用来衡量公共应急事件的影响，如某人因公共应急事件的发生而卧病在床三个月，这三个月的预期收入，即可作为公共应急事件对此人影响的经济价值。人力资本是指体现在劳动者身上的资本，主要包括劳动者的文化技术程度和健康状况，采用人力资本法时，个人被视为一个经济资本核算单位，收入被视为人力资本的一种收益，按照此逻辑，可用一个人一生生产财富的多少（即其收入）来定义这个人的价值。

针对收入减少的不同原因，采用人力资本法有不同的计算方法。以下介绍由于死亡和误工造成的收入损失的计算方法：

（一）对于公共应急事件造成的死亡

估算由于过早死亡带来的影响，即计算由于过早死亡所带来的损失。年龄为 t 的人由于公共应急事件早亡的经济损失等于他在余下的正常寿命期间的收入损失的现值。由于劳动者的收入损失与年龄有关，所以，首先应分年龄组计算劳动者某一年龄的收入损失，然后将各个年龄的收入损失汇总（需要贴现），进而得出劳动者一生的收入损失。

假设 p_{t+i} 代表年龄为 t 的人活到 $t+i$ 岁的概率，E_{t+i} 代表年龄在 $t+i$ 时的预期收入，i_s 代表折现率，T 代表劳动力市场的劳动力平均退休年龄，则公共应急事件造成此人死亡的影响的经济价值 V 为：

$$V=\sum_{i=1}^{T-t}P_{t+i}\times E_{t+i}\times (1+i_s)^{-i}$$

假设人均早亡收入损失为 V^*，公共应急事件造成死亡人数为 N，则公共应急事件造成人员死亡的影响的经济价值 TV 为：

$$TV=V^*\times N$$

（二）对于公共应急事件造成的误工

估算误工带来的影响，即计算误工所带来的收入损失。由于劳动者的收入损失与其收入有关，不同的劳动者其收入差别可能很大，所以，在计算误工收入损失时，可以对劳动者进行分类（分类标准可按照行业），调查每类劳动者的平均日收入，统计每类劳动者的误工天数，然后汇总。此外，也可采用最低日工资作为日收入，这样所求的则是误工造成的收入损失的底线值，最低日工资的数据较易获得，底线值的计算相对容易操作。

对于某个特定的人，假设 E 代表其平均日收入，T 代表其因公共应急事件造成的误工天数，则公共应急事件造成此人误工的影响的经济价值 V 为：

$$V=E\times T$$

假设公共应急事件造成 n 类群体误工，第 n 类群体误工人数 m_n 人，平均日收入为 P_n，平均误工天数为 t_n，则公共应急事件造成误工的影响的经济价值 TV 为：

$$TV=\sum_{i=1}^{n}m_n\times P_n\times t_n$$

设最低日工资为 P^*，公共应急事件共造成 M 人误工，平均误工天数为 T^*，则公共应急事件造成误工的影响的经济价值 TV 的最小值为：

$$\min(TV)=P^*\times M\times T^*$$

最后，需要说明的是，使用人力资本法应注意以下问题：

（1）人力资本法面临着伦理道德问题的质疑。按照人力资本法，人的生命价值等于其创造的价值，并用劳动者的收入来衡量。按照这种逻辑，富人的生命要比穷人的生命更有价值，由于退休、失业等原因没有收入的人的价值为零，非常年轻的人的价值也很低，甚至隐含收入小于支出的人死亡对社会有利的推论，这些显然在伦理道德上是很难被接受和认可的。

(2) 明确公共应急事件和人们收入降低之间的因果关系有时是复杂和困难的。公共应急事件造成的死亡和误工相对容易统计，其他的因公共应急事件发生引起的工作能力降低、工作机会减少、工资水平下降等导致的收入损失相对统计困难。

四、恢复或重置费用法

恢复或重置费用法指的是用把公共应急事件造成的破坏恢复原状的费用来衡量公共应急事件影响的经济价值。重置成本指的是重建公共应急事件破坏的资产在现行市场条件下所必须支付的全部货币总额。例如，地震造成了楼房倒塌，修复重建这些楼房的费用就是地震造成楼房倒塌的经济价值。如果恢复或重置行为确实发生，则该费用一定小于公共应急事件影响的价值，只能作为底线值；如果恢复或重置行为不发生，则该费用可能大于也可能小于公共应急事件影响的价值。

使用恢复或重置费用法的步骤如下：

1. 方法一（可恢复或重置的情况下）

(1) 识别因公共应急事件而造成破坏的资产；

(2) 根据市场现行价格，分别确定恢复、重置每项资产所需要的费用；

(3) 汇总所有被破坏资产的恢复或重置费用。

2. 方法二（不可恢复或重置的情况下）

(1) 识别因公共应急事件而受到破坏的资产提供的各种服务；

(2) 界定各种服务受影响的数量、质量、方式、程度以及时间区间和受影响人群；

(3) 确定有相同服务功能的资产替代品；

(4) 根据市场现行价格，对资产替代品进行货币估算；

(5) 汇总所有资产替代品的货币价值。

注：当市场价格存在扭曲时，应对市场价格进行适当的调整或采用影子价格。此外，如果资产的恢复或重置费用是在一个较长的时间段内发生的，则需要采用现值法计算恢复或重置费用的现值。

最后，需要说明的是，使用恢复或重置费用法应注意以下问题：

(1) 资产的价值取决于资产的成本，需要区分原始成本和重置成本，前者反映资产最初建设时的市场物价水平，后者反映评估时（突发公共危机发生后）的市场物价水平。资产的重置成本与原始成本成正相关关系，资产的重置成本越高，原始成本也越高，其经济价值也越大。但需要明确的是，资产的成本可能仅是资产价值的一个重要方面，特别是对于环境资产这样的特殊资产。

（2）一些资产不存在市场交易条件，甚至是无法恢复或重置的，恢复或重置后的资产只能部分替代原始资产，如地震可能会破坏历史文化古迹，而历史文化古迹一旦遭到破坏可能是无法恢复或重置的。这时使用恢复或重置费用法会存在一定的局限性，不能采用现行市场价格，需要运用一些间接的方法确定资产价格，如影子项目法。

（3）实际中，很难对公共应急事件造成的破坏进行完全的恢复或重置，使得恢复或重置后的资产与原始资产一样。我们采用资产功能这个指标，如果重建资产与原始资产的功能相同，即视为对其的恢复或重置，但相同功能的不同资产其成本可能存在差异。

（4）恢复或重置后的资产可能会产生额外的收益，其与公共应急事件造成的影响无关。因此，这样的额外收益应该被识别，并且减去。

（5）恢复或重置费用法忽视了资产的整体协同效应。分别计算每项受到破坏的资产的恢复或重置费用进而加总，无法反映资产由于互相协调配合所产生的整体效益，或者通俗地说，在这里，1 加 1 可能小于 2。

五、影子项目法

影子项目法是恢复或重置费用法的一种特殊形式。当公共应急事件造成某项资产在技术上无法恢复或重置时，可以建设一个与原资产有着相似功能的项目，使得资产对经济发展和人们生活水平的影响保持不变。实际中，一个项目在建设初期往往有很多替代项目，这些可供选择的但不能同时实施的项目即是影子项目。可以通过估算影子项目的成本近似评价公共应急事件造成影响的经济价值。如森林大火造成了一定面积的原始森林被破坏，估算森林大火影响的经济价值，可以设想人工新建一片同样面积的林区，提供与原始森林相似的物品和服务。这种假想性替代项目的成本就可以看作森林大火造成的损失的经济价值。需要注意的是，影子项目不是一种真实的项目，使用影子项目法只是一种模拟估算，只能从一定程度上代表原资产的价值。它给人们一个大致的概念，用来显示公共应急事件使得资产遭到了多大程度的破坏。

使用影子项目法的步骤与恢复或重置费用法中的方法二相同。

需要注意的是：

（1）影子项目法适用的领域基本上与恢复或重置费用法相同，尤其是评价在技术上无法恢复或重置的资产的价值，且此资产提供的物品和服务为人们所需要，在其破坏后人们有重置或恢复的需求。

（2）在确定影子项目时，要充分考虑原项目提供的所有物品和服务，根据费用和效益相对应的原则，应尽量保证影子项目可以替代原项目，虽然实际操作中，原项目和影子项目的功能还是会存在一定的差异。

六、机会成本法

机会成本法是恢复或重置费用法、影子项目法以外的，可用来评价公共应急事件中被破坏资产的经济价值的一种反向评估方法，特别是对于那些自身价值很难衡量的资产。公共应急事件中被破坏资产的机会成本，是指这些资产如果没有被破坏其所能获得的经济效益。对于在公共应急事件中被破坏的资产来说，其经济价值不仅可以用恢复或重置费用来衡量，还可以用该项资产没有被破坏其所能提供的物品和服务的经济价值来衡量。如地震中被破坏的机器，可以用重新购买一台相同功能的机器来衡量其价值，也可以用这台被破坏的机器如果没被破坏其可产出的物品和服务的价值来衡量其价值（当然，其中要减去相应的机器维护成本、原材料成本等）。机器的价值是有市场价格的，但环境既无市场交易也无市场价格，采用恢复或重置费用法存在困难，但环境的产出物（如森林可产出木材，田地可产出农作物等）却是可以用市场价格衡量的，而这些产出物的经济价值可以代表环境的价值。

使用机会成本法的步骤如下：

（1）识别因公共应急事件而造成破坏的资产，主要针对那些没有市场价格的资产，有市场价格的资产采用恢复或重置费用法较为方便。

（2）识别这些遭到破坏的资产提供的物品或服务。

（3）根据市场现行价格，确定每项资产提供的物品或服务的价值（即机会成本），进而确定每项资产的价值。当资产提供的物品或服务是在一个较长的时间段内，则要通过现值法计算这些物品或服务的净现值。

机会成本法最基本的计算公式如下：

假设 L 表示某种资产的价值，S 表示此种资产单位机会成本现值，W 表示此种资产损失的数量，则

$$L = S \times W$$

只要确定了资产的单位机会成本，使用机会成本法就是一种确定经济损失（费用）的简单易行的方法。

（4）汇总所有被破坏资产的机会成本。

最后，需要说明的是，使用机会成本法应注意以下问题：

（1）采用机会成本法时，该项资产提供的物品和服务可能不存在市场交易条件，此时需要采用其他合适的方法评估资产所提供的物品或服务的价值，如意愿调查法。

（2）公共应急事件可能造成资产功能的部分破坏，提供物品和服务的质量和数量下降，而非丧失提供物品和服务能力。此时，应用机会成本法计算的应是价值的变动量，即公共应急事件发生后，某项资产提供的物品和服务的价值的减少量。

（3）要明确界定和准确测算某项资产所提供的物品和服务的价值，一些物品和服务可能是无形的，很难识别，且易被忽视。

（4）当资产有多种冲突性用途时，要选择能获得最大收益的用途来估算资产的机会成本，并需注意避免重复计算。

第六节　替代市场评估法

替代市场评估法（revealed preference or surrogate market approaches）是指通过替代市场，即与之关联的某种替代物的市场价格来对公共应急事件的影响进行测算的经济评估方法，包括防护费用法、旅行费用法、资产价值法、工资差额法、替代产品法。替代市场评估法试图寻找那些间接反映人们对公共应急事件影响评价的商品或服务，并用这些商品或服务的价格来衡量公共应急事件影响的经济价值，其能利用直接市场无法利用的信息，打破了直接市场评估法的局限，但替代市场上商品和服务的价格与公共应急事件之间的因果关系是复杂的、综合的，难以排除其他因素对其的干扰，因而，替代市场评估法得出的评价结果的可信度相对较低。

一、防护费用法

防护费用法指的是用避免公共应急事件发生或降低发生后损失的预防费用来衡量公共应急事件影响的经济价值的一种评估方法，由此得到的评价结果，可作为公共应急事件影响的经济价值的底线值。公共应急事件会造成人员伤亡和财产损失，理性的人对于防护措施有支付意愿，防护费用与公共应急事件发生的风险和潜在损失成正相关关系，且不超过人们对潜在损失的评价值。

防护费用有多种负担方式，可以是企业负担，如一些高风险的企业会投入防护费用以降低安全事故发生的风险；可以是个人负担，如个人可以对一些潜在风险购买相应的保险或者采取一些个别的预防措施；还可以是社会负担，如政府每年都会投入一定的经费对公共应急事件进行预防。

使用防护费用法的步骤如下：

(1) 确定某公共应急事件对人们造成的潜在损害。人们对潜在风险和损害的认识程度决定了人们对预防支出的支付意愿。如果人们对损害的识别过大，会导致人们的支付意愿大于实际价值，反之亦然。但在理性人的假设之下，人们的支付意愿还是与实际价值成一定的正相关关系。

(2) 确定受损害的区域和人群，确定防护费用的支付主体，可能是企业、个人或者政府。由于公共应急事件对不同的主体影响程度不同，所以不同主体的支付意愿也是不同的，一般受到损害影响大的主体有较高的支付意愿。

(3) 通过调查确定支付主体的支付意愿或者获取实际支出的防护费用数据，以确定针对某公共应急事件的防护费用。对于支付意愿的调查，如果受损害的区域或人群范围较小，可以采用普查，但一般可采用抽样调查的方法。调查方法的选择应根据精度要求或可能受到成本和时间的限制。对于实际支出的防护费用数据，则需要从相关部门、单位收集所需的数据资料。

最后，需要说明的是，在使用防护费用法时应注意以下问题：

(1) 效率问题。达到相同的防护效果可采用不同的防护措施，产生不同的防护费用，使用防护费用法时应选择费用最低的那种措施所需的费用。

(2) 使用防护费用法最大的优点是所依据的费用或价格数据较易获取，且是确切的，易被管理者理解，但其缺陷在于，防护费用法所得到的评价结果与实际价值存在偏差。防护费用主要是根据人们的支付意愿得出，而由于信息不对称，主观认知不同，不同人的偏好差距很大，从而使评价结果产生偏差。此外，由于防护费用法忽略人们的消费者剩余，且受到收入条件的限制，可能只考虑直接受影响的人群而忽略间接受影响的人群的支付意愿，故防护费用法得出的评价结果往往偏低。

(3) 人们对防护费用的支出可能不一定专门针对某公共危机发生后的损害，如江堤一方面防洪，另一方面也作为休闲景观，结果人们对江堤的支出意愿大于它防洪功能的经济价值。这种情况下，需要将专门针对某公共危机发生的防护费用分离出来。此外，在应用防护费用法时，不应存在同一项支出的相关二次受益。

二、旅行费用法

旅行费用法是指用公共应急事件发生前后人们对发生地旅行费用（旅行费

用包括门票、膳宿费、交通费等）的支付意愿变化来衡量公共应急事件影响的经济价值，特别是公共应急事件发生地有丰富的旅游资源。如印尼因巴厘岛两次爆炸事件、印度洋大海啸、禽流感等公共应急事件，其旅游业受到重创，造成游客人数大规模减少，可应用旅行费用法评估在印尼发生的这些公共应急事件影响的经济价值。公共应急事件发生后，在一定时间段内会导致发生地的环境质量下降，而环境的价值很难进行货币量化，其无市场价格，故采用变通的方法，用人们对发生地旅行费用的支付意愿的变化，来间接衡量公共应急事件造成的环境变化的货币价值。人们对旅行费用的支付意愿与人们对环境价值的评价成正相关关系，旅行费用可作为环境服务价格的替代物，在其他条件不变的情况下，人们对旅行费用支付意愿的改变可以反映环境质量的变动，进而反映公共应急事件影响（引起环境质量变动）的经济价值。

使用旅行费用法的步骤如下：

（1）分别用旅行费用法评价公共应急事件发生前后发生地的经济价值。

①将人们根据不同的居住区或者居住地相对于发生地的距离进行分组（假设每组的居民有着类似的偏好）。

②采用调查（如问卷调查）等方式，了解各个分组中居民目前到该发生地的游览率（每千人游客数）与旅行费用之间的关系，得到各个分组的需求曲线。

可能的需求曲线如下图所示，游览率随旅行费用的上升而下降，直到旅行费用达到某一值，此时，人们的支付意愿为零，即没有人会前去旅行。

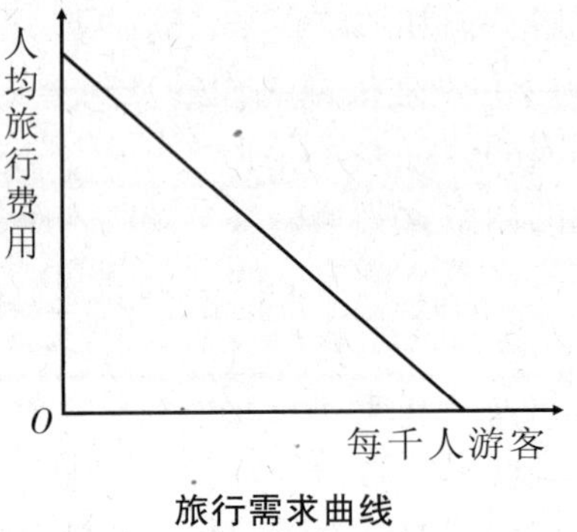

旅行需求曲线

注：如果不能得到公共应急事件发生前人们对发生地旅行费用的支付意愿的数据，可采用存在/不存在分析，对与公共应急事件发生地类似的但未发生公共应急事件的地区进行调查，作为参照组，进行对比。

③汇总各个组的测算，得到所有游客对发生地的需求曲线。需求曲线下方的面积即是该发生地的经济价值。

（2）对比公共应急事件发生前后发生地经济价值的变化，其差值即是公共应急事件影响的经济价值。

最后，需要说明的是，用旅行费用法评价公共应急事件影响的经济价值存在局限性，应注意以下问题：

（1）旅行费用法是基于大量假设的基础上，如假设旅行费用同旅游者的出发地与目的地的距离成比例，离目的地距离相等的旅游者的偏好是相同的，而实际中旅游者的偏好是存在很大差异的；假设旅行的目的是单一的，而实际中旅行可能有多重目的，比如一些人旅行的同时还有商务的目的。

（2）旅行费用本身并不等于发生地的经济价值，仅仅是对发生地环境价值中的一小部分作出的最小评价值。旅行费用法可作为综合评价的组成部分。

（3）旅行费用法只适用于一些特定的公共应急事件的经济分析，即公共应急事件影响了人们对发生地旅行费用的支付意愿，且此影响是不可忽略的。

三、资产价值法

资产价值法指的是用公共应急事件发生前后固定资产的价格变化来衡量公共应急事件影响的经济价值。公共应急事件发生后，在一定时间段内可能会导致发生地的固定资产的价格下降，而固定资产如土地、房屋等，其价格一方面反映了本身特性和附属特性，以房屋为例，本身特性包括面积、布局、朝向、楼层等，附属特性包括周边交通、商业网点、医院、学校等；另一方面则反映了人们对环境质量的综合评价，如空气质量、绿化景观等等。当其他条件相同时，固定资产价格的变化反映了公共应急事件对其本身特性、附属特性、环境质量的影响（固定资产的本身特性、附属特性、环境质量无直接市场价格），可用来间接评价公共应急事件影响的货币价值。

使用资产价值法的步骤如下：

（1）分析影响固定资产价格的因素，收集数据，分析特定固定资产价格和价格影响因素之间的关系，进行回归分析，得出固定资产内涵价值函数，了解相关因素对固定资产价格的影响程度。

（2）调查收集公共应急事件发生前后固定资产的价格变化情况。

（3）综合分析固定资产价格变化的原因，是哪些价格影响因素发生了变化，并产生了怎样的影响，剔除与公共应急事件无关的影响因素，汇总经调整后的固定资产的价格变化，即反映公共应急事件影响的经济价值。

注：亦可采用存在/不存在分析，对与公共应急事件发生地类似的但未发生公共应急事件的地区的固定资产价格进行调查，作为参照组，进行对比。

最后，需要说明的是，采用资产价值法评价公共应急事件影响的经济价值存在局限性，应注意以下问题：

(1) 固定资产的价格影响因素是复杂而大量的，难免会存在遗漏价格影响因素的情况，如果遗漏了影响程度大的重要变量，则评价结果会产生较大的偏差。此外，当价格影响因素所代表的特征密切相关时，很难区分它们各自对结果造成怎样的影响，即各自的系数。一般对于固定资产价格影响因素的分析要求抓住主要影响变量。

(2) 固定资产市场中存在着价格扭曲/失真的现象，因此它并非是一个理性的完全竞争市场。资产价值法假设固定资产供求相等，市场平衡，而实际中这是不存在的。此外，由于信息不对称，消费者不能完全了解有关固定资产价值相关的各种因素的信息。

(3) 资产价值法只适用于一些特定的公共应急事件的经济分析，即公共应急事件影响了固定资产的价格影响因素，且此影响是不可忽略的，而直接用货币量化价格影响因素存在困难。

四、工资差额法

工资差额法指的是用公共应急事件风险不同条件下工人工资的差异来衡量公共应急事件影响的经济价值，这是一种事前评价，建立在历史经验和未来预测的基础之上（人们根据历史经验和未来预测来评价公共应急事件的潜在危害）。工人的工资受很多因素的影响，如工作性质、风险程度、周围环境质量、技术水平等等。人们愿意在相对安全的工作环境下工作，而危险系数高的工作则需要用高工资吸引工人，以作为补偿。在其他条件相同的情况下，工资的差异可归因于对风险程度的评价，风险包括公共应急事件的风险，与人们对公共应急事件发生的概率和造成的损失的预期有关，可用来间接评价公共应急事件影响的货币价值。

使用工资差额法的步骤如下：

(1) 分析影响工资的因素。影响工资的主要因素包括工人特性和工作特性，前者指的是工人的年龄、性别、教育水平、技术水平等，后者指的是职位特点、工作环境、声誉、风险程度等。

(2) 针对所要评价的特定公共应急事件，收集受到此公共应急事件潜在危害的工作和不受影响的类似工作的工资数据。

(3) 若其他条件类似，则两者间的差值即反映公共应急事件影响的价值，如其他条件差别较大，则分析工资与影响工资的因素之间的关系，进行回归分析，得出内涵价值函数，并对相关因素进行定量分析，评价特定公共应急事件潜在风险对工资影响的程度，工资的差值乘以影响因子即反映公共应急事件影响的经济价值。

最后，需要说明的是，采用工资差额法评价公共应急事件影响的经济价值存在局限性，应注意以下问题：

（1）工资差额法基于严格的假设，劳动力市场应该是完全竞争的，且就业者能掌握完全的信息并自由择业，但实际中，由于供求关系、市场势力等原因，劳动力市场并非是理想市场，由于地理条件、迁移成本、信息不完全、教育和技术水平要求等原因，劳动力市场亦不存在完全流动性，其被分割为众多的次级市场。

（2）由于信息不对称，就业者无法得到有关工作风险程度的完全信息，他们对风险的主观评价只是实际风险价值的片面衡量，从而利用工资差额法得出的结果可能不具备太大的参考价值。

（3）工资差额法应用于公共应急事件的经济分析是一种事前分析，实际公共应急事件造成的危害与人们所预期的可能存在差异。虽然工资差额法是对公共应急事件预期影响的经济评价，但由于预期随着人们历史经验的丰富，预测技术的提高而越来越准确，工资差额法仍能部分反映某些公共应急事件影响的经济价值。

五、替代产品法

替代产品法指的是对一些无市场交易的物品或服务，用有市场交易的替代物品或服务的价格来衡量其经济价值，如江河里的水没有价格，但可用自来水或桶装水的价格来衡量其经济价值。在对公共应急事件影响的经济价值进行评价时，一些无市场交易的相关物品和服务的价值即可采用替代产品法估算其货币价值，替代产品法还可与其他的评估方法一起结合使用。

使用替代产品法的步骤如下：

（1）确定某项需要评价的无市场交易的物品或服务；

（2）确定此项物品或服务合适的替代品；

（3）用替代品的价格衡量原物品或服务的经济价值。

当替代品的市场价格存在扭曲或失真现象时，要进行必要的调整或采用影子价格。

最后，需要说明的是，使用替代产品法应注意以下问题：

（1）使用替代产品法的关键是选取合适的有市场交易的替代物品或服务，并明确其对原物品或服务的替代程度。替代的物品或服务可分为完全替代品和非完全替代品，前者指的是替代品的效用能完全替代原物品或服务，如经过一定工艺处理的污水可以完全替代清洁的水源；后者指的是替代品的效用只能部分替代原物品或服务，如野生珍稀动物的价值无法用动物园里的同类来完全替代。在完全替代品的情况下，用替代品的价格衡量原物品或服务的价值较为准确，但在非完全替代品的情况下，替代品的价格只能反映原物品或服务价值的一部分并取决于其替代程度，此时可根据替代品给人们带来的效用占原物品或服务给人们带来的效用的比重，计算原物品或服务的价值。对于替代品给人们带来的效用占原物品或服务给人们带来的效用的比重，可采用调查评价法等其他评估方法确定。

（2）由于大部分物品或服务间是非完全替代的，替代产品法得出的评价结果是原物品或服务的最低估计值。

（3）在采用替代产品法时，要确保在评价中不忽略任何其他非市场交易形成的效益或无形的效益。

第七节　非市场评估法

非市场评估法指的是在既无直接市场信息，也无法利用相关间接市场信息的情况下采用非市场评价的方法对公共应急事件的影响进行测算的经济评估方法，包括调查评价法和成果参照法。非市场评估法是在直接市场评估法和间接市场评估法皆失效的情况下可选用的评估方法。

一、调查评价法

调查评价法通过构建模拟市场来揭示人们对某种物品的支付意愿，从而评价其经济价值。它通过人们在模拟市场中的行为，而不是在真实市场中的行为来进行经济价值评估，不发生实际的货币支付，其理论基础包括实验经济学、认知心理学、行为科学等等。

（一）方法一：直接询问调查对象的支付意愿或受偿意愿

1. 投标博弈法（biding game approach）

投标博弈法也称叫价博弈法，通过模仿商品投标过程，直接询问被调查者对某一商品或服务的支付意愿或受偿意愿，其经常用于对公共物品的价值评价。

在实际应用中，有两种主要的投标博弈法：

（1）单一投标博弈。

在单一投标博弈中，调查人员要求被调查人员根据所给出的假设情况，直接给出他们对所需评估物品或服务的支付意愿或受偿意愿。

单一投标博弈应用于对公共应急事件影响的经济价值评估，其主要步骤如下：首先向被调查人员描述需要评估的公共应急事件的影响（可以是整体影响，也可以是局部影响），以及消除公共应急事件负面影响的具体措施；然后要求被调查人员给出消除公共应急事件负面影响所愿意支付的最大价格，或者如果受到了这种负面影响可以接受的最低赔偿金额；最后，将回答的结果取平均值，乘以有关的受影响人口数，得到总的支付意愿或者受偿意愿。

（2）重复投标博弈。

在重复投标博弈中，调查人员不要求被调查人员给出确定的支付意愿或者受偿意愿，而是询问被调查人员是否愿意支付一定的金额或者接受一定的补偿，并不断修改金额，直至得到最大的支付意愿和最小的受偿意愿。

重复投标博弈应用于对公共应急事件影响的经济价值评估，其主要步骤如下：首先向被调查人员描述需要评估的公共应急事件的影响（可以是整体影响，也可以是局部影响），以及消除公共应急事件负面影响的具体措施；然后询问被调查人员，为了消除公共应急事件的负面影响，是否愿意付出一定金额的货币（或者是否愿意在接受一定金额的补偿下，承受公共应急事件带来的负面影响），如果被调查人员的回答是肯定的，则提高金额（在补偿的情况下是降低），直到被调查人员作出否定的回答；最后，将被调查人员的愿意付出（或接受）的金额汇总，得到总的支付意愿或受偿意愿。

最后，需要说明的是，使用投标博弈法应注意以下问题：

（1）相对于单一投标博弈，重复投标博弈所需时间和费用较高，且存在“起点偏见”，调查人员给出的金额无疑会成为被调查人员的参照值，影响被调查人员的判断。不过，重复投标博弈的结果往往更接近平均值。

（2）投标博弈法会产生“假想偏见”，仅通过调查人员的描述（调查人员的描述也有可能失真或者不充分），被调查人员并不能掌握充分的信息作出可信的评价。此外，被调查人员可能缺乏时间对问题进行细致的思考，且无任何动机促使他准确回答。

（3）投标博弈法可能会产生“策略性偏见”。当被调查人员感觉他们最终需要支付或得到其回答的数额，其可能会作出策略性回答，根据其实际利益，提高或降低其回答的金额。

2. *权衡博弈法*（trade - off game approach）

权衡博弈法也称比较博弈法，通过被调查人员对两组方案的选择，来调查被调查人员的支付意愿或受偿意愿，最常见的是让被调查人员在不同的物品与相应数量的货币之间进行选择。

权衡博弈法应用于对公共应急事件影响的经济价值评估，其主要步骤如下：首先向被调查人员描述需要评估的公共应急事件的影响（可以是整体影响，也可以是局部影响），以及消除公共应急事件负面影响的具体措施；然后让被调查人员在实施某项公共应急事件救济方案和特定的货币量之间选择一项，被调查人员必须在两者之间进行取舍，调查人员根据被调查人员的回答不断提高（或降低）价格水平，直到被调查人员此时所选择的价格表示他对实施该项公共应急事件救济方案的支付意愿。接下来，给出另一个组合，可以是更高救济水平的方案和更多的货币量，重复以上步骤。经过几轮询问，根据人们对不同救济水平方案的选择情况进行分析，可以得出被调查人员对消除公共应急事件影响的支付意愿，即公共应急事件影响的经济价值。

最后，需要说明的是，使用权衡博弈法，同样会产生“假想偏见”和“策略性偏见”问题。

（二）方法二：询问调查对象的需求，以间接判断得出调查对象的支付意愿或受偿意愿

1. 德尔菲法（delphi technique）

德尔菲法也称专家调查法，指的是通过询问相关专家的意见，以评价某物品或服务的价值。该方法最早由美国兰德公司的戴尔凯和海尔默提出，德尔菲法与其他调查方法不同的是调查对象，其询问的是专家，而非利益相关者、公众或消费者。德尔菲法评价结果的准确度取决于专家组成员的综合知识水平和能力，也取决于组织者应用这一方法的技能。

德尔菲法应用于对公共应急事件影响的经济价值评估，其主要步骤如下：首先，邀请一组应急管理的专家，要求每位专家对某公共应急事件的影响（可以是整体影响，也可以是局部影响）的经济价值作出评价；然后，将他们所作出的评价及得出评价的原因一起，在组内的专家间进行传阅；接着，专家们在参考其他专家意见的基础上，修正原先的评价结果，给出第二次评价，并不断重复上述过程；最终，理论上专家们的意见将会越来越接近，直到他们所作出的评价接近某一平均值，这一平均值即为公共应急事件影响的经济价值。

最后，需要说明的是，使用德尔菲法，调查人员与专家们以及专家们之间应该是通过书面的形式间接交流的，以避免个别人的意见对组内其他专家的意见产生影响。现今，德尔菲法得到了越来越广泛的应用，其得出的结果具有相当的权威性和专业性。

2. 零成本选择法（costless choice approach）

零成本选择法也称无费用选择法，与权衡博弈法有些类似，要求被调查人员在若干组方案之间进行选择，但成本为零（即不需要被调查人员付费）。

零成本选择法应用于对公共应急事件影响的经济价值评估，其主要步骤如

下：首先向被调查人员描述需要评估的公共应急事件的影响（可以是整体影响，也可以是局部影响），以及消除公共应急事件负面影响的具体措施；然后让被调查人员在多种备选方案内选择一个，每个备选方案包括相同的救济措施（减少一定程度的公共应急事件的负面影响）以及不同的实物或者货币补偿。如果被调查人员选择救济措施而非实物或者货币补偿，则间接说明对于该被调查人员救济措施的价值应该至少等于所给定的实物或者货币的价值，如果被调查人员选择了实物或货币补偿，而非救济措施，则说明该救济措施不值此数量的实物或者货币。备选方案也可选择包括不同的救济措施和相同的实物或者货币补偿，之后的分析相类似。最后，汇总所有被调查人员的选择并取平均值，得到特定救济措施的货币价值（实物需换算成货币），也即公共应急事件影响的部分经济价值。

最后，需要说明的是，使用零成本选择法也会产生"假想偏见"问题。此外，若是让被调查人员在确定价值的物品与不确定价值的物品间进行选择，需要保证被调查人员熟悉所选择的物品，并且要注意不同被调查人员之间的偏好差异可能很大。

3. 优先评价法

优先评价法指的是给予被调查人员一定数额的货币，要求其用这些货币去购买一组商品或服务，通过被调查人员选择购买的商品组合反映其对这些商品和服务的支付意愿。

优先评价法应用于对公共应急事件影响的经济价值评估，其主要步骤如下：首先向被调查人员描述需要评估的公共应急事件的影响（可以是整体影响，也可以是局部影响），以及消除公共应急事件负面影响的具体措施；然后给予被调查人员一定的预算额，要求其选择救济方案；接着，分析被调查人员选择的救济方案，可以得出公共应急事件不同影响的重要程度，以及救济措施所值的货币价值，即公共应急事件造成的部分影响的经济价值；最后，汇总所有被调查人员的选择，综合得出特定救济措施的货币价值，即公共应急事件影响的部分经济价值。

最后，需要说明的是，使用优先评价法也会产生"假想偏见"问题。

总的来说，调查评价法直接评价调查对象的支付意愿或受偿意愿，从理论上来说，其结果的准确性应该是较高的，但实践中并不尽然，调查评价法的结论建立在假设的基础之上，调查人员既未对实际市场进行观察，也未要求被调查人员真正地支付相应的货币来检验其真实的需求，因此，被调查人员的支付意愿或受偿意愿并不一定能较为准确地反映相关经济价值，且相较于直接市场评估法和间接市场评估法，存在着相当的局限性：

（1）支付意愿和受偿意愿不一致，一般受偿意愿高于支付意愿（通常为3

倍）。

（2）抽样的过程可能出现遗漏，样本的信度和效度不高。

（3）存在假想偏差、信息偏差（信息不完全）、部分—整体偏差①、策略性偏差等现象。

二、成果参照法

成果参照法（benefit transfer）指的是在费用和时间有限的情况下，借鉴已有的研究成果对公共危机影响的经济价值进行评价的一种评估方法。这些已有的研究成果来自运用直接市场评估法、间接市场评估法或调查评价法等对已经发生过的公共应急事件进行评价所得到的结果，如评价中国汶川地震的影响，可以借鉴对中国历史上其他地震影响进行货币量化分析的研究成果，也可以借鉴其他国家如日本对地震影响进行货币量化分析的研究成果，并根据汶川地震的实际情况，加以调整，以评价汶川地震影响的经济价值。

成果参照法有三种类型：①直接参照单位价值；②参照已有案例研究的评估函数；③进行汇总分析，又称为集成分析，即运用定量方法汇总多个研究结果进行总体效应评价。

使用成果参照法的步骤如下：

（1）筛选所要参照的研究成果。在大量已有的研究报告和论文中，筛选出与待评估对象相类似的对公共应急事件影响进行货币量化分析的研究成果。在筛选时，应注意：①借鉴对象与待评估对象应是同类的公共应急事件；②参照地与待评估地之间社会、经济、文化、环境等的差异应予以仔细考虑；③参照成果要具有一定的权威性和可靠性，运用丰富的资料和合理的方法；④尽可能参考最新的研究成果。

（2）根据待评估对象的实际情况，对参照成果进行必要的调整，使之能用于待评估对象。调整可按照以下方式进行：①同一参照成果中有多种价值，选择最合适的价值；②可以从多份参照成果中得出价值区间或者平均值；③采用收益函数转置方法，对参照成果中所采用的需求函数或支付意愿函数进行适当调整。此外，应尽量选择价值评价所用的信息量大的参照成果，这样进行价值调整较为容易。

（3）运用调整后的参照价值，对待评估对象进行经济分析，得出待评估的

---

① 部分—整体偏差是指被调查人员没有区别部分的价值只作为更广泛的整体中的一部分时所产生的偏差。比如，询问被调查人员保护某一特殊的濒危动物的支付意愿与询问其保护所有濒危动物的支付意愿，会发现两者之间的数额相差不大。

公共应急事件的估算经济价值。

最后，需要说明的是，使用成果参照法应注意以下问题：

（1）成果参照法的不确定因素可能很多，有时甚至无法找到合适的参照对象（参照地与待评估地的差异太大，未有学者进行过相似的研究，前人的研究成果采用的技术方法已经过时等），以至于难以运用成果参照法进行评估。

（2）对于影响重大的公共危机应急事件的评估，应该采用各种评估方法进行尽可能准确的评估，不应采用成果参照法进行粗略的计算。采用成果参照法是在缺乏时间、费用和人员情况下的选择。

（3）在进行价值调整时，需要根据待评估地的实际情况，差异调整的难度可能很大，并且需要相当的时间和费用。

（4）参照成果可能是几年前的研究，对其得出的货币价值，应考虑通货膨胀率，根据货币的时间价值进行调整。

（5）公共应急事件的影响可能存在于一个较长的时间段内，需要采用现值法，计算其影响的经济价值的净现值。

（6）对于无法用货币量化估算的价值，或在参照成果中未涉及评估的价值，应在最终评价中采用定性的描述。

第四章　公共应急事件对社会部门的影响分析

本章将描述公共应急事件对社会部门的影响，包括受影响人口、住房和人类住区、教育和文化以及医疗卫生。

第一节　受影响人口

受影响人口分析是指评估受到公共应急事件影响的人口数量及特征。无论哪一类公共应急事件，都会造成一定规模的人口伤亡或物质、精神的损失。本着"以人为本"的理念，受影响人口评估是评估专家的首要任务，是公共应急事件其他影响评估的基础，是制定和实施事后重建恢复战略、计划和项目的重要参考。

一、评估步骤

一般受影响人口评估可分为以下四个步骤：第一，确定受公共应急事件影响的地域范围；第二，收集公共应急事件发生前后受影响地区的相关人口资料；第三，采用发生前后对比分析法，分析所得到的资料，评估公共应急事件对受影响地区人口的影响，撰写受影响人口评估报告；第四，对受影响人口评估报告的效度①和信度②进行评价，确定评估报告的准确性、真实性、可用性以及未尽之处，为之后更为深入的影响评估和其他影响评估指明方向。

由于公共应急事件的影响范围可能较大，直接评估受影响人口的数量及特征存在困难，故可先确定受影响的地域范围，以方便后续的资料收集、走访调查以及具体分析评估。如果是波及范围较小的公共应急事件，则可略去步骤一，直接统计受影响人口即可。而对于那些受影响人口是特殊人群且与地域无关的情况，则需要确定相应的受影响指标，即确定某人为受影响人口的指标，如手足口病的受影响人口主要为5岁以下儿童，并根据相应的指标确定和统计受影响人口。

---

① 效度是指测量方法的质量，即对同一现象进行重复观察是否可得到相同的资料。

② 信度是指测量准确反映了需要测量的概念。

对于确定受影响的地域范围，首先，应按照一定的标准对“受影响”进行定义，以地震为例，可以将受影响地区定义为感觉到地震的地区或者因地震而遭受损失的地区。评估专家应按照评估的实际需要和公共应急事件的不同特征进行定义，并注意定义的科学性、适应性、可操作性。然后，根据受公共应急事件的影响程度，将受影响的地理区域分为一级受影响区域、二级受影响区域、三级受影响区域，并分别确定其地域范围，这样的划分便于对不同的区域分别进行人口评估，作为对不同影响程度的区域采取有针对性的不同应急或恢复计划、措施的参考。当受影响区域不大的时候，可以不进行划分，直接根据“受影响”的定义指标确定受影响的地域范围。

受影响人口亦分为一级受影响人口、二级受影响人口、三级受影响人口，但其与受影响区域的划分并非是一一对应的关系。一级受影响人口指的是死亡、受伤和遭受直接物质损失的人口，基本上此类人口聚集在受影响区域之内；二级受影响人口是指受到公共应急事件间接影响的人口，一般在受影响区域的边界上或接近受影响区域，如由于公共应急事件造成经济衰退而使某些行业的就业者的收入受到损失；三级受影响人口也是指受到公共应急事件间接影响的人口，不过与二级受影响人口不同的是，其远离受影响区域，如公共应急事件发生后，公共财政进行了调整，对公共应急事件发生地有所倾斜，这必然造成某些远离受影响区域的人口的利益损失。评估专家应分别描述此三类受影响人口的数量及特征，并须重点关注一级受影响人口，但也不能忽略二级受影响人口和三级受影响人口。

二、评估资料收集

评估所需收集的数据资料包括二手资料，也包括一手资料。二手资料来自官方、学术机构、非政府组织等公布的数据资料，如事前资料可采用政府的人口普查结果，事后资料可采用已有的政府或 NGO 对受影响人口的调查结果。在时间和成本受限的情况下，应尽可能利用二手资料，以降低成本、提高效率、整合资源。而当二手资料不能满足评估的要求时（所收集的二手资料中没有所需的信息或者信息已经过时，当然也有一些数据资料无法通过二手资料获得，特别是公共应急事件发生后受影响人口的相关数据资料，如因公共应急事件死亡、伤残的人口信息），则要开展特定的实地调查，收集一手数据，填补二手资料中的缺漏，如派调查员进行入户调查或对知情人士进行访谈等。现实中，一手资料的收集可能由于实际条件的限制而不可行，如地震发生后，在相当一段时间内调查人员可能无法进入震中地区，此时只能先采用合理的估计和推测。一般受影响区域较大时，会更多地考虑采用二手资料；而在受影响区域较小的情况下，收集一手资料则往往比较可行和准确。

对于二手资料的收集，应尽量选择最新的并且是详细的资料。一般有关人口的数据资料不是实时更新的，人口特征的变化会使得这些数据失去原来的效度，如人口普查一般是十年一次，而在十年中，人口特征可能会发生较大的变化，但所收集的二手资料由于未及时更新而没有反映这些变动，从而导致之后的评估结果发生较大的偏差。二手资料的原始收集日期离公共应急事件发生的时间点越近，且在这期间内此地区的人口特征无重大变化，则其数据资料的可用性和准确性越高。如果二手资料的年代较为久远，或者此地区的人口特征发生了较大的变动，则应对二手资料中的数据进行相关调整，甚至放弃使用此二手资料，采用其他的办法获得所需的资料。

下面介绍两种不同情况下调整二手资料中的数据的方法，以受影响地区的人口数量为例：

（1）公共应急事件发生在二手资料的原始收集日期的五年之内，且受影响地区无重大的人口特征变动，则公共应急事件发生时受影响地区的人口数量 P_d 可用以下公式计算：

$$P_d = P_0 \times \mathrm{e}^{rt}$$

其中 P_0 代表所收集到的二手资料中的人口数量，r 代表人口的指数增长率，t 代表公共应急事件距离二手资料原始收集日期的时间长度。

举例来说，如果 2009 年 11 月 10 日 A 地区发生了一起公共应急事件，A 地区 2009 年 6 月 30 日的人口统计数量为 3 590 000，2010 年 6 月 30 日为3 695 000。

由于 $P_d = P_0 \times \mathrm{e}^{rt}$

则 $r = \ln（P_d/P_0）/t$

则

$r_{2009—2010} = [\ln（P_{30/06/2009}/P_{30/06/2010}）]/t = [\ln（3\ 695\ 000/3\ 590\ 000）]/1 = 0.028\ 83$

当 $t =（10/11/2009 - 30/06/2009）/365 = 134/365 = 0.367\ 12$ 时，

$P_{10/11/2009} = P_{30/06/2010} \times \mathrm{e}^{rt} = 3\ 590\ 000 \times \mathrm{e}^{0.028\ 83 \times 0.367\ 12} = 3\ 628\ 199$

即调整后得出 2009 年 11 月 10 日 A 地区发生公共应急事件时的人口数量为3 628 199。

（2）公共应急事件发生在二手资料的原始收集日期的五年之后，则应该认真细致地考虑和调查在这期间内此地区的人口特征是否发生了重大的改变。

如果人口特征发生了重大变化，收集到的人口数据资料不符合效度要求，则可收集一些附加的数据对二手资料中的人口数据进行调整，如学校名册、流动人口资料、房产登记资料等等，甚至对被影响地区直接进行人口普查，但这需要花费较高的成本，一般不予采用。如果被影响地区的范围较小，普查的成本在可接受的范围之内，则可考虑采取此种方法获得最精确的数据。在成本和时间受限的情况下，又需要收集一手资料，则可采用抽样调查方法。

如果人口特征未发生较大变化，则可收集较为准确的历史上此地区人口年增长率的数据（或者以更大范围地区的人口增长率替代），并采用方法（1）中的公式进行相关计算。

三、相关影响评估

受影响人口评估的指标选择存在争议，评估专家需要从一大堆可能互相交叉、排斥甚至矛盾的指标中选择最有效的指标评估受影响人口。一般人口评估指标主要包括人口数量、人口结构和人口素质，人口结构指标主要包括自然结构（年龄、性别）、经济结构（人口产业结构、人口民族结构）、空间结构（人口在地域空间内分布构成的比例关系），人口素质指标包括思想素质、身体素质、文化素质。公共应急事件受影响人口评估以评估受影响地区的人口数量、人口结构为主，评估受影响地区的人口素质为辅。其他一些常用的评估指标包括死亡率、生育率、人口增长率、移民率等等。

公共应急事件主要造成人口死亡、伤残以及其他物质、精神损失。①人口死亡、伤残。不仅需要统计公共应急事件造成的人口死亡、伤残的数量，并描述其特征（年龄分布、性别分布等），还需要货币量化其经济价值。虽然对死伤人口分配一个货币价值存在伦理道德问题，但为了对公共应急事件造成的人口影响进行直观的评估并增加评估的可比性，对死伤人口进行货币量化无疑也有一定的必要性。相关货币量化方法可采用第三章中介绍的医疗费用法、人力资本法、成果参照法等。此外，还需要特别说明的是，人口死亡损失有其特殊性，是一个不可恢复的损失。②物质损失。物质损失包括直接损失和间接损失，不包含在本部分评估之中，如个人资产损失由住房部门评估，生产损失由生产部门评估，就业和收入的损失也一般独立评估，这些损失评估将在本书接下来的章节中予以介绍。③精神损失。影响最广的人口损失是受影响人口生活质量的下降。公共应急事件导致生活环境的质量下降，正常社会网络的中断，人们会感到失望，焦虑，疲劳，失眠，缺乏安全感、归属感，对生活、未来失去信心，生活资料匮乏等等，这些都降低了人们正常的生活水准。对这些精神损失（如心理健康、社会地位变动等）进行定量评估十分困难，甚至只能采用定性描述的方式。对公共应急事件受影响人口采取心理干预是重要和必要的，公共应急事件对受影响人口有着短期或长期的心理影响，特别是那些公共应急事件的直接受害者或者直系亲属为直接受害者的人群，但需要注意的是，公共应急事件可能不仅导致这些消极的心理影响，也会产生一些积极的心理影响，人们可能更加团结、友好、无私、互相扶持等等，应该全面看待公共应急事件对受影响人口的心理影响。

此外，公共应急事件对不同的人群的影响存在差异，以性别为例，女性可能在公共应急事件发生后表现得更为脆弱。其他一些易损人群，如老人、儿童、穷人、残障人士也可能在公共应急事件中遭受比其他人群更大的损失。评估专家需要专门评估这些特殊人群的受损情况。

最后，评估专家需要注意到公共应急事件对受影响地区的人口数量及特征可能有着长期的影响。一些人直接在公共应急事件中丧生，一些人送到医院不治身亡，但也有一些人在公共应急事件发生后几年死亡，这依然归因于公共应急事件，如核泄漏，一些人当场死亡，但更多的人是由于被辐射伤害而几年后得病死亡。当然，一些医疗防治方面的干预措施可以降低公共应急事件的此类影响。此外，对于公共应急事件造成的死亡人口，有必要分析其年龄和性别结构，这不仅有助于分析公共应急事件对不同人群的影响，也有助于分析公共应急事件对人口特征的间接影响，如对性别结构的分析，可能发现公共应急事件将造成生育率下降，影响未来的人口数量。公共应急事件对于移民的影响可能是显著的，最直接的是土地、房屋的损失导致人口迁移，但一些中期影响也许较难测量，如公共应急事件可能导致发生地的工作机会减少、产业结构改变等等，也可能导致人口迁移。这样的评估可能无法在公共应急事件发生后立即开展，评估专家可对此情况作预测评估或者追踪调查评估。

四、其他说明

很多软件可以用来辅助进行相关的评估分析，提高评估的效率，如 SPSS、GIS（geographical information system）等，评估专家可根据实际需要选择使用。运用 SPSS，可对收集到的大量信息资料（二手资料，收集的问卷调查、访谈等一手资料）进行统计分析得出人口评估的指标特征，生成直观的分析图表，评估受影响区域内的人口数量及特征。GIS 即地理信息系统，亦是一个非常有用的软件工具，其建立在地理学、地图学、测量学和计算机科学等理论基础之上，可以获取、储存、分析和管理地理空间数据，主要功能包括数据采集与编辑功能（即输入相应的实体数据及其属性）、属性数据编辑与分析、制图功能（根据实体数据及其属性输出用户所需的数字化分析用图）、空间数据库管理功能、空间分析功能、拓扑结构查询、缓冲区分析、叠置分析、空间集合、地学分析、数字高程模型的建立、地形分析等，不仅可以应用于应急响应，解决在发生洪水、战争、核事故等重大自然或人为公共应急事件时，如何安排最佳的人员撤离路线，并配备相应的运输和保障设施的问题，亦可应用于对公共应急事件相关影响的辅助评估，提供相关地理信息，并对数据资料进行分析。

由于种种限制原因，如缺乏更新的数据资料，所收集的数据资料来自不同的渠道，其有不同的统计口径、精度、效度、信度等，评估专家在分析评估中可能遇到很多困难，以下将说明会碰到的主要问题以及可能的解决方法：

（一）很难得到关于死亡人口和其他受害者的基本信息

死亡人口的信息可能由不同的组织机构收集，并存在遗漏和重复计算的风险，也可能更新不及时，一些定义为失踪的人口可能已经被找到，另一个相关的问题是深入的研究可能缺乏性别、年龄或其他社会经济分类的详细信息。条件允许的情况下，我们建议对已经收集的受害者信息进行核实，并且尽可能收集受害者的社会经济特征。

（二）数据收集缺乏连续性

在公共应急事件发生后，相关机构（当地政府、救援的NGO组织等）会进行受影响人口调查，并且可能采用不同的方法，数据的收集也在不同的时点之上，这可能导致数据之间没有可比性。解决这个问题，可在公共应急事件发生后立即建立一个独立的数据收集小组，并开展数据收集工作，可以采用问卷调查方法，收集以下基本信息，包括姓名、性别、年龄、教育程度、家庭成员、家庭死亡人员、健康状况、家庭损失情况等。

（三）制图数据的可得性

在对公共应急事件的受影响人口进行评估时，需要获得最新的受影响地理区域的地图，这些信息可能从国家统计部门获得，地区政府可能也建立自己的地理信息系统，其对地区的地理特征的描述可能更符合真实情况。评估专家需要选择可以得到的制图信息，并且尽可能采用最新的、最详细的资料。

（四）需要一个追踪调查计划，评估公共应急事件的长期影响

公共应急事件对受影响人口的影响不仅仅是短期、暂时的，评估专家需要追踪调查公共应急事件对受影响人口的长期影响。只有对公共应急事件的短期影响进行了评估，并持续评估之后重建恢复期间的情况，才能对公共应急事件的影响进行全面、系统、详细的评估。

第二节 住房和人类住区

住房和人类住区主要是指住宅和城市基础设施。不是所有的公共应急事件都会造成住房和人类住区的毁坏，如突发公共卫生事件可能不会引起任何建筑的损毁，地震等自然灾害则可能造成大范围的住房和人类住区被毁坏，而公共安全事件、事故灾难可能仅会造成个别住房和人类住区被毁坏。住房和人类住区是人类的基本物质需要，其毁坏会直接降低人们的生活质量和水平，并且进一步影响所在地区或城市的经济发展，其有着迫切和重要的重建和恢复需求。一方面，这些住房和人类住区的所有者的资产遭受损失，位于这些住房和人类住区内的商业也受到破坏，遭受收入损失；另一方面，对于建筑部门，却增加了对其的需求，扩大了就业机会。因此，应该综合全面地考虑公共应急事件对住房和人类住区的影响，考虑住房和人类住区毁坏对其他部门的影响，作为确定住房和人类住区的重建和恢复战略、计划和项目的参考。以下将介绍公共应急事件对住房和人类住区的影响及影响评估方法。

一、评估步骤

一般来说，公共应急事件对住房和人类住区的影响评估可分为以下六个步骤：①确定公共应急事件影响的地理区域，可采用第一节受影响人口中所述的基本方法和相关标准。当然，这是指影响范围较大的公共应急事件。对于仅影响个别住房和人类住区的公共应急事件，则可略过此步骤。②收集公共应急事件发生前受影响地区住房和人类住区的相关信息，评估公共应急事件发生前的情况，并在此基础上准备一份需要进行走访调查的机构和人员的清单。③根据清单，对相关机构和人员进行走访调查，了解公共应急事件发生后此地区住房和人类住区的情况，确定受影响的住房和人类住区的分布。④对比所收集的公共应急事件发生前后的资料，确定受影响地区住房和人类住区的损失，包括直接损失和间接损失，列出详细的损失清单，并区别私人部门和公共部门，描述受影响住房和人类住区的类型特征（大小、结构、建筑材料等等）；评估住房和人类住区的损失对宏观经济变量的影响，包括 GDP、国际收支平衡、公共财政等；还需要评估其对就业和收入的影响；此外，需特别注意对特殊人群的影响评估，如妇女、儿童等，对其要进行专门的评估。⑤收集住房和人类住区的重建和恢复战略、计划、项目的信息以及时间表和相应的预算，并根据评估结果，帮助决策者和相关机构确定优先次序，完善重建和恢复战略、计划和项目。⑥对评估结果进行评价，确定评估报告的准确性、真实性、可用性以及未尽之处，为之后更为深入的影响评估和其他影响评估指明方向。

二、评估资料收集

所需收集的二手资料主要包括：①住房的数量及特征（城市或者农村，单一住户或者多住户，私人或者公有等）；②住房的质量（临时性或者长久性，建筑材料的类型，是石头、砖瓦还是木头等）；③住房的大小（占地面积，包括多少独立单元等）；④常用的家具和材料；⑤重建成本以及家具、相关材料的重置成本。需要注意的是，对于重建成本和重置成本的衡量，应采用市场现行的价格，并应考虑折旧的因素。这些信息可以从相关机构获取，包括政府机构（发改委、国家统计局、建筑部门）、学术机构（大学、研究所等）、银行、行业协会、相关公司企业、房地产商、保险公司等等。评估专家还需要鉴别从不同渠道获得的信息的真实性和可用性，对于价格信息，如果存在市场价格扭曲失真的情况，则要进行必要的调整。

在应急事件影响区域范围较小，成本和时间又允许的情况下，为得到详细准确的评估结果，评估专家可对受影响区域的住房和人类住区进行全面的调查，以了解其损失情况。而在时间或成本受限，受影响地区又较大的情况下，全面的调查不具有可行性，此时可采用抽样调查的方法，根据代表样本的情况合理推断整体的受损情况。当然，如果当地政府或 NGO 已经做了这方面的相关调查，评估专家也可以利用其调查结果，但需要进行必要的审查和修正。

三、相关影响评估

（一）直接损失

直接损失是指因公共应急事件发生造成的私人住宅、家具、材料、公共建筑、城市设施等的损坏。其与公共应急事件的类型以及住房和人类住区本身的特征有关，一些公共应急事件可能不会造成或仅造成小范围的住房和人类住区的损坏，如公共卫生事件、公共安全事件，而地震、海啸、泥石流、台风等公共应急事件则会造成住房和人类住区的巨大破坏；牢固坚实且有相应防护设施的住房和人类住区自然在公共应急事件中遭受的损失较小。

1. 分类统计

评估专家可将受影响区域的住房和人类住区根据受损坏程度分为三类分别加以评估，包括：一级受影响住房和人类住区，指的是完全毁坏不能修复的住房和人类住区；二级受影响住房和人类住区，指的是部分损坏可以修复的住房和人类住区；三级受影响住房和人类住区，指的是不受影响或者只有很小损坏的住房和人类住区。评估专家也可以将受影响的住房和人类住区的某项基本特征（地理位置、建筑材料、所有权等）作为分类指标进行分类。

此外，在损失调查时要注意区分结构性损坏和非结构性损坏，结构性损坏是指对横梁、托梁、承压墙等的损坏，其对于建筑物是致命的，会导致建筑物倒塌；而非结构性损坏是指对室内家具、材料、分隔墙等的损坏，其对建筑物的损坏是可见的但不是毁灭性的，只需要修理、更换被损坏的部分。

通过调查评估和分类统计，评估专家可以了解受影响地区住房和人类住区的整体损坏情况，确定损坏最严重的地域，进而确定需要优先重建的住房和人类住区，制订事后恢复计划。

2. 类目清单

直接损失的类目清单如表4－1所示（当然，不可能在公共应急事件发生前就确定其对住房和人类住区的具体损坏，这需要从事后的实地调查中获得，但基本的损失类目可作为一个有用的参考）。

表4－1　直接损失的类目清单

私人建筑	结构性损失	横梁、托梁、承压墙、地基、桁架等
	可修复损坏	损坏：开裂、畸形、残缺、部分损坏 处理：修理、加固
	不可修复损坏	损坏：开裂、畸形、残缺、全部损坏 处理：替换、加固
	非结构性损失	分隔墙、房顶、门窗、地板等
	可修复损坏	损坏：开裂、畸形、残缺、部分损坏 处理：修理、加固
	不可修复损坏	损坏：开裂、畸形、残缺、全部损坏 处理：替换、加固
家具		床、桌子、椅子、厨房用具、电器等 （注：应列出一份典型的家具清单及相应每一种家具的价格，家庭作坊的生产性机器设备不属于此类目。）

（续上表）

硬件设施		卫生和电力设施、空调系统、小型发电机、饮用水和污水管道、垃圾处理设备、电梯、安全设备、游泳池、体育馆、灌溉设备等 （注：①有些硬件设施可能是不常见的，仅在少数的住房和人类住区中有；②为不同类型的住房和人类住区列出一份典型的硬件设施清单及相应每一种硬件设施的价格。）
公共建筑		公共建筑及其家具和硬件设施 （注：①公共建筑的数量较少，但其单位损失较高，需要对其进行细致的评估；②一些有历史价值的公共建筑应区别对待，这将在本章第三节中介绍。）
其他		公用事业，包括水、电、气设施及管道 公共地带，包括绿化地带、公园、广场

3. 货币量化

对直接损失进行货币量化，实际上是估计将遭受损坏的住房和人类住区恢复到公共应急事件发生前的状态所需要的成本。需要注意的是，一些住房和人类住区，特别是一些临时性易损的建筑，在恢复的同时还会对其进行加固，以应对未来相似的公共应急事件，这就增加了恢复成本，这部分成本不属于直接损失，需要从结果中减去。

（1）私人建筑、家具、硬件设施。准确的损失估计应先估计个别损失然后加总，但在实际中，由于时间和成本有限，往往直接估算总损失情况，采用单位面积的重建成本乘以受影响的面积。一般不同类型的住房和人类住区的单位面积重建成本差异很大，故需要分别计算再汇总。对于某类型住房和人类住区的单位面积重建成本，采用抽样调查的方法，估算样本的建筑、家具、硬件设施的平均重建成本来确定。对于部分损坏，可采用评估其损坏比率（80%，50%，…），然后乘以总重建成本。

（2）公共建筑。由于公共建筑的单位重建成本较高且数量较少，可采用估计个别损失然后加总的方法。对于部分损坏，也可采用评估其损坏比率（80%，50%，…），然后乘以总重建成本。

（3）公用事业。评估不同公用事业（自来水、能源、电话、污水等）设施的单位重建或维修成本，然后乘以损坏或部分损坏的数量，部分损坏的情况下乘以损坏比率（80%，50%，…）。

（4）公共地带。评估单位面积的修复成本，然后乘以受到破坏的面积。以公园和广场为例，其成本应包括重建或修理被损坏的长凳、灯杆、灯等设施。

不同建筑、家具、硬件设施等的重建和修复成本应基于当地市场的现行价格，价格存在扭曲和失真时，则要进行必要的调整。一部分所需的价格信息已经在评估步骤②中收集，一些缺失的信息则需要评估专家进行补充收集或咨询行业专家。一般有关价格的信息可以从多种渠道获得，如建筑部门的公告、住房项目投标案的文件、相关供应商的价格目录、平面媒体等，也可以直接对建筑公司、房地产商、房产中介等的相关业内人员进行访谈得到有用的信息。

（二）间接损失

间接损失是指与公共应急事件造成的住房和人类住区损坏相关的费用支出，如废墟清理费、临时性住房和人类住区的成本等等，以下将分别介绍：

1. 废墟清理费

全部或部分损坏的住房会导致大量的废墟需要清理，清理费用可能占据总损失相当大的部分。需要注意的是，在应急阶段，可能也需要清理废墟，以定位、营救受害者，不过这部分费用不属于住房和人类住区的间接损失，且相对较少。一般废墟清理费采用单位清理成本乘以需要清理的容量或面积。

2. 降低住房和人类住区易损性的成本

为了应对未来相似的公共应急事件，往往在重建修复的同时，人们会采取加固和保护住房和人类住区的措施，如加固地基、加强排水系统等等，这些措施会产生额外的成本。对不同公共应急事件的保护措施各不相同，需要针对具体情况衡量其成本。一般来说，评估专家需要确定每一类型的住房和人类住区所需要的针对某公共应急事件的加固措施及其平均成本，然后乘以此类型住房和人类住区的数量，最后加总。

3. 转移住房和人类住区远离公共应急事件高发地区的相关成本

此项成本包括新址的土地费用，提供水、卫生、能源、电话和其他基本服务的成本，地契成本，将家具运到新址的运输成本等等。可以采用单个住房和人类住区的转移成本乘以需要转移的住房和人类住区的数量计算得到。

4. 在重建期间临时性住房和人类住区的成本

一般临时性住房以家庭为单位提供给房屋损毁的家庭，其所需数量与无家可归的家庭数目有关，与损毁的房屋数量并不必然相关。学校、教堂、体育场馆等公共建筑会被用作临时性住房，对于这些借用的场地需要估计其改造成为临时性住房的费用以及原用途的机会成本（注意：原用途的机会成本应计入其相应的部门，如学校在教育和文化项目下计算，而不计入住房和人类住区部分）。有时，则直接建造一些板房、避难所或者搭建帐篷作为临时性住房，除了直接成本（建造这些临时性住房的成本）外，还需要估算相关服务设施的成本，如供水、供电等的成本。一般采用单位成本乘以数量的形式计算总成本。那些在应急阶段用来应急救援的临时性建筑则不应计入此项。此外，在选择临时性住房的材料时应尽量考虑其可以用到其他永久性住房建设上，以节约成本。

（三）损失统计

下面给出一些可作为参考的损失统计清单，如表4－2至表4－5所示：

表4－2　住房和人类住区的损失情况清单1

<table>
<tr><th rowspan="2">项目</th><th rowspan="2">基本特征（所在位置、占地面积、建筑年份等等）</th><th colspan="2">损毁情况描述</th><th colspan="3">损失额</th></tr>
<tr><th>直接损失</th><th>间接损失</th><th>直接损失</th><th>间接损失</th><th>总计</th></tr>
<tr><td>建筑物1
建筑物2
建筑物3
……</td><td></td><td></td><td></td><td></td><td></td><td></td></tr>
<tr><td>总计</td><td></td><td></td><td></td><td></td><td></td><td></td></tr>
</table>

表4－3　住房和人类住区的损失情况清单2

项目	损失数量
公立学校 大学 私立学校 运动场馆 文化遗产 博物馆 文化广场 私人住宅 ……	
总计	

表 4-4 住房和人类住区的损失情况清单 3

项目	损失数量	损失情况描述
区域 1 区域 2 区域 3 ……		
总计		

表 4-5 住房和人类住区的损失情况清单 4

项目	损失			部门		重建成本	进口材料
	直接损失	间接损失	总计	私人部门	公共部门		
公立学校 大学 私立学校 运动场馆 文化遗产 博物馆 文化广场 私人住宅 ……							
总计							

评估专家可根据实际评估的需要确定损失情况清单的样式以及其中的栏目。

（四）外部影响

住房和人类住区损失的外部影响主要包括：①对 GDP 的影响。住房和人类住区的租金是 GDP 的组成部分。当公共应急事件造成住房和人类住区存量显著下降时，则会造成租金损失，进而对 GDP 造成负面影响。此损失可以用损失的住房数量乘以其平均租金计算。②对建筑部门的影响。公共应急事件造成住房和人类住区损毁，从而产生了很多重建项目，这可能刺激经济，特别是带来建筑行业的繁荣，抵消其他生产活动的萧条。③对国际收支平衡的影响。住房和人类住区的损毁对出口和进口也会产生影响。重建项目的材料、设备、机器可能需从国外进口，要评估在重建过程中需进口的类目及其成本；一些原先出口的建筑材料、设备和机器可能被用于重建项目，从而导致出口减少。此两者都会对国际收支平衡产生影响。此外，损坏的住房和人类住区可能投保，而国外的保险公司可能会对本地的保险公司进行再保险。在理赔的过程中，国外再保险公司也需要赔偿，这增加了外汇收入，同样会对国际收支平衡产生影响。评估专家需要估算再保险的赔偿金额。④对公共部门的影响。中央或地方政府可能负责垃圾清理、重建项目等，这必然对公共财政产生影响，修复和重建项目的成本需要评估每个单独的项目并加总。此外，由于住房和人类住区的毁坏，可能会降低政府的收入，如一些基于房租的税收。⑤对物价和通货膨胀的影响。特别是在建筑部门，重建项目所需的建筑材料和机器、设备的短缺以及可能的投机行为会导致价格的上涨。评估专家应该评估市场上这些可能短缺物品的供应情况，将其价格与公共应急事件发生前的价格水平进行对比，并基于此对未来的价格走向进行预测。⑥对就业和收入的影响。在应急阶段，由于正常发展项目的中断，会导致建筑部门暂时性的就业率下降，但这只会持续很短的一段时间，随着重建项目的开展，建筑部门的就业率相比于公共应急事件发生前会有所提高；此外，由于对劳动力的需求增加，劳动力可能紧缺，从而建筑部门雇员的收入会有所增加。一般评估人员可简单估算重建期间增加的就业岗位来评估这方面的影响，或评估重建的总投入，然后评估每单位投入增加的就业岗位数量，以此估算增加的总就业岗位数量。

四、相关说明

评估专家对公共应急事件对住房和人类住区影响的评估，其目的是为重建战略、计划和项目提供科学有效的建议，包括确定应该对哪些住房和人类住区进行加固或增加哪些保护预防设施。因此，评估专家应对被影响区域的住房和人类住区的类型及其与公共应急事件相关的结构性和非结构性损失，常用的建筑材料的质量及其在公共应急事件中的表现，其是否适用于新建项目，住房和人类住区所在地理位置的环境特征（如地形、土壤、地质）等进行全面综合的评估，收集相关的有用信息，包括所需的投资、可能的资金来源等等，并评估重建工作的时间表，评估其对公共财政等的宏观影响以及相关机构实施战略、计划和项目的能力等。

第三节 教育和文化

本节将分析如何评估公共应急事件对教育和文化部门的影响，包括基础设施、内部设施以及功能性损失。教育的基础设施是指所有用于教育的建筑，如教学楼、教室、实验室等，以及相关的辅助设施，如卫生服务、储藏室、运动场、图书馆等。文化的基础设施是指那些有历史文化价值的建筑，如博物馆、艺术馆、文化古迹等。需要注意的是，不应将那些属于其他生产或社会部门的相关教育文化设施包含其中，如企业内部的培训教室、图书馆不应归于本部分。内部设施是指教育和文化部门基础设施内部的家具（如桌、椅、电器等）及硬件设施（如电力和卫生设施、空调系统、垃圾处理设施、管道等）。功能性损失是指由于公共应急事件发生造成教育和文化的正常功能中断而引起的损失。

相对于住房和人类住区部门，教育和文化部门损毁的可能性相对较小，但需要注意的是，由于教育和文化的特殊功能和地位，其损毁以及之后重建恢复工作的推迟可能会造成非常严重的后果，需要予以高度重视。以下将介绍公共应急事件对教育和文化部门的影响及影响评估方法。

一、评估步骤

一般公共应急事件对教育和文化部门的影响评估可分为以下六个步骤，与住房和人类住区的影响评估较为类似，并且需要注意一些损失可能已经计入住房和人类住区的影响评估中，如一些既有着历史文化价值同时又作为住房的建筑。①确定公共应急事件影响的地理区域，可采用第一节受影响人口中所述的基本方法和相关标准。当然，这是指影响范围较大的公共应急事件。对于仅影响个别教育和文化设施的公共应急事件，则可略过此步骤。②收集公共应急事件发生前受影响地区教育和文化部门的相关信息，评估公共应急事件发生前此部门的情况。③收集公共应急事件发生后受影响地区教育和文化部门的相关信息，确定此部门损失的情况，包括直接损失和间接损失。④根据所收集的公共应急事件发生前后的资料，撰写评估报告，并评估此部门损失的外部影响，如对就业、公共财政、国际收支平衡等的影响，以及对特殊人群如女性、儿童的影响。⑤收集教育和文化部门的重建和恢复战略、计划、项目的信息以及时间表和相应的预算，并根据评估结果，帮助决策者和相关机构确定优先次序，完善重建和恢复战略、计划和项目。⑥对评估结果进行评价，确定评估报告的准确性、真实性、可用性以及未尽之处，为之后更为深入的影响评估和其他影响评估指明方向。

二、评估资料收集

评估专家需要收集相关信息以了解受影响地区教育和文化部门的情况，所需要收集的基本信息如表4－6所示：

表4－6　所需收集的教育和文化部门的相关信息

教育设施	被影响地区的教育设施数量及特征（城市还是农村，私立还是公立，小学、初中、高中还是大学等） 教室及学生的总数 教育设施的质量（建筑材料、建造年份等） 内部设施（家具、设备等） 设施的单位成本 ……
文化设施	公有历史文化遗产的数量及特征（世界历史文化遗产、博物馆、美术馆、可移动的工艺品、文件等） 私有历史文化遗产的数量及特征（有历史价值的教堂、建筑、图书馆、藏品等） 无历史价值的公共文化设施（文化广场、图书馆、娱乐性公园等） 文化设施的质量（建筑材料、建造年份等） 内部设施（家具、设备等） 设施的单位成本 ……

这些所需的信息可以从多种途径得到，包括政府教育和文化部门、管理和运行教育和文化设施的相关机构、相关保险公司、相关统计调查部门等等。评估专家需要对收集的信息进行整理、分类、汇总。

对于公共应急事件对教育和文化部门造成的损失情况，评估专家需要进行实地走访调查，收集一手资料，或者可以利用当地政府、NGO组织等已经做的这方面的调查结果。

三、相关影响评估

（一）直接损失

直接损失指的是教育和文化部门直接的资产损失，如建筑、家具、设施、材料、有历史文化价值的书卷或物品等的损坏，其评估方法与住房和人类住区的评估基本类似。

与教育和文化相关的建筑主要包括学校、历史文化遗产、非历史文化遗产的公共文化设施、运动设施等，其往往没有标准的设计规格和质量，尤其是历史文化遗产。

1. 学校

评估专家可以根据教育水平、地理位置、建筑材料的类型、保存情况或者建筑年代来进行分类，地理位置和建筑材料的类型决定了学校的单位建造成本；保存情况和建筑年代决定了学校的折旧率，需要区分公共应急事件造成的损害和由于其本身保存不当或年代久远造成的损害；教育水平（小学、初中、高中、大学……）决定了学校的内部设施、所需面积等。由于学校的情况各不一样，所以不可能采用一个平均价值衡量所有学校的价值以及其因公共应急事件造成的损失。因此，对学校影响的评估，评估专家应个别调查，针对每个个案进行损失评估。一份可作参考的损失统计清单如表 4 – 7 所示。

表 4 – 7　学校损失的评估清单

类目	损坏情况	损失估计
教室		
实验室		
图书馆		
行政楼		
……		

2. 历史文化遗产

一般公有的历史文化遗产可分为世界历史文化遗产、有历史价值的建筑、博物馆、考古点、藏品、工艺品、卷宗等。私人的历史文化遗产可分为有历史价值的教堂、有历史价值的建筑、图书馆、藏品等。由于历史文化遗产的价值很高，很难衡量，且其建造的年代、建筑材料等各不相同，彼此之间的差异很大，所以，对历史文化遗产的影响较难评估，评估专家要对其进行逐个调查评估，并需寻求相关业内专家的帮助。

3. 非历史文化遗产的公共文化设施

它包括文化馆、公共图书馆、无历史价值的剧院、图书馆、娱乐性公园、当地社团的文化中心等。对非历史文化遗产的公共文化设施的影响评估，同样需要逐个调查评估。

4. 运动设施

运动设施包括体育馆、体育场、健身房等，运动设施同样没有固定的建筑标准，每个设施在特征、设计、建筑材料等方面都可能各不相同。对运动设施的影响评估，评估专家同样需要逐个调查评估。

对于教育和文化部门建筑的直接损失评估，不仅需评估其基础设施的损失，如楼房倒塌或部分损毁，也需要评估其内部的损失，如具有教育和文化功能的用具、器材的损失，包括实验室仪器、运动器材、电脑、教学用具等等；硬件设施，包括电梯、安全设备、空调通风设备、通信设备等等；其他物品，包括学校的课本，实验室的试剂，图书馆的藏书，博物馆的藏品、艺术品等等。

对教育和文化部门的直接损失进行货币量化，前述第二节中对住房和人类住区的直接损失进行货币量化的相关方法同样适用，不过仅限于教育设施、无历史价值的文化设施，对于有历史文化价值的设施则需要采用特别的方法进行评估。一些损失很容易被替代或修复，如课桌椅损失可以重购一批，也可以对其进行修理，其重置成本或修理成本都有明确的市场价格，市场价格即可作为其损失的价值。而历史文化遗产及藏品、艺术品等其他具有历史文化价值的物品，由于其是独一无二的，不能被取代，甚至有一些是无法修复的，且没有直接的交易市场以及市场价格，评估专家需要慎重地对其进行逐个评估以确定其损失价值。对于完全损坏的具有历史文化价值的设施和物品，可以采用公共应急事件发生前竞价的平均出价来评估其价值（假设竞标价格代表历史文化遗产的历史和文化价值），但要注意竞价中可能有的投机和炒作行为；对于部分损坏，可在总价值的基础上乘以一个估算的损坏比率。对于可以修复的具有历史文化价值的设施和物品，可以咨询此领域的专家，考虑其类型（画、雕塑……）、起源和独特性以及损坏的程度，进而确定修复的方法，并评估修复的成本。有些修复是部分修复，不能完全恢复到原始状态，这部分损失也需要进行评估衡量。此外，由于这些贵重的具有历史文化价值的设施和物品往往投保，故保险公司也可能为评估提供所需的有用信息。

（二）间接损失

间接损失是由直接损失引起的，主要包括：

（1）利用教育和文化设施作为临时性住房的修理成本。

学校、体育场、教堂等经常被用作公共应急事件发生后的临时性住房，由于这些场所本不是用来作为居所的，且公共应急事件的发生可能对其造成破坏，所以一定的修缮是必要的。修理成本包括修理卫生设施、重新粉刷墙壁等等。

(2) 在应急阶段的垃圾清理费用。

修缮和重建建筑，需要先清理其被破坏损毁遗留的废墟。可采用需要清理的垃圾容量（面积）乘以单位清理成本以评估此部分的费用。其他的一个替代方法是赋予比重，一般垃圾清理费用占重建成本的10% ~25%。

(3) 修复和重建期间租用临时性房屋提供教育和文化服务的租用费用。

为了保证那些被损毁的教育和文化建筑提供的必要服务，通常在重建和修复期间会租用临时性场所来提供这些服务，所需要的租用费用基于市场的租金以及重建和修复所需的时间，此外还需要估计运输提供服务所需的相关器材、设备等的运输费用。

(4) 降低教育和文化部门建筑易损性的费用。

为了应对和预防未来相似的公共应急事件，需要对教育和文化部门的建筑进行加固，降低其易损性，以及完善相应的预警和疏散系统。

(5) 将教育和文化部门的建筑迁离公共应急事件高发地区的费用。

它包括土地购买费用，安装基础设施的费用，物品、器材、设备的运输费用等。当评估得出教育和文化部门建筑的所在地区公共应急事件高发，不宜作为选址时，则应将建筑迁离至安全地区。

(6) 在修复和重建期间不能提供正常的教育和文化服务而导致的收入损失。

如学校的学费，博物馆、艺术馆的门票费等就属于此类的收入损失。评估专家对此项的评估应基于事前事后分析法，与公共应急事件前所能得到的收入进行对比，评估在重建和修复期间损失的收入。此外，需要注意的是，大部分损失的收入是暂时性的，但可能存在永久性损失的收入，如由于某种原因不再重建某教育或文化设施，或历史文化遗产损失后无法修复等。

（三）损失统计

下面给出一份可作参考的损失统计清单，如表4－8所示：

表 4－8　文化和教育的损失情况

项目	损失			部门		直接损失	间接损失
	总计	直接损失	间接损失	私人部门	公共部门		
总计							
公立学校							
大学							
私立学校							
运动馆							
文化遗产							
博物馆							
……							

评估专家可根据实际评估的需要确定损失情况清单的样式以及其中的栏目。

（四）外部影响

教育和文化部门损失的外部影响，主要包括：

（1）对地区和国家 GDP 的影响。

教育和文化机构的收入被计入 GDP 的私人服务部分，其收入的损失会对 GDP 产生影响。评估此部分的影响，需要区别私人组织、非营利组织以及政府组织，私人组织的计算与工业部门的企业一样，而非营利组织、政府组织则有所不同，其收入并不反映其实际的产出和所提供的服务的价值，甚至对 GDP 没有影响（一些政府组织对 GDP 的贡献仅在于其支付的雇员工资，而在应急和重建期间，这些雇员转而在临时性的场所中工作，其工资可能依然被支付）。私立学校对 GDP 的影响可用其平均单位收入损失乘以其不能正常提供教育服务的时间，此外，要注意教育和文化的外部效应，考虑其额外价值，一般赋值为 50% ~ 75%，以计算其总收入损失。

（2）对就业的影响。

公共应急事件会造成教育和文化部门的就业率发生变化，一些被影响的教育和文化机构的雇员可能失业，且失业可能持续相当长的时间。评估专家应评估公共应急事件发生对教育和文化部门工作岗位数量的影响，以此来衡量对就业的影响。

（3）对国际收支平衡的影响。

修理和重建教育和文化设施对国家的进口和出口会产生影响。一些国内不生产的材料、设备、机器需要从国外进口，应评估需要进口的项目及其成本，这增加了进口，对国际收支平衡造成了影响。一些国内生产的材料、设备、机器可能不再出口，而是转运至公共应急事件发生的地区，这减少了出口，也会对国际收支平衡造成影响。此外，一些损毁建筑和物品的保险可能由国外的保险公司进行了再保险，理赔费增加了外汇收入，特别是一些价值昂贵的具有历史和文化价值的建筑和物品。在修复和重建期间，一些项目也可能会有国外资金的投入和援助。

（4）对公共财政的影响。

很多教育和文化设施属于公有，其修复和重建对公共财政有着显著的影响。一方面，降低了相关的税收收入，可用机构减少的收入乘以税率来计算这部分的损失；另一方面，对损坏的教育和文化公共设施，政府需要投资进行修复和重建，这部分支出基于所施行的项目和政府的出资计划。

（5）对价格和通货膨胀的影响。

如果教育和文化部门的损失重大，可能会导致重建所需的相关材料、机器和设备的短缺，进而导致相关价格上涨。

第四节　医疗卫生

一些公共应急事件会对医疗卫生部门产生影响，如公共卫生事件显然对医疗卫生部门有着直接的影响，而其他的公共应急事件，如自然灾害、公共安全事件等，可能造成人员死亡、伤残或者生病，需要当地的医疗机构救治；可能破坏当地医疗卫生部门的设施，如医院、实验室、康复中心等；可能增加了疾病传播、环境危害的风险，进而增加了死亡率和发病率；可能对受影响人口的心理健康和精神状况造成负面影响，导致焦虑、消沉、低落等负面情绪的散播；可能导致食物短缺，进而引起受影响人口营养不良的问题；可能导致人口迁移（自发性的或有组织的），对移民区的医疗卫生机构形成压力和负担，等等。在公共应急事件发生后，医疗卫生部门主要有三项重要任务：救援、治疗和照顾因公共应急事件受伤、生病的人员；预防和应对公共应急事件造成的医疗卫生方面的负面影响，如防治传染病，进行免疫接种等；重建恢复受到破坏的医疗卫生设施。这些工作所造成的成本和费用都应计入公共应急事件对医疗卫生的影响评估之中。

公共应急事件对医疗卫生部门的影响关系到受影响人口的身体和精神状况，这十分重要，评估专家需要对其进行专门、系统、全面的评估，确定公共应急事件发生后医疗卫生部门的损失和运行情况。以下将介绍公共应急事件对医疗卫生部门的影响及影响评估方法。

一、评估步骤

一般公共应急事件对医疗卫生部门的影响评估可分为以下六个步骤，需要注意的是，对医疗卫生部门的影响评估应尽早进行。①确定公共应急事件影响的地理区域，可采用第一节受影响人口中所述的基本方法和相关标准。当然，这是指影响范围较大的公共应急事件。对于仅影响个别医疗卫生机构的公共应急事件，则可略过此步骤。②收集相关资料，评估医疗卫生部门在公共应急事件发生前的情况，确定需要进一步走访调查的人员和机构的清单。③进行走访调查，确定公共应急事件对医疗卫生部门造成的损失情况（包括直接损失和间接损失）。④根据所收集的公共应急事件发生前后的资料，撰写评估报告，并评估此部门损失的外部影响，如对就业、公共财政、国际收支平衡等的影响，以及对特殊人群如女性、儿童的影响。⑤收集医疗卫生部门的重建和恢复战略、计划、项目的信息以及时间表和相应的预算，并根据评估结果，帮助决策者和相关机构确定优先次序，完善重建和恢复战略、计划和项目。⑥对评估结果进行评价，确定评估报告的准确性、真实性、可用性以及未尽之处，为之后更为深入的影响评估和其他影响评估指明方向。

二、评估资料收集

评估所需收集的信息包括社会人口特征及主要流行病指标的情况，如死亡率、发病率以及与特定公共应急事件相关的潜在疾病类型；医疗卫生设施的分布以及特征；医疗卫生设施内的人员、设备、医疗、药品的情况；不同机构提供的医疗服务的覆盖情况；所提供的医疗服务的成本，如医院的医药费、住院费，医生的出诊费等。信息的来源是多样的，尽可能地利用各种渠道获得评估有用的信息。首先尽可能利用二手资料，包括医疗卫生机构的内部资料、预警系统、应急预案，政府卫生部门的统计资料、预算安排，政府社会保障部门的现有项目、援助、改革计划，医药行业和药品监管局等相关政府部门的有关药品的信息，国家或地区统计局提供的社会人口及其特征的信息，私人医疗卫生机构提供的关于自身设施、人员、财务、收费、成本等情况的信息，培训机构、行业协会等提供的信息等等，然后进行实地走访调查，获得一手资料，补充和修正二手资料，如对医疗卫生机构内部人员进行访谈，包括医生、护士、行政人员，访谈可以采用一对一的形式，也可以采用小组访谈的形式；对被影响的医疗卫生机构进行实地走访，确定损失情况；对被影响地区的人口进行调查，确定死伤情况及潜在的发病情况等。

三、相关影响评估

（一）直接损失

直接损失指的是对医疗卫生部门的基础设施及药品、医疗器材等造成的损失。其通常具体包括医院、诊所、康复中心、药房等属于国家医疗卫生系统或社会保障系统的机构，卫生医疗部门的办公场所，实验室，血库，私人医院和诊所，医疗器材，非医疗器材，药品，疫苗等等。

1. 基础设施

对基础设施的评估与对住房和人类住区的评估类似。可以简单地将损失情况分为全部损毁、部分损毁、轻微影响或无影响，采用重建或修缮成本（修缮成本可以采用重建成本乘以一个估算的比率）评估其损失的经济价值。评估专家需要对受影响的医疗卫生设施逐个进行评估，然后汇总。此外，评估专家还要进行一些分类统计，如公共机构的损失情况、私人机构的损失情况、子地区的损失情况、某一类型的医疗卫生机构的损失情况等等。

2. 家具和设备

家具和设备可分为两类，一类是医疗性的，如生命科学仪器、听诊器、手术室设备器具等等；另一类是非医疗性的，如空调系统、保存药品和疫苗的冰柜、办公设备、水过滤器等等。评估家具和设备的损失，也可以用全部损毁、部分损毁、轻微影响或无影响来进行分类。一般采用市场现行价格（价格信息可参考供应商的报价），评估家具和设备重置成本或修理成本。对于普通的设备，可以以平均单位成本乘以损失数量的方式估算；对于特殊的设备（一般价值昂贵），需要专门的技术人员，甚至需要从国外进口，则需要进行个别估算。

可作参考的直接损失的统计清单，如表 4 – 9、4 – 10 所示：

表 4 – 9　医疗卫生部门基础设施和设备的损失情况

类别	重置		修理		微小损失	
	数量	平均单位成本	数量	平均单位成本	数量	平均单位成本
医院						
诊所						
医疗站						
药房						

（续上表）

类别	重置		修理		微小损失	
	数量	平均单位成本	数量	平均单位成本	数量	平均单位成本
实验室						
医疗器材						
非医疗器材						
家具						
其他						
……						
总计						

表 4－10　医疗卫生部门基础设施的损失比重

类别	重置		修理		微小损失	
	数量	占总计的百分比	数量	占总计的百分比	数量	占总计的百分比
医院						
诊所						
医疗站						
药房						
实验室						
……						
总计						

（二）间接损失

1. 垃圾清理费用

垃圾清理费用与需要清理的垃圾容量和单位清理成本有关。此外，还与所要清理的垃圾类型有关，医疗卫生部门可能有一些需要特别清理的垃圾。

2. 应对未来公共应急事件的预防费用

为了应对和预防未来相似的公共应急事件，一般在重建恢复时会考虑采取一些预防措施，如加固基础设施、转移原址至安全区域等，这些预防措施会降低未来相似公共应急事件发生造成的损失，但也增加了重建成本。不同的预防措施有不同的成本，需要根据实际情况选择适合的预防措施，并汇总其成本。

3. 治疗受影响人口的成本

公共应急事件会造成人员伤残或者生病，需要当地的医疗机构救治。一般医疗卫生部门面临两种情境。在第一种情境下，需要治疗的受影响人口较少且相对集中，卫生医疗资源充足，信息充分，此时评估治疗受影响人口的成本（手术费、住院费、药费、交通费等）困难较小；在第二种情境下，公共应急事件造成大规模的人员受伤或发病，需要治疗的受影响人口超过了医疗卫生系统的承载能力，此时治疗受影响人口的成本则存在困难。一般不将那些不在正规医疗卫生部门内发生的治疗成本计入在内，即评估专家只估算正规医疗卫生部门搜寻、救援、治疗和后续看护受伤或发病人员的总成本。评估专家对于此项成本的评估主要基于病人接受治疗的时间，住院病人的治疗和康复情况，门诊病人的治疗和康复情况，一般病人的基本用药、治疗和其他辅助措施情况，潜在病人的疏散，运输成本，通信成本，健康检查等等。

4. 公共健康干预和流行病预防的成本

在公共应急事件发生后，针对潜在的公共健康危害和流行病暴发，医疗卫生部门需要采取一些预防措施。评估专家首先需要识别潜在的公共健康风险和可能暴发的流行病，然后对那些所采取的针对性的预防措施及其相应成本进行评估。预防措施主要包括：①水。需要提供给受影响人口干净的水源，监控饮用水的质量，对污水进行处理，对装水的容器进行灭菌，确保饮用水不被人类、动物的排泄物，工业废水，垃圾等污染。②卫生。监控住区和临时住所的卫生情况，向受影响人口宣传相关的卫生保健知识，分发一些预防性的药品等。③传播媒介。需要切断传染病的传播途径，其中很重要的是对传播媒介进行监控，包括一些能传播疾病的昆虫、啮齿目动物、饮用水、染病者等，防止潜在患者与传播媒介进行接触。④疫苗。可能需要对受影响人口进行大规模免疫接种（伤寒症、霍乱等）或针对特殊群体（儿童、妇女）进行接种。需要注意的是，常规的免疫接种项目也不能暂停。⑤流行病监控。监控受影响地区的病例和相关谣言，在实验室进行病理学研究，开发治疗方法，提供给决策者所需的信息和建议，确保防治措施的实施。此部分的成本主要包括卫生医疗设施、住区、临时住所的预防措施成本，对于病例的治疗、隔离和看护成本等等。⑥食品安全。其中包括对受影响地区的食品以及外部援助食品进行安全检查。此外，还需要对受影响人口的营养状况进行监控。

评估专家主要需关注以下三种成本：人力成本（公共应急事件发生后医疗卫生系统多雇用的人员的成本及其相关的培训成本）、设备和材料购买成本（公共应急事件发生后购买、重置、修理医疗卫生系统内相关设备、材料的成本）、公共信息传播成本（传播必要的卫生保健知识以及通告相关情况的成本）。

5. 对易损人群进行特别健康干预的成本

易损性的产生有很多复杂的原因，易损人群也有不同的分类。一般来说，贫穷者、老年人、儿童（特别是5岁以下儿童）、妇女（特别是哺乳期妇女）、未接种疫苗者等都是流行病的易感人群，对于这些人群，可能需要特殊的健康干预。

6. 医疗卫生部门增加的经营成本

由于医疗卫生部门基础设施和内部设施的破坏以及与公共应急事件相关的病例数量增加，使得医疗卫生部门的经营成本增加。为保证在应急阶段和恢复重建阶段提供正常的医疗卫生服务，医疗卫生部门可能需要支出额外的经营成本，包括运输病人、药品、器材的成本，加固基础设施的成本，信息传播成本等。此外，评估专家也需要注意，由于基础设施和内部设施的破坏，以及缺乏医护人员，一些医疗卫生服务无法提供，这会导致医疗卫生机构的收入受到损失；比正常情况下更多的伤员和病例，也增加了医疗卫生机构的收入。对此，评估专家要进行全面的评估。

（三）损失统计

下面给出一份可作参考的损失统计清单，如表4－11所示：

表4－11　医疗卫生部门的损失

项目	损失			部门		对国际收支平衡的影响
	总计	直接损失	间接损失	公共部门	私人部门	
基础设施 医院 诊所 药房 实验室 ……						
内部设施 办公设备 医疗器械 ……						

（续上表）

项目	损失			部门		对国际收支平衡的影响
	总计	直接损失	间接损失	公共部门	私人部门	
药品 疫苗 ……						
潜在的支出和收入 应急处理 损失的收入 增加的成本 增加的支出 未做的处理 流行病的监控 疾病携带者控制 社会心理干预						
总计						

评估专家可根据实际评估的需要确定损失情况清单的样式以及其中的栏目。

（四）外部影响

医疗卫生部门的损失亦有着宏观影响。①对 GDP 的影响。医疗卫生部门作为服务部门，其产出的减少，将对 GDP 产生负面影响。②对就业的影响。公共应急事件发生后，医疗卫生部门的失业率可能增加，其中一些是暂时性失业，只是由于基础设施等损毁而无法进行工作。评估专家需要调查此部门实际的失业数量，此外要注意，公共应急事件也可能扩大就业机会，如发病率增加导致医院需要更多的医护人员等。③对国际收支平衡的影响。一些损毁的药品、疫苗、医疗器材可能需要从国外进口，国内出口的药品、疫苗、医疗器材可能转运至受影响地区，国外的保险公司可能进行了再保险等等，这些都会对国际收支平衡产生影响。④对公共财政的影响。医疗卫生部门的基础设施及服务很多是属于公共部门的，其重建和修缮，需要公共财政的投资。另外，医疗卫生部门减少的收入也会导致政府税收的减少。⑤对价格和通货膨胀的影响。公共应急事件发生后，一些药品，重建所需的材料、设备、机器等可能短缺，由此造成价格上涨，评估专家可对比公共应急事件发生前后相关价格的变化情况，以评估其对价格和通货膨胀的影响。

第五章　公共应急事件对基础设施的影响分析

本章将分析公共应急事件对基础设施的影响，包括能源、供水和卫生、运输和通信。

第一节　能源

能源是人类活动的物质基础，包括固体燃料、液体燃料、气体燃料、水能、电能、太阳能、生物质能、风能、核能、海洋能和地热能等等，其在社会经济中发挥着不可或缺的重要作用。一些公共应急事件会造成能源部门受损，能源短缺，并产生相关的外部影响，如企业可能因此停产，人们的生活倒退到原始状态，通信网络中断，现代交通运输中断等等，进而影响社会经济的发展。由于能源部门在社会经济中的重要地位，评估专家有必要对其进行专门的影响评估。

能源部门的损失包括直接损失和间接损失。直接损失指的是公共应急事件对能源部门的基础设施、设备、存货等造成的损失，间接损失指的是在恢复阶段能源部门可能的净收益损失。对于直接损失，基础设施的损失可用重建和修复成本来衡量，设备、存货的损失可用市场现行价格来衡量其价值，如果市场中没有相同的产品，则可用相似的能提供相同功能或服务的替代品的价格来衡量。对于间接损失的评估，则相对复杂，需要评估在恢复阶段能源供应和需求的情况，并与公共应急事件不发生情况下的预测结果进行对比，确定额外的成本和损失的收益。一方面，由于能源部门的基础设施、存货、设备等的损毁，会导致能源供应减少；另一方面，由于公共应急事件的发生，导致经济萧条，能源需求可能降低，但大量的重建项目却可能增加了对能源的需求，所以需要综合全面地评估其净影响，公共应急事件发生后的能源需求可能大于、等于或小于发生前的需求。评估间接损失，应基于恢复阶段的净收益（收入减去成本）与公共应急事件未发生情况下可能的净收益（预测值）进行对比，两者的差额即为净收益的损失。一方面，经济萧条导致能源消费能力降低，重建项目又造成能源需求上升，故能源部门的收入上升抑或下降不确定；另一方面，应对恢复阶段的能源需求，能源部门需要额外的成本支出。评估所需的信息可以从能源部门的相关企业、政府管理机构、行业协会等获得，当二手资料获得的信息不能满足评估需要时，评估专家需要实地走访调查，收集一手资料。

本节将重点介绍公共应急事件对电力和石油部门造成的影响及相应的影响评估方法，电力和石油是能源部门中最重要的组成部分，其他能源部门的影响及评估方法与此类似。

一、电力部门

（一）直接损失

电力部门的直接损失包括公共应急事件对发电厂、电杆、电缆、配电中心和其他设施的损坏。

1. 发电厂

发电厂是指将自然界蕴藏的能源转换为电能的工厂，按照发电途径的不同，可分为水力发电厂、地热发电厂、风力发电厂、垃圾发电厂、火力发电厂等等。不同的公共应急事件对不同的发电厂会造成不同的影响，如地震会造成发电厂的基础设施、内部设施、机器设备损毁，干旱可能造成水力发电厂不能正常运行(水力发电利用水的位能，需要水库的水位保持在一定的高度，而干旱会造成水库水位下降)。

发电厂的基础设施、内部设施、机器设备的损毁可采用重建（重置）成本和修理成本来衡量。不过，在这之前需要先评估清理成本，清理受到损毁的发电厂，清理废墟、残骸，并确定损失的程度（完全损毁、部分损毁、轻微损毁）以及需要修理、重置、重建的部分。然后对于每项需要修理、重置、重建的部分，评估其成本。成本评估基于市场的现行价格，供应商的报价是重要的价格信息来源。评估专家还需要咨询相关专家或基于发电厂的内部信息，确定现有基础设施、内部设施、机器设备的折旧率。要注意的是，发电厂的机器设备分为两类：一类是定制的，另一类是通用的。通用机器设备的价值评估较为简单，直接采用市场价格即可，而定制的机器设备，其价值往往较高，其修理、重置成本需要专门的技术专家进行评估。此外，还需要考虑修理、重置、重建的人力成本以及运输费用。最后，需要说明的是，发电厂是由多个部分组成的，包括厂房、设备、机器等等，评估专家应重点评估向电机输送能源的机器设备和发电机的损失，然后再评估那些周边辅助设施的损失。

2. 电杆、电缆

运输电力的电杆和电缆是发电厂和电力消费单位之间的纽带。首先需要评估那些采用大型和昂贵电缆塔的高压线，这需要进行实地调查，确定所损坏的不同类型的电缆塔以及损坏的电缆的长度，确定需要修理还是重置，接着确定修理或重置不同类型电缆塔和电缆的单位成本，乘以不同类型损坏的数量或长度，汇总得到总损失。此外，对于那些在电力输送线上的转换器、其他一些设备以及变电所，也需要进行相关损失评估。在对高压线进行评估后，再评估那些价值相对较低的低压线，评估的方法与上述类似。由于电杆和电缆平时也有损坏，也需要维修和重置，故维修和重置费用可以简单地从当地的电力公司、供应商处得到。

3. 配电中心和其他设施

配电中心是对发电厂和电力消费单位之间的电流进行监控的场所，从传统的人工控制到先进的智能远程电脑控制，不同配电中心所用的配电设备可能各不相同。评估专家需要对不同的配电中心的损失进行分别评估，同样可采用修理、重置、重建成本来衡量，一些定制机器设备需要有专门的技术专家介入评估，其他的评估信息则可从电力公司和供应商处得到。其他设施主要是指电力部门的行政大楼，行政大楼内部没有特别的机器设备，主要是一些办公设备、设施，与其他部门的建筑类似，损毁较轻的情况仅评估修理、重置损毁部分的成本即可，在损毁严重的情况下，可用单位面积的重建成本乘以所需重建的面积进行计算，一般不对每一项被损坏的具体类目进行损失价值评估。

（二）间接损失

间接损失是在公共应急事件发生后的恢复阶段（在此阶段，电力部门损坏的基础设施、内部设施、机器设备被修理、重置、重建，恢复到正常运行的状态），电力部门损失的净收益。

1. 额外的成本

为应对恢复阶段的电力需求，电力部门需要支出额外的成本。对于这部分成本的评估，首先需要评估电力部门损毁的设施、设备及其修理、重置、重建所需的时间，这基于损毁的数量及程度，参考直接损失的评估结果。接着，需要评估恢复期间的电力需求，这需要对主要电力消费单位（包括工业、商业）的电力需求进行评估，评估其受到公共应急事件影响的程度及其电力需求的变化情况。一些电力消费单位在公共应急事件发生后可能停产、停业，降低了电力需求，因此只需评估那些仍然在运营的电力消费单位的电力需求，包括那些未受公共应急事件影响的，或只有微小影响或影响不足以使其停产、停业的单位。大部分电力消费单位在此阶段的电力消费需求小于公共应急事件发生之前，但也有一些电力消费单位的电力消费需求可能大于公共应急事件发生之前。此外，还要考虑各个部门（包括电力部门自身）重建项目的电力需求。然后，电力部门的专家需要评估自身的电力供应能力，确定供应和需求之间的缺口。由于公共应急事件造成电力部门的供电能力下降，所以需要采取替代方法应对电力需求。替代方法主要有两种：其一，采用临时性的发电设备，如发电车，需要估算这些临时性发电设备的成本，其价格信息可以从供应商处获得，临时性发电设备所需的发电原料、运输成本（临时性发电设备需要运送到受影响地区）、人力成本等也应该予以考虑和估算，对于单位人力成本的衡量，可用电力公司操作相似设备的人员的工资来衡量。其二，从邻近地区的电力供应单位运输电力，需要评估邻近地区电力系统的承载能力，是否有额外的供电能力，然后评估两地区之间的连接成本，包括搭建需要的电杆、电缆的成本以及购置和安装变电所等设施的成本。最后需要评估临时性电费，如果在公共应急事件发生前有相关的协定，就按照协议价进行计算；如果没有相关的协定，则一般需要基于输电成本定价。在实际中，这两种方法可以结合采用。

2. 收入的变化

电力部门的收入估算采用电价乘以供电量的形式。对于电价，在恢复阶段，为了援助其他受损部门，可能会对电价有所优惠。供电量基于电力供应和需求的情况。对于需求方，一方面原先电力消费单位全部或部分停产、停业，其电力需求下降，此外，由于公共应急事件造成收入降低，从而也导致电力消费的支付能力减弱；另一方面，各个部门的重建项目增加了对电力的需求。对于供应方，公共应急事件造成电力部门设施、设备损毁，供电能力下降，一般实际供电量会有所下降。所以，综合来说，电力部门的收入降低。

3. 净收益

净收益是指收入减去成本。在恢复阶段，由于电力部门的收入降低，成本增加，其净收益下降，甚至净收益可能为负值（即成本可能超过收入）。将恢复阶段的净收益与公共应急事件未发生的正常状态下电力部门预期净收益进行对比，可得到净收益损失的估计值。对于正常状态下净收益的预期估计应基于正常电力需求下的平均收入和平均成本，相关信息可从电力部门的历史财务资料中获得。

（三）损失统计

以下给出一份可作参考的损失统计清单（见表5-1），具体的损失统计清单的样式可根据实际需要确定。

表 5-1　公共应急事件造成的电力部门的损失

类目	损失描述	损失统计		
		直接损失	间接损失	总计
发电厂				
电杆				
电缆				
配电中心				
增加的成本				
减少的收入				
……				
总计				

（四）外部影响

1. 国际收支平衡

公共应急事件对电力部门的影响可能会影响到国际收支平衡。一些重建项目所需的设备、材料可能要从国外进口，应对恢复阶段电力需求的机器设备也可能需要从国外进口，可能有国外资金的投入和援助，也可能需要国外的技术专家或一般劳务等等。评估专家需要评估所需进口的机器、设备、材料及其成本，技术专家和劳务输入的费用，国外资金流入额等，以确定公共应急事件对电力部门的影响所造成的国际收支的变动。

2. 公共财政

电力部门的绝大部分设施、设备都属于公共部门，其重建和修复需要公共财政的投入，另外，电力部门的收入损失，也降低了政府的税收收入。评估专家需要确定公共应急事件对电力部门的影响所造成的公共财政的损失。

3. 就业

一般电力部门雇员人数并不多，因为电力行业并不属于劳动密集型产业。因此，电力部门的损失对就业的影响可能并不显著。

二、石油部门

（一）直接损失

1. 生产设施

石油生产包括陆地或海上油气开发、原油提炼、石油运输及存储（可能运往国内精炼厂或者运往国外市场）。开采技术包括测井工程（探测油藏的原始状况和变化情况）、钻井工程（包括生产井、注入井、观察井以及检查井，不同的井有不同的技术要求）、采油工程（把油气从井底举升到井口，可以依靠自喷，也可以依靠油泵、气举等设备）、油气集输工程（油气初步收集、分离、处理、计量和存储、输送），其相关的设备、机器、设施需要针对开采地的地理环境定制。公共应急事件可能对石油部门的生产设施造成破坏。由于石油部门的生产设施相对专业性较高，评估专家需要与石油部门的技术专家合作，一起确定公共应急事件对生产设施造成的损失。对于完全损坏的油田，可用已投资额评估其价值；对于部分损坏的油田，则可用重置或修复成本来评估其损坏部分的价值。评估所需要的大部分信息可以从石油公司获得，一些设备、机器、材料等的价格信息可参考供应商的报价，此外，对于一些设施、设备、机器的维修成本，则需要有维修经验的专家评估其损坏情况和所需的维修费用。

2. 石油精炼厂

石油精炼厂可能只做简单的初步蒸馏，也可能是相当复杂的工艺，蒸馏后对馏分进行化学加工或进行处理以去除杂质，甚至将不同的馏分化合成混合物。石油精炼厂的设备包括储油罐、蒸馏塔、锅炉等等，这些设备的专业性很高，需要相关技术专家对其损失进行评估，其评估方法与前述生产设施的损失评估相类似。

3. 运输设施

原油需要输送到石油精炼厂进行加工，精炼后，产品将有不同的用途，其顾客涉及多种行业、部门，如汽油、柴油、航煤可能提供给石油公司、航空公司等，润滑油、润滑脂可能提供给生产企业，干气、渣油及其他的产品可能提供给化工厂，食品蜡可能提供给食品和医药企业等，需要从石油精炼厂运输到这些相关的消费单位。一般运输设施包括输油管道、储油罐、泵站、加油站等。评估专家需要对其相关损失进行评估，其评估方法也与前述生产设施的损失评估相类似。

4. 其他设施

其他设施主要是指行政管理设施，其评估方法与电力部门的其他设施的损失评估基本相同。

5. 存货

石油部门的存货包括原油以及各种石油加工品。评估专家需要确定原油以及各种石油加工品的单位成本，单位成本采用市场现行价格，相关的价格信息可以从供应商的价格目录以及石油公司的内部资料中获得，然后乘以各自损失的数量，即可得到石油部门存货损失的经济价值。

（二）间接损失

间接损失是在公共应急事件发生后的恢复阶段（在此阶段，石油部门损坏的生产设施、运输设施、机器设备等被修理、重置、重建，恢复到正常运行的状态)，石油部门损失的净收益。

1. 额外的成本

石油部门在恢复期间的额外成本评估与电力部门相类似，首先，需要确定重建恢复所需的时间，基于直接损失评估中确定的相关设施、设备被损毁的情况。接着评估恢复阶段对石油和石油加工品的需求。一些石油消费单位可能增加了对石油的需求，特别是重建工程，如道路的修复需要沥青（沥青是一种石油衍生产品)，而另一些消费单位可能降低了石油的需求。评估专家需要对不同石油消费单位的石油需求变化进行全面的考察，特别是新需求（可能需要新类型的石油加工品)。此外，需要注意的是，很多石油消费单位可能因公共应急事件遭受损失而降低了对石油的购买能力。然后，评估专家要评估石油部门的石油供应能力，确定供给和需求的缺口，并考虑替代方案满足恢复阶段的石油需求，如可用运油车满足小范围的需求，采用输油管满足较大范围的需求，并适合远距离运输，但输油管可能需要新建或者修理；也可采用油轮运输，其可在全球范围内运输石油和石油加工品，只是运输所需时间可能很长。选择何种方案应基于实际需求、相关资源的位置及可用性。最后，评估专家评估所选择的替代方案的相应成本，替代方案应该是经济且可行的，可以考虑综合采用几种替代方案，相关成本一般包括石油和石油加工品的购买成本、运输成本等。

2. 收入的变化

石油部门的收入估算采用石油或石油加工品的价格乘以供应量的形式。如果因公共应急事件造成损失的石油或石油加工品较少，则不会影响市场价格；如果产量损失较大，则可能会影响市场价格。而供应量则由石油部门的供应能力和市场需求两部分共同决定。一般来说，在恢复阶段，石油部门的收入会有所下降。

3. 净收益

净收益是指收入减去成本。在恢复阶段，由于石油部门的收入降低，成本增加，净收益下降，甚至净收益可能为负值（即成本可能超过收入）。将恢复阶段的净收益与公共应急事件未发生的正常状态下石油部门的预期净收益进行对比，可得到净收益损失的估计值。对于正常状态下净收益的预期估计应基于正常石油需求下的平均收入和平均成本，相关信息可从石油部门的历史财务资料中获得。

（三）损失统计

以下给出一份可作参考的石油部门的损失统计清单（见表5-2）。评估专家可以根据实际需要确定统计清单的样式。

表5-2 公共应急事件造成的石油部门的损失

类目	损失描述	损失统计		
		直接损失	间接损失	总计
生产设施				
石油精炼厂				
运输设施				
其他设施				
存货				
增加的成本				
降低的收入				
……				
总计				

（四）外部影响

1. 国际收支平衡

公共应急事件对石油部门的影响可能会影响到国际收支平衡，特别是公共应急事件影响的地区是重要的石油产区。重建期间所需要的设备、材料、机器可能需要从国外进口，应对恢复阶段石油和石油加工品需求的设备、机器、材料也可能需要从国外进口，重建项目可能有国外资金的投入和援助，也可能需要国外的技术专家、一般劳务的输入。评估专家需要分析石油部门损失对国际收支的各种影响，确定由此造成的国际收支的变动。

2. 公共财政

石油部门，特别是在我国，大部分属于国有。一方面，其损毁的重建、修复，需要公共财政的投入；另一方面，政府的相关税收也会因石油部门的损失而减少。评估专家需要全面地评估石油部门的损失对公共财政的影响。

3. 就业

一般石油部门的雇员人数并不多，现今石油部门主要应用高科技技术，其并不属于劳动密集型产业。因此，石油部门的损失对就业的影响可能并不显著。

三、能源部门与环境

一些环境的变化（也属于公共应急事件）会对能源部门产生负面影响。如干旱对水力发电的影响是显而易见的，而洪水、泥石流同样也会影响水力发电，泥石流会使流向水电站的水流堵塞或改道，洪水会增加水量，对水库蓄水产生压力。反之，能源部门也会对环境产生负面影响。

公共应急事件如安全事故、自然灾害等，都有可能造成核电站泄漏、石油泄漏等，如地震导致输油管道破坏，安全事故导致核泄漏等，进而引起极为严重的环境问题。2010 年 4 月 20 日，墨西哥湾 BP 钻井平台起火爆炸，导致大量原油泄漏，在之后的几个月内，这场事故成为美国遭遇过的可能最为严重的环境灾难，路易斯安那州长达 110 公里的海岸线被污染，渔业和湿地生态等都受到严重影响。1986 年 4 月 26 日，苏联切尔诺贝利核电站 4 号反应堆发生爆炸，造成 30 人当场死亡，8 吨多强辐射物泄漏。此次核泄漏事故使电站周围 6 万多平方公里土地受到直接污染，320 多万人受到核辐射侵害，离核电站 30 公里以内的地区都被辟为隔离区，对环境的破坏无法估量。

评估专家需要考虑能源部门与环境之间的相互影响作用，但其影响评估并不在本节内讨论，在第七章中将专门介绍公共应急事件的环境影响评估，为防止重复计算，公共应急事件引起的能源部门对环境的影响计入环境影响评估部分。

第二节　供水和卫生

供水和卫生与前一章公共应急事件对医疗卫生部门的影响评估有着紧密的联系。供水和卫生是人们生产、生活必要的基础设施，公共应急事件发生后需要对供水质量、卫生状况进行监控，否则不仅妨害人们正常的生产、生活，还可能对受影响地区的公共健康产生危害，如暴发传染病。对供水和卫生系统的破坏，不仅与公共应急事件的类型和程度有关，还与供水和卫生系统自身的易损性有关。

一些公共应急事件可能不会对供水和卫生系统造成影响，而有的公共应急事件可能造成整个供水和卫生系统瘫痪。对于供水和卫生系统的易损性，一般主要基于以下四个要素：地理位置、工程设计质量、建筑质量、设施运营和养护情况。以下将介绍公共应急事件对供水和卫生系统的影响及影响评估方法。

一、评估步骤

一般公共应急事件对供水和卫生部门的影响评估可分为以下四个步骤：①确定受公共应急事件影响的地域范围，收集受影响地区公共应急事件发生前供水和卫生系统的相关信息，确定潜在受影响的相关设施；②对潜在受影响的相关设施进行实地走访调查，确定其损失情况；③根据所收集的信息，评估公共应急事件对供水和卫生系统的影响，并评估其外部影响，撰写影响评估报告；④对评估结果进行评价，确定评估报告的准确性、真实性、可用性以及未尽之处，为之后更为深入的影响评估和其他影响评估指明方向。

二、评估资料收集

评估所需的资料包括一手资料和二手资料，一手资料需要实地走访调查，二手资料可通过多种渠道从不同的机构收集，包括政府机构（卫生部以及管理相关公用事业的政府部门）、企业（提供供水和卫生服务的企业，如自来水公司、污水处理厂、环卫公司等）、行业协会、相关非政府组织等。

供水和卫生系统主要分为供水系统、污水处理系统、垃圾收集和处理系统三个子系统，评估专家可据此分类收集三个子系统的相关信息。所需要收集的信息主要包括：系统的组织架构、覆盖区域和所服务的人口数量（需要有地理标注）；所有者情况（属于私人部门还是公共部门）；其他特征（相关收费，所采用的设备、设施、技术等，雇用的人员）；系统内受到公共应急事件影响的部分；受影响部分的损毁情况（完全损毁、部分损毁、轻微损毁）；受影响部分的修复和重建需求及成本，并确定所需的材料、机器、人员等；修复和重建所需要的时间；在恢复期间，应对临时性服务需求，提供临时性服务的情况及额外的成本，等等。

三、相关影响

（一）直接损失

评估专家首先需要确定供水和卫生系统的各个子系统的损失情况，包括：

（1）供水系统：基础设施损失、设备损失、存货损失等。

（2）污水处理系统：基础设施损失、设备损失、存货损失等。

（3）垃圾收集和处理系统：垃圾收集基础设施损失、设备损失、到垃圾最终处理场所（垃圾填埋场、垃圾焚烧厂等）的道路和设施损失、垃圾最终处理场所的损失等。

（4）其他：进水口设施、水泵、储水罐、水管等的损失。

对于这些损失，评估专家需要了解其损失的程度（完全损坏、部分损坏、轻微损坏），数量，重建、重置或修理需求以及相应的重建、重置或修理成本，汇总所有损坏所需的重建、重置或修理成本即可得到损失的经济价值。重建、重置或修理成本采用现行市场价格，如果价格存在失真、扭曲现象，则需要进行必要的调整。大部分设施、设备的损坏，可采用单位重建、重置或修理成本乘以数量的形式估算损失价值，对于一些复杂或定制的设施、设备，则需要特殊的专家来进行评估。

在时间和经费有限的情况下，可简单地对每个子系统估算一个损失比率，乘以子系统的总价值，以计算损失的价值损失比率的确定需要评估专家进行实地走访调查后得到，可能还需要咨询相关的业内专家。

（二）间接损失

间接损失主要包括在恢复阶段（在此阶段，供水和卫生系统损坏的设施、设备等被修理、重置或重建，恢复到正常运行的状态）损失的收入和额外的成本，并且需要考虑对公共健康的负面影响。同样，评估专家需要对每个子系统进行分别评估后再汇总。

1. 供水系统

（1）清理费用。

在进行修理、重置、重建毁坏的设施、设备前，需要清理损坏的设施、设备。评估专家需要根据清理的内容、清理的量以及单位清理费用评估这部分的清理费用，或者估算一个恰当的比率（清理费用占修理、重置或重建成本的百分比）。注意，一些损毁的设施、设备可能被二次利用，这部分回收的收益应予以扣除。

（2）应对临时性供水需求的额外成本。

在恢复阶段，应对临时性供水需求导致了额外的成本，主要包括：①水管修理成本，采用塑料补丁或临时性的水管，以保证水管重置或修理期间的水供应和避免水管漏水；②增加的氯化成本，包括临时性的氯化设施、增强氯化等；③使用其他水资源的成本，如私人水井、汲水设备等；④临时性的储水设施和运水设备的成本，如储水的游泳池、储水罐，运水的水罐车等；⑤受影响人口获得或购买饮用水的额外成本；⑥临时性供水配给的成本；⑦预防和净化水污染的额外成本；⑧购买和运输相关供水、净水等设备的成本；⑨额外的人力成本，包括专家、技术人员、管理人员以及一般劳动力。

对每一项增加的额外成本都需要进行单独的估算，最后汇总。

(3) 供水能力的降低。

供水能力的降低包括生产饮用水、配送饮用水、储存饮用水三方面能力的降低。公共应急事件可能造成水资源匮乏（特别是干旱）和储水能力降低（水库遭到破坏），自来水厂处理水的能力下降（自来水厂的基础设施可能遭到破坏），水管破裂（尤其是主水管破裂会导致配送饮用水的能力降低），最终导致运送至受影响人口的饮用水减少，评估专家需要评估减少的量，并确定其单位价值，进而估算总价值。

(4) 供水需求的降低。

不仅供水能力会降低，供水需求也会降低。公共应急事件发生后，由于前述种种限制，供水的质量也相应降低，受影响人口可能选择从自然水源汲水并煮沸消毒，对自来水公司的供水需求降低。

(5) 减少的相关收入。

由于供水能力和供水需求的降低，将导致受影响地区的供水收入减少。评估专家应将公共应急事件发生前自来水公司在正常供水需求状态下的收入与公共应急事件发生后的收入进行比较，其差额即为减少的收入。此外，需要考虑在公共应急事件发生后，水价是否发生变化。

(6) 对公共健康的影响。

公共应急事件发生后，供水质量降低，可能对公共健康产生影响，特别是老人、儿童等。对于这部分的间接影响，评估专家也应该予以考虑和评估。

2. 污水处理系统

(1) 清理费用。

评估方法与供水系统损坏的设施、设备的清理费用评估相类似。

(2) 应对临时性污水处理需求的额外成本。

在恢复阶段，原污水处理系统的处理能力降低甚至瘫痪，但仍然需要对污水进行处理，这时需要寻求替代方法应对临时性污水处理需求，这就产生了额外的成本。如污水处理的水管被破坏，可能需要临时性水管或采用塑料补丁；公共应急事件可能造成水质比正常状态下更差，需要加入更多的净水试剂；运输和使用临时性设备和机器对污水进行处理；将污水转运至未受影响的污水处理厂进行处理，等等。评估专家需要根据实际情况对这些额外成本进行评估。

（3）污水处理能力的降低。

由于污水处理基础设施、设备等被破坏（如污水处理设备、水管、污水处理厂建筑等），导致污水处理能力降低。评估专家需要评估污水处理能力较之公共应急事件发生前的处理能力降低的程度。

（4）减少的收入。

由于污水处理能力的降低，自然在恢复期间处理的污水量减少，从而导致污水处理收入的减少。评估专家需要评估公共应急事件发生前应对正常污水处理需求时的收入，与公共应急事件发生后的收入进行对比，其差额即是减少的收入。此外，需要注意污水处理价格是否发生变化。

（5）对公共健康的影响。

污水处理系统的破坏和堵塞可能导致污水流到地表面，作为传播媒介，增加疾病和传染病的风险，从而对公共健康造成危害。

3. 垃圾收集和处理系统

对垃圾收集和处理系统的间接损失评估也考虑清理费用、应对临时性垃圾收集和处理需求的额外成本、收集和处理能力的降低、收集和处理成本的提高、减少的收入以及对公共健康的影响，其评估与供水系统、污水处理系统相似，不再进行详细叙述。

（三）损失统计

以下给出一份可作参考的损失统计清单（见表5－3）。对于具体的损失统计清单样式，评估专家可根据实际需要确定。

表5－3 公共应急事件造成的供水和卫生部门的损失

类目	损失			部门	
	直接损失	间接损失	总计	公共部门	私人部门
总计					
供水系统 ——重建成本 ——重置成本 ——修理成本 ——减少的收入 ——额外的运营成本					

（续上表）

类目	损失			部门	
	直接损失	间接损失	总计	公共部门	私人部门
污水处理系统 ——重建成本 ——重置成本 ——修理成本 ——减少的收入 ——额外的运营成本					
垃圾收集和处理系统 ——重建成本 ——重置成本 ——修理成本 ——减少的收入 ——额外的运营成本					

（四）外部影响

1. 对 GDP 的影响

由于公共应急事件破坏了供水和卫生系统的生产能力，从而导致其产出下降，产出的下降又导致此部门的收入减少，加上应对临时性供水和卫生需求的额外成本，进而对 GDP 产生影响。以供水系统为例，评估专家需要评估在恢复期间供水减少的量、单位水价，进而得到减少的产值，此外，还应考虑受影响人口采用其他方法获得供水的额外成本。另外，评估专家可以采用事前事后分析法，对比其在公共应急事件发生前后的产值变化，以此评估其损失对 GDP 的影响。

2. 对国际收支平衡的影响

（1）增加的进口。在重建和恢复阶段，一些机器、设备、材料等可能需要从国外进口，评估专家需要汇总所有的进口物资及其价值。评估增加的进口，可以采用以下公式：$Idd = Idd0 + Idd1 + Idd2$。其中，Idd 是指因公共应急事件造成的损失增加的进口，$Idd0$ 是指公共应急事件发生当年的进口，$Idd1$ 是指公共应急事件发生次年的进口，$Idd2$ 是指公共应急事件发生第三年的进口。

（2）减少的出口。由于水资源、污水、固体垃圾等一般不出口，所以供水和卫生部门对出口的影响可能很小。但受影响地区、国家可能出口供水和卫生部门所需的设备、机器、材料等，由于公共应急事件的发生，造成这些原先出口的设备、机器、材料转运至国内受影响地区应对公共应急事件造成的损失。出口影响的评估方法与进口影响的评估方法相类似。

（3）国际援助。其他国家可能会对受影响地区进行援助，包括重建相关的机器、材料、设备等，也可能直接投入资金，一般援助发生在公共应急事件发生的当年。

（4）保险。供水和卫生部门的设施、设备等可能投保，而国外的保险公司可能对国内的保险公司进行了再保险，国外保险的理赔会增加外汇收入，对国际收支平衡产生影响。

3. 对公共财政的影响

（1）减少的税收。供水和卫生部门的收入需要征税，政府税收的减少应基于供水和卫生部门减少的收入。

（2）减少的公用事业收入。供水和卫生部门属于公用事业，其产出的减少和增加的额外成本导致公用事业收入减少。

（3）修理、重置、重建增加的支出。在恢复阶段，公共财政也需要投入对供水和卫生部门的损失进行修理、重置或重建。

4. 对价格和通货膨胀的影响

公共应急事件对供水和卫生部门造成的损失会对水价、污水和垃圾处理价格以及重建修复所需的材料、设备、机器等的价格产生影响。①水价。自来水公司生产水的成本可能会提高，从而导致水价上涨，但如果存在政府补贴，则水价可能不受影响。②重建所需材料、设备、机器等的价格。在恢复阶段，可能需要大量相关的材料、设备、机器，进而会导致其市场价格上涨，但同样，如果政府进行价格控制，则价格可能不受影响。

5. 对就业的影响

由于近年来在供水和卫生部门大量地使用高科技技术，对人员的需求在逐渐降低，所以对就业的影响可能是有限的。在重建期间，此部门的重建项目，可能需要雇用大量的专家、技术人员、一般劳动力，导致此部门就业率上升，而且此部门的人员由于赶工加班的必要，其收入也可能有所增加。此外，还需要注意的是，更新的设施、设备、机器可能需要更少的人进行养护和操作，从而可能会降低未来的就业率。

6. 对环境的影响

公共应急事件对供水和卫生部门造成损失，从而导致其供水能力、污水处理能力、垃圾处理能力下降，这对环境会造成相当的负面影响，并危害公共健康。此部分的影响将在公共应急事件对环境的影响评估中详细介绍。

第三节 运输和通信

运输和通信系统也是一个国家或地区十分重要的基础设施。运输部门是指专门从事运送货物和旅客的社会生产部门，包括铁路、公路、水路、航空、管道运输等；通信部门是指采用某种技术或媒介进行信息交流与传递的社会部门，包括邮政、电信、移动、联通等。运输和通信系统的损坏会导致社会联络的中断，影响应急阶段的救援行动以及恢复阶段的重建项目，影响人们正常的生产、生活，进而影响社会经济的发展。每个国家和地区的运输和通信设施可能各不相同，以下将介绍公共应急事件对运输和通信系统影响的一般评估方法。

一、评估步骤

一般来说，公共应急事件对运输和通信部门的影响评估可分为以下四个步骤：①确定受公共应急事件影响的地域范围，收集受影响地区公共应急事件发生前运输和通信系统的相关信息，确定潜在受影响的相关设施。②对潜在受影响的相关设施进行实地走访调查，确定其损失情况。在一些情况下，评估专家可能不能进入受影响地区（道路被毁、洪水等情况），此时可借助直升机或轻型飞机进行辅助实地调查。③根据所收集的信息，评估公共应急事件对运输和通信系统的影响，并评估其外部影响，撰写影响评估报告。④对评估结果进行评价，确定评估报告的准确性、真实性、可用性以及未尽之处，为之后更为深入的影响评估和其他影响评估指明方向。

二、相关影响评估

（一）相关损失

在对运输和通信部门的损失进行评估时，评估专家需将其划分为几个子部门，分别评估子部门的直接损失和间接损失，然后汇总得到整个部门的损失统计。不同的子部门有其特殊性，评估方法也不同，以下将介绍最主要的几个子部门的损失评估方法，包括道路网络和地面运输、水运和空运以及通信，其他子部门（如铁路部门）的损失评估方法与此相类似。

1. 道路网络和地面运输

公共应急事件可能会对道路网络造成破坏，进而引起地面运输的中断和瘫痪。评估专家应收集评估所需的相关资料，确定所造成的损失，包括直接损失和间接损失。

（1）评估资料收集。

评估专家需要收集公共应急事件发生前后受影响地区的道路网络和地面运输的相关资料。对于事前资料，评估专家应充分利用道路管理部门、地面运输企业等相关机构的二手资料，确定潜在受影响的道路网络和地面运输，地理信息系统可能是很好的辅助工具。对于事后资料，评估专家可能需要进行实地走访调查，确定公共应急事件对道路网络和地面运输部门造成的实际损失，此外，道路管理部门等相关机构可能已经对道路网络和地面运输的损失情况进行过相关调查，评估专家可以利用其调查结果，但需要进行必要的审查和修正。应特别注意的是：①一些损毁的道路可能阻止了对上游道路的勘察和评估；②道路管理部门可能为扩大重建投资，而夸大了损失情况；③道路损失可能是由于养护不当引起的，与公共应急事件无关；④可能扩大了重建成本，一些人力成本可能已经计入预算之中；⑤可能未考虑地方或者私人管理的相关设施；⑥可能未考虑私人运输工具的损失；⑦一般不考虑间接损失。

（2）直接损失。

直接损失主要包括道路网络、运输工具及其他相关设施的损毁。道路网络包括快速路、主干路、次干路、支路、桥梁等及其相关设施，按照修路材料不同，亦可分为柏油路、水泥路等。不同的道路有不同的单位造价和修复成本。评估专家需要确定不同道路的单位重建或修复成本以及相应的损毁长度，其乘积即可估算道路网络损毁的经济价值。运输工具包括小汽车、货车、公交车等等，也可按旅客运输和货物运输进行分类。评估专家需要确定各类运输工具的单位价值以及损毁的数量，部分损毁需要乘以估算的损毁比率，当然也可用修理成本来衡量部分损毁的经济价值。其他相关设施包括汽车站、公交站、物流公司的基础设施等等，这部分的评估与其他部门基础设施损毁的评估相类似，不再赘述。

（3）间接损失。

间接损失主要是指由于道路网络破坏而导致地面运输成本的增加（相较于公共应急事件发生前），包括由于道路不可通行而导致无法出行的损失和在被破坏的道路上行驶增加的成本。此外，间接损失还包括降低道路网络易损性的成本（应对未来相似的公共应急事件的发生），其中包括必要的加固，采用更好的建筑材料等等。

评估专家要注意这部分额外成本的评估，如果估算公共应急事件发生前后运输单位成本的差额，并用日常运输总量相乘，会导致高估间接损失，而乘以灾后运输总量的差额，则会低估间接损失。一般可以用以下公式进行评估。

$$\int_{q_1}^{q_0} p \cdot \partial q - p_0(q_0 - q_1) + q_1(p_1 - p_0) \tag{5.1}$$

式中，q_0代表正常情况下的交通总量；q_1代表公共应急事件发生后的交通总量；p_0代表正常情况下的运输成本；p_1代表公共应急事件发生后的运输成本。

在运用这个公式时，评估专家需要收集必要的数据信息，公共应急事件发生前的交通量可以从当地交通部门的统计报告中获得，其中包括道路运输的正常交通量以及车辆类型的详细信息；发生后的交通量则需要评估专家实地调查得到，当然也可参考交通管理部门或其他机构已做的调查结果。对于公共应急事件发生前后运输成本的估算，评估专家需要咨询道路工程师等专家，根据实际测算或经验估计，也可参考其他国家地区已有的相似评估结果。可以的话，评估专家应将时间成本也考虑在运输成本之内。注意，评估还应划分子部门（按不同的道路进行分类，对不同的道路再按不同的交通工具进行分类，不同的道路、不同的交通工具有不同的运输成本）进行分别估算，最后汇总得出总损失。

此外，评估专家需要注意一些例外情况，如一个桥梁完全倒塌，在这种情况下，必须计算货车和被闲置在河边的人员的相应成本，或者货车沿着另一条道路绕道的成本（绕道成本包括潜在更长的运输距离和每公里更高的单位成本）等等。道路运输也可能被其他的运输方式替代，这种情况下，公式（5.1）仍然可以使用，不同的是，q_1和p_1必须针对替代运输方式得到，不同的运输方式有不同的运输成本。

评估专家还需要评估修复损坏道路所需要的时间，可基于受破坏道路的长度、程度以及可用机器、人力的效率。注意，对于成本支出在相当长的时间段内（比如几年）发生的情况，需要进行相应的贴现，计算成本支出的现值。

考虑到运费，对于间接损失还可以通过下面的公式估算：

$$(q_0 - q_1)(f_0 - c_0) + q_1(c_1 - c_0) \tag{5.2}$$

式中，f_0代表单位交通量的运费；c_0代表公共应急事件发生前单位交通量的边际成本；c_1代表公共应急事件发生后单位交通量的边际成本。

一般情况下，客户支付的运费并不等于f_0，f_0中可能还包括其他的额外成本，如装卸费用等，评估专家需要剔除额外成本。

现实中，评估专家进行评估采用的程序、方法、资料需要根据实际情况确定，这里仅是对常规情况下的评估方法和相应所需收集的评估资料作了说明。

（4）损失统计。

以下给出一份可作参考的损失统计清单（见表5－4），应详细列出道路网络和地面运输的每个项目及其单位价值（平均）、损失量和损失值估算，评估专家应根据实际需要确定具体的损失统计清单样式。

表5－4　公共应急事件造成的道路网络和地面运输的损失的损失

项目	单位价值（平均）	损失量	损失值
小汽车			
货车			
公交车			
……			
快速路			
主干路			
次干路			
支路			
……			
桥梁			
……			
公车站			
汽车站			
……			
总计			

2. 水运和空运

水运和空运的损失同样可分为直接损失和间接损失。对于直接损失的评估，水运、空运和地面运输没有本质上的区别，同样是主要估算基础设施和交通工具的损失。而对于间接损失的评估，虽然同样可以应用地面运输间接损失评估的公式，但需要考虑到水运和空运的特殊性。

公共应急事件在很多情况下都可能增加道路运输的运输成本，但对于空运和水运，其运输成本可能保持不变。一些水运或空运可能在公共应急事件发生后被暂时取消，但除此之外，运营成本一般和公共应急事件发生前是一样的。当然，也存在一些特殊的情况，如减少的河流水量可能要求更小的船只，被破坏的机场跑道可能要求更小的飞机等等。

在空运、水运被取消的情况下（这可能是由于不利的天气或终端设备被损坏），有时很难确定 p_1（公共应急事件发生后的运输成本），甚至由于运输被取消，相应的整个运输成本减少，但要注意的是，即使运输被取消，一些固定成本以及人力成本也可能不会改变。此外，一些没在公共应急事件发生后立即发生的运输，可能会在稍后发生，即运输只是被延迟，在这种情况下，应对 p_1 进行贴现，并且注意由于运输被延迟可能导致货物损坏，以及货物没有及时到达目的地也可能引起额外的成本，如药物没有及时运到，可能导致患者的病痛；由于原材料没有及时运到，可能导致工厂停产，等等。评估专家需要评估这些间接影响。

最后，需要说明的是，对于这样的间接损失的确定，显然，评估专家是无法做到面面俱到的，不可能穷尽所有的间接影响，但至少在评估中应该包含最重要和主要的方面，并对未尽之处做出定性说明。

3. 通信

通信部门涵盖全部的电话服务，包括传真、互联网和电子邮件访问等，也衍生到广播、电视等。对于通信部门的损失，评估专家也需要从直接损失和间接损失两方面进行评估，可将其看作特殊的运输部门，评估方法与交通运输部门相类似。

（1）直接损失。

对于直接损失，其主要涉及三部分基础设施的损坏，包括管理设施、传输和广播设施以及收发信息的设备。管理设施主要是行政管理大楼及其内部设施。传输和广播设施指的是天线、电缆线等。收发信息的设备包括有线或移动手持装置、计算机和传真机等。直接损失可以用修复、重置或重建被破坏的基础设施的成本来衡量。评估专家必须注意到由于科技的高速发展，加速了这些基础设施的折旧，由此按照修复或重置成本来衡量的影响价值可能是被夸大的。所以，评估专家需要考虑这些基础设施的现行市场价格。有时候虽然设备可以维修，但由于新一代的产品可能成本更低且生产率更高，在这种情况下，显然明智的方法是购买新设备而不是维修老设备。

评估专家可采用下述公式对其重置成本进行评估。

$$\text{重置成本} = \text{新设备的成本} \times \text{旧设备的生产率} \times \text{新设备生产率的倒数} - \text{设备剩余价值}$$

有一些设备是通用的，其相关价值的确定较为简单，但对于一些专业定制的设备，评估专家需要咨询专业人士，由其进行相关维修、重置成本评估。

（2）间接损失。

对于间接损失，应从用户和服务提供商两方面来评估产生的额外成本。服务提供商的成本较易衡量，主要是指提供相应服务的额外成本，可应用道路网络和地面运输评估中的公式（5.2）进行估算。而对于用户的额外成本，由于用户可能极为分散，且衍生影响不易确定，评估用户的间接损失更为困难，要根据实际情况进行相应的评估，如用户因不能打电话、发传真或电子邮件导致的损失，可适用公式（5.1）。此外，电话、传真、电子邮件信息本身也是有价值的，但其价值极难被估算。实际中，也缺乏有效的方法去估算信息价值，评估专家可采用简化的方式，如对电话的价值，直接赋值其为电话费的两倍，但这显然十分随意和不准确。更精确的评估，需要评估专家根据电话、传真、电子邮件信息本身的性质、功用，并且对接收双方进行调查，进而确定，但无疑这样做的成本极高，也需花费极多的时间和人力，所以在现实中，评估专家只做一个大概的估算。

（二）外部影响

最后要说明的是，运输和通信部门的损失会产生相关外部影响，包括对GDP、国际收支平衡、公共财政、就业、价格和通货膨胀等的影响，其与供水和卫生部门的外部影响评估相类似，这里不再赘述。

第六章　公共应急事件对经济部门的影响分析

本章将分析公共应急事件对经济部门的影响，包括农业部门、贸易和工业部门及旅游部门。

第一节　农业部门

农业部门指的是通过培育动植物生产食品及工业原料的生产部门。农业属于第一产业，是支撑国民经济建设与发展的基础性产业，一般可分为植物栽培和动物饲养两大类。狭义的农业仅指种植业或农作物栽培业，广义的农业包括种植业、林业、畜牧业、副业和渔业。本节主要分析公共应急事件对种植业的影响及影响评估方法，林业、畜牧业、副业、渔业的影响评估方法与此相类似。不同的公共应急事件对农业部门会造成不同的影响，当然，一些公共应急事件对农业部门可能没有影响。对农业部门有较大影响的公共应急事件主要是自然灾害事件，如干旱、洪灾、台风、地震、海啸、火山爆发等等。公共应急事件会造成农产品减产，相关基础设施破坏，进而对其他部门（商业、工业等）和宏观经济产生影响。由于农业部门是关系到国民生计的部门，需要特别重视公共应急事件对其造成的损害，在最坏的情况下，公共应急事件引起的损害可能会造成食物短缺，直接威胁受影响人口的生存和营养问题，如公共应急事件可能造成粮食的存量减少（如对粮仓的破坏）、粮食歉收减产绝收（如虫灾、干旱）、农民可能不进行农业生产转而从事其他公共应急事件发生后的重建工作等等。

一、评估资料收集

评估公共应急事件对农业部门的影响，可采用事前事后对比分析法，评估专家需要收集公共应急事件发生前后农业部门的相关信息，进而确定公共应急事件对农业部门造成的损失，并评估相关的外部影响。

评估所需的相关信息可从政府相关部门（统计局、农业部等）、从事农产品贸易的企业、行业协会等中获得。此外，在评估过程中，评估专家应与农业部门的专家紧密合作，需要农业专家从专业层面提供和辅助收集评估所需的资料，如确定某公共应急事件将对农业部门产生特定的影响（台风会破坏农作物，洪水会淹没农作物，干旱会导致农作物干涸等）；确定公共应急事件影响的范围（小范围、地区性的，国家性的等）；确定公共应急事件影响的程度（轻微、严重、特别严重等）；确定专业性较强的基础设施、机器设备的损失（如灌溉设施、农机设备等），等等。评估专家也需要和工业、商业部门的专家合作，这是由于大部分农产品并不是由生产者——农民加工销售，而是由从事农产品贸易的商人和公司加工销售。

评估的时间和经费往往是有限的，所以评估专家要尽可能利用好一切有用的资源和途径，收集尽可能详尽、全面、准确的信息。首先，在应急阶段应对公共应急事件对农业部门的影响进行粗略评估，确定受影响的作物类型、影响的区域范围和严重程度以及潜在的社会经济影响等，但粗略评估往往不够精确，甚至可能存在一些错误。之后，评估专家要以这部分粗略评估的结果为基础，在应急阶段结束后，进一步进行更精确的影响评估。在评估过程中，评估专家需要从相关机构收集有用的二手资料，如受影响地区的农业部门相关情况，受影响地区农业部门的中长期产出预测信息等等，有一些评估所需的信息无法通过二手资料收集得到，则需要进行实地走访调查获得，并需要农业专家的协助，实地走访调查的覆盖范围和选择地点要根据实际情况而定。实地调查可能存在一定的困难，公共应急事件发生后，受影响地区的交通状况、环境状况可能较为恶劣。当不可能对整个区域进行实地走访调查时，评估专家应选择具有代表性的区域进行实地走访调查。在实地走访调查中，评估专家需要对当地的政府官员和受影响人口，特别是遭受损失的农民进行访谈，他们提供的信息将有助于评估公共应急事件对农业部门的影响，从不同的访谈对象那里可以获得不同的有用信息，农业部的官员可能会提供公共应急事件对农业部门影响的概况，从事农产品经营的企业可能会提供农产品相关价格、需求等市场信息，遭受损失的农民可能会提供直观的公共应急事件对农民影响的资料等等。注意，评估专家在进行实地调查之前，要准备一份需要访问的地区和对象的清单，并确定调查的内容。此外，一些新闻媒体等提供的报道、报告等也可以作为评估所需信息的来源，但对于这些非权威渠道来源的信息的可用性、真实性等，评估专家应进行细致的审查。

二、相关影响评估

（一）影响概述

评估专家需要对公共应急事件对农业部门（这里仅指种植业）的影响进行全面且尽可能详细的描述，包括：①受影响的作物类型、程度以及受影响的区域范围。作物的类型有不同的分类方法，按照生命周期，可分为一年生作物、二年生作物、多年生作物；按照用途，可分为食用、工业原料用、饲用；按照温度条件，可分为温寒带作物、温带作物、亚热带作物、热带作物，等等。一般在描述农业部门受影响的作物类型时，可按照用途分为粮食作物和经济作物。粮食作物的减产可能引起严重的社会问题，而经济作物作为工业原料，其减产则可能造成严重的经济影响。故这样分类便于之后的外部影响分析。受影响的程度可分为无影响、轻微影响、部分影响、全部影响。台风可能破坏所有在其路径上的作物，而洪水可能破坏一些不耐水淹的作物。需要注意的是，在评估公共应急事件对农作物影响时，既要考虑短期影响，也要考虑长期影响，火山灰短期内可能会导致作物死亡，却有利于提高未来的作物产量。公共应急事件也可能对作物有正面影响，如暴雨可能把肥沃的泥土冲刷到农田中，提高原先土壤的质量。受影响的区域范围需从地理上确定公共应急事件造成的受影响作物的面积。②基础设施、机器设备、存货等。这部分的评估相对简单，确定其损失数量及相应的单位价值，即可评估其损失的价值。但一些定制的或专业的基础设施、机器设备需要专门的评估。此外，需要注意的是，一些部分损坏的作物存货可能用作其他的用途，如人类的粮食可转用作饲料，这部分的收益应该在损失中扣除。③衍生影响。公共应急事件对农业部门的影响，会产生传导作用，如对家庭作坊、与农业相关的商业、工业等产生影响，并进而对宏观的 GDP、国际收支、价格和通货膨胀等产生影响。最后，评估专家要收集农业部门重建和恢复战略、计划、项目的信息以及时间表和相应的预算，并根据评估结果，帮助决策者和相关机构确定优先次序，完善重建和恢复战略、计划和项目。

其他需要注意的是，由于农业生产有其内在的周期性，故公共应急事件对农业部门的影响与其发生的时间有关，且不同的农作物的情况也有所不同，如棉花这样的喜热作物在生长早期如果遭遇霜冻或持续太久的阴雨则很难存活，在作物快要成熟的季节发生台风或飓风等可能会导致作物产量大大减少。

（二）直接损失

直接损失主要包括农田，基础设施、设备、机器，即将收获的作物及存货的损失。需要注意的是，同样是作物，那些即将收获的作物属于直接损失，而未来的作物产出损失则应计入间接损失。

1. 农田

公共应急事件可能对农田造成影响，进而影响所栽培的作物。农田的价值较难评估，一般有三种评估方法（情况）：①基于所损失的产出的价值。如某公共应急事件造成一定面积的农田十年内不能种植作物，农田原来每年产出的作物价值为 1 万元，则可评估此土地损失的价值为 10 万元。②基于恢复其生产能力的成本。公共应急事件可能造成农田需要清理，或者需要更多施肥等，这些恢复其原有生产能力的成本也可以代表农田损失的价值。③可能存在正面影响。如火山爆发后的火山灰，其直接影响是导致当年的作物减产或产出质量降低，但第二年后，火山灰变成了肥料，增加了农田的肥力，其增加的产出的价值可作为对农田正面影响的价值。

2. 基础设施、设备、机器

公共应急事件可能会对农业部门的基础设施（灌溉设备、仓库、地窖、畜栏等）、设备（收割机、播种机等）以及机器等造成影响，其影响价值的评估应基于每项被损坏或部分损坏的基础设施、设备以及机器的价值。一般先确定单位价值，然后乘以被损坏的数量以及估算的损失比例，如每米灌溉渠的价值为 1 000元，公共应急事件造成 100 米的灌溉渠被破坏，且是部分损坏，损坏的比例为 80%，则估算公共应急事件对灌溉渠影响的价值为 80 000 元。单位价值采用市场现行价格，即重置（重购）成本或恢复（修理）成本。一些特别的价值较大的定制的基础设施、设备以及机器需要进行专门的评估，并且需要专家对其进行评估。

3. 即将收获的作物

只有即将收获已经成熟的作物才被列为直接损失，一般采用单位价值乘以损失量的形式评估这部分的损失价值，对于那些正在生长的作物的损失不计入在内。

4. 存货

存货包括种子、已经收获的作物、相关设备和机器等等。公共应急事件会造成存货损失，需要确定每一项存货的单位价值，损坏的数量以及损坏的比例，得出每一项存货的损失价值，并汇总。

一份可作参考的直接损失统计清单如表 6－1 所示：

表 6－1 农业部门的直接损失

类目	损失描述	损失值
农田	35 公顷的农田损毁 ……	
灌溉和排水设施	750 公里的灌溉渠损毁 ……	

（续上表）

类目	损失描述	损失值
机器和设备	10 辆拖拉机 2 部播种机 3 辆卡车 2 个水泵 ……	
即将收获的作物	700 公顷的大豆 300 公顷的水稻 ……	
存货	21 吨的玉米 5 吨的小麦种植 500 包化肥 ……	
建筑设施	2 个谷仓 4 个地窖 ……	

（三）间接损失

间接损失指的是由于公共应急事件造成的农业部门未来产出减少的经济价值，也包括预防未来相似公共应急事件发生的成本。

对于一年生和季节性的作物，公共应急事件对其造成损坏，如果没有时间进行重新播种，会导致未来产出的减少，其损失衡量可采用作物面积、损失比例、每单位面积作物产量以及每单位产量作物的价格四者的乘积；如果能进行重新播种，则损失衡量可采用重新播种的相关成本，并考虑重新播种的产量与原产量是否有差异，若有差异，减少的产量也应计入损失评估中。对于多年生的作物（如果树、咖啡等），公共应急事件可能造成其花蕾损失，从而造成其产出降低，其损失衡量应基于因花蕾损失导致的产量减少，以及单位产量的价值。

有些存货损失也需要计入间接损失，如公共应急事件可能对饲养的动物产生影响，如地震、台风等过后，母鸡的产蛋量会下降，奶牛的产奶量也可能下降。这些间接损失将很难衡量，一般会在正常产出的基础上赋予一个损失比例，比例值由农业专家确定。

在公共应急事件发生后，农业部门也要对应对公共应急事件的设施、设备等进行检查和加强，或采取新的预防措施、修建新的预防工程，如加固农田边的堤坝、疏通拓宽水渠等等。这些相应的成本也需要计入间接损失。

（四）损失统计

损失统计需要汇总直接损失和间接损失，此外总损失应按照私人部门和公共部门进行分类，或按照地区分类，以作为重建恢复计划、战略、项目的参考。在进行总损失评估时，进口和出口的影响不应计入在内，以免造成重复计算，但是对国际收支平衡的影响在宏观影响分析部分需要进行衡量。

一份可作参考的损失统计清单如表 6－2 所示：

表 6－2　农业部门的损失

部门和子部门	总损失	直接损失	间接损失	对国际收支平衡的影响	
				增加进口	减少出口
农业					
1. 资产 土地 农业设施					
2. 产出：作物 （1）国内消费 大米 豆类 玉米 高粱 …… （2）出口 咖啡 菠萝 香蕉					

（续上表）

部门和子部门	总损失	直接损失	间接损失	对国际收支平衡的影响	
				增加进口	减少出口
……					
畜牧业					
1. 资产 牛 家禽 基础设施 牧场 ……					
2. 产出 牛奶 木材 ……					
渔业					
1. 资产 水库 ……					
2. 产出 鱼 虾					
总计					

（五）外部影响

农业部门的损失还会产生一些外部影响，包括对其他部门以及宏观经济运行的影响，如对就业和收入的影响、对国际收支平衡的影响、对 GDP 的影响、对价格和通货膨胀的影响、对环境的影响。

1. 对就业和收入的影响

公共应急事件可能造成农业基础设施破坏及相关产出下降，农民的收入自然受到负面影响。一般可采用公共应急事件发生前后农民收入的变化来衡量，或者采用在公共应急事件中损失的本可通过市场销售获得收入的农产品的经济价值来衡量。对于畜牧业、渔业等，同样由于公共应急事件造成基础设施破坏及相关产出下降，进而也会造成此部门的就业率下降、收入下降。需要考虑的是，对于那些还没有收获的作物，其收获所需的相关劳动力亦不再需要，进而造成这些劳动力的收入下降。一般采用收获作物所需雇用劳动力的数目、日工资和雇用的平均天数计算其总收入损失。所需雇用劳动力的数目和雇用的平均天数根据历史的经验估计，而日工资则可基于劳动力的市场价格。

由于农产品的加工营销与贸易部门有关，一些农产品是工业部门的原料等等，农业部门的产出下降会波及这些相关部门的就业和收入。这部分的影响较为复杂，需要综合考虑农产品的产业链，进而确定这些相关部门的收入损失。

最后，需要注意的是，公共应急事件对农业部门造成的损失引起对就业和收入的影响也可能是正面的。在恢复重建阶段，由于一些重建项目的开展会相应地扩大就业，增加相关人员的收入。

对就业和收入的影响分析还需要根据人群进行分类，以更好地了解对特定人群的影响。如根据性别进行分类，评估公共应急事件对农业部门造成的损失对男人和女人就业和收入是否有不同的影响。

2. 对国际收支平衡的影响

公共应急事件造成的农业部门产出的下降会导致农产品出口减少和相应的农产品进口需求，特别是受影响地区为重要的农产品生产地。其中，最重要的进出口项目是粮食，公共应急事件可能造成粮食短缺，为应对受影响地区的粮食需求，可能需要从国外进口粮食。评估专家需要评估未来一段时间内所需要进口的粮食总量。一些非政府机构以及国外政府可能会对受公共应急事件影响的地区进行人道主义援助，援助的形式为提供相应的农产品，这部分进口也需要考虑在内。评估专家需要对每种农产品的进口需求进行估计，可按照表 6－3 进行。而对于出口，评估专家需要收集近年来此地区每种农产品的出口额，以及对当年的出口额预测，与公共应急事件发生后实际出口进行对比，得出出口的降低额。

表6－3 农产品进口需求估算

产品	单位价格	总需求	产出（公共应急事件发生后）	国外援助	需要进口
大米					
高粱					
玉米					
……					

此外，在恢复阶段，农业部门重建项目所需的设备、机器、材料等可能需要进口。这部分对国际收支平衡的影响与其他部门这部分的评估相似。

除了实物的进出口，评估专家也需要注意资金的流动，国外对农业部门的援助可能是投资的形式，国外的保险公司也可能对农业部门的损失进行赔偿等。

3. 对GDP的影响

农业部门产出的减少会对GDP产生影响。虽然近年来，农业部门占GDP的比重在下降，但作为三大产业之一，其对GDP有着重要影响。2007年，农业部门产值占GDP的11.26%，且农业部门产出的减少也会影响工业和服务业，进而对GDP造成影响。如果受影响地区的农业比重较大，且损失严重，则对地区GDP的影响无疑会很大。而就全国而言，则要看受影响地区的农业产值占全国的比重，一些公共应急事件是地域性的，其影响力有限；而一些公共应急事件则可能覆盖范围很广，如全国范围的雪灾，可能对全国的农业生产产生较大的影响。此外，也要看在公共应急事件发生后，抢收、抢种等工作是否落实，这些补救措施可以使损失降到最低，一定程度上弥补公共应急事件造成的损失。

4. 对价格和通货膨胀的影响

公共应急事件会对农业部门的农产品价格产生影响，包括生产价格、批发价格、零售价格、政府定价、进口价格和出口价格。评估专家应收集公共应急事件发生前后受影响的每种农产品的相关价格，并进行评估。生产价格指的是支付给生产者的价格，价格信息可以从政府相关部门或者交易市场上得到。一般公共应急事件发生后，可能由于产量减少，生产价格相对会提高；也可能由于农产品质量降低，生产价格相对降低；但有时候政府会以确定的价格收购农产品，此时，生产价格则是不变的。批发价格和生产价格的差额主要在于运输成本或加工成本，评估专家可以比较这两者的差额，以评估公共应急事件对农产品运输和加工的影响。零售价格是指最终消费者支付的价格，其与批发价格的差额在于营销成本。政府定价是政府为了稳定物价或基于全局性考虑而制定的固定价格，其保证了农民的最低收入和消费者的最高支出，相关的信息需要从政府相关部门获得。

进出口价格信息可以从农产品进出口公司获得，其价格中还包括保险、运费和营销成本，并取决于国际农产品市场的价格，如果受影响地区某种农产品产值占全球比重较大，可能会造成国际农产品市场价格的变动。

5. 对环境的影响

农业部门的生产基于自然资源，是人们利用动植物体的生理机能，把自然界的物质和能量转化为人类需要的产品的生产部门，其基础设施、劳动力、管理以及技术与自然资源结合生产农产品，如作物、木材、畜禽等。农业部门与环境有着十分密切的联系，农业部门影响评估和环境影响评估也有着内在关系。

(1) 包含在农业部门评估中的环境损失。

一些环境损失已经包含在农业部门的直接损失和间接损失评估中，包括自然资产及环境产品和服务，如农田、森林以及农业、渔业等产出的减少。评估专家应区别这些损失归于自然资产损失的部分，而不仅仅是人类资本和其他资产如设施、机器和设备，可采用分配比重的方式对其进行评估。为了避免重复计算，这部分已经包含在农业部门评估中的环境损失，不再在环境评估中计算。

(2) 独立评估。

一些环境损失会影响农业生产，但并没有计入农业部门评估中，如空气中二氧化碳的变化、生态系统的破坏对农业相关生产的影响等等。这些损失将在环境评估部分予以专门的考虑。

第二节 贸易和工业

公共应急事件会对贸易和工业部门造成损失。由于这两个部门有一些相似的特征，故本书在同一节中作介绍。

贸易和工业部门的企业往往可分成大型企业、中型企业和小型企业，且都存在资本集中的现象，大企业相对于小企业实力雄厚、市场占有率高、产量大、雇员多。但由于近年来高科技的发展，一些大企业对劳动力的需求在降低。此外，大企业会对其机器、设备、建筑、仓库、存货等进行投保，这样能弥补公共应急事件发生后造成的损失。对于小企业，虽然面对公共应急事件有着更高的易损性，但由于其较为灵活，能够更快地对公共应急事件的影响作出反应，且其没有较多的基础设施需要重建，所以恢复速度相对较快。实际中，中型企业在公共应急事件中受到的损失可能最大，相对于大企业和小企业，其可能更需要外部的援助。

一般贸易和工业部门的企业集中在大城市，即使不在大城市，也基本集中在一些中等城市或小城市。如果公共应急事件影响的是偏远的农村地区，则对贸易和工业部门的影响可能很小，但通过产业链的传递，即使那些偏远地区发生的公共应急事件也可能影响相关贸易和工业企业，如产业链延伸至矿业、渔业、林业等的企业。

以下将分别介绍公共应急事件对工业部门和贸易部门的影响评估。

一、工业部门

对工业部门的影响评估，与其他部门的影响评估步骤相似，可简单分为以下三个步骤：①收集评估所需的信息，主要包括受影响地区工业部门的概况以及由于公共应急事件遭受的损失情况。②对工业部门的损失情况进行货币量化评估，并评估其外部影响，包括对 GDP、国际收支平衡、公共财政等的影响。③形成一份精确综合的评估报告，作为重建计划、项目的重要参考。

（一）评估资料收集

评估所需资料的收集是评估专家的首要工作，信息来源包括行业协会、国家统计局、工业部、地方政府、企业、银行、调查公司、网络等等，要尽可能利用一切渠道收集评估所需的信息。收集的信息主要包括公共应急事件发生前工业部门的情况（工业部门的周期性普查、行业报告评估等等）以及发生后损失的相关情况。一般在公共应急事件发生后，地方政府会对公共应急事件的影响进行粗略评估，其中可能也包括工业部门的损失情况，如工业部门设施的损毁情况（损毁程度、所有者、规模等）。这些信息将成为评估专家进行进一步评估的基础。一些信息可能无法以二手资料的途径获得，则需要评估专家派遣调查员进行实地调查，包括对受影响的大企业负责人，受影响的中等企业、小企业代表进行访谈，以更好地了解公共应急事件对工业部门的影响，以及受影响企业的重建需求，并进一步了解受影响企业的产业链，评估衍生影响。

（二）相关影响评估

1. 直接损失

首先，评估专家需要确定直接损失，包括此部门资产的损失、资产重置成本和重建成本（包括降低易损性的成本，也即预防措施的投入）等。对于资产重置成本和重建成本，评估专家应参考市场现行价格，对于需要进口的资产，还需要考虑国际市场的价格及汇率。评估专家应对企业进行分类，包括大企业（雇用人数在 200 人以上）、中型企业（雇用人数为 40 ~ 200 人）和小型企业（雇用人数在 40 人以下）。注意，大型企业的相关记录资料可能较为齐全，评估专家有必要与大型企业的负责人进行深入访谈；而对于小企业，固定资产的损失可能相对较小，且其相关记录材料可能不齐全，导致最后的评估结果可能较为粗略。此外，对于出口企业，评估专家也需要特别对待。

直接损失主要包括以下四部分：

（1）建筑物和设施。评估建筑物和设施的资产价值、重置成本或重建成本，首先需要确定受损失的范围、建筑物和设施的建造年份、现在的单位建造成本等等。一般大企业相对于中小企业，采用相对高端的机器、设备以及技术等，对建筑物和设施的质量和复杂性要求更高，相应地单位建造成本也更高。此外，不能忽略降低易损性的预防措施的额外成本。

（2）机器和设备。衡量机器和设备的损失，需要确定其重置成本或修理成本，重置成本（修理成本）可采用市场现行价格来衡量，并由于技术进步等原因，相仿功用的机器和设备的价格可能在不断变化（一般呈现贬值的趋势）。此外，需要注意的是，重置成本应考虑机器和设备的使用折旧。对于大企业，其对机器和设备损失可能已自行做了评估，评估专家可以利用其内部评估结果，但应对其进行必要的审查和调整。对于中小企业，由于数据记录缺失或不规范以及种类繁多、差异较大，评估专家需要对一些典型中小企业进行实地调查，并由此估算确定一些参数，进而估算出其机器和设备的直接损失。

（3）家具和交通工具。同样，相对于中小企业，大企业有较多的家具和交通工具，前者由于雇用大量的员工且一般提供较好的工作环境，后者则可能由于产出高，需要卡车、叉车等交通工具来运输原材料、中间产品和最终产品等等。对于家具和交通工具的损失评估，评估专家需要收集那些在公共应急事件中受损的家具和交通工具的最新价格目录并确定损失的数量。

（4）存货。存货包括最终产品、中间产品、原材料以及其他产品（如与生产无直接关系的零件、备件等）。由于仓库易损性往往相对较高，存货可能是公共应急事件发生时遭受损失最严重的部分。对于大企业，损失评估所需资料可以从企业自身或官方渠道获得；而对于中小企业，评估可基于存货损失占总固定资产损失的估算比例，此估算比例需要由评估专家进行相应调查后确定。

最后，需要说明的是，一些固定资产可能需要进口，评估需要考虑外汇和汇率。除了必要的实地调查，评估专家应从多种渠道获得评估所需的信息，特别是现行的价格目录，此外，还有必要将损失根据私人企业和公共企业进行分类。

2. 间接损失

工业部门的直接损失可能会造成工业部门的暂时性、局部性的停工，如重建工程竣工需要时间、原材料的短缺等等，进而对产出造成负面影响。对于这部分损失的评估，评估专家可参考借鉴当地行业协会、政府等的相关调查报告和必要的走访调查，确定公共应急事件发生前后受影响地区工业部门产出的变动情况。此外，评估专家还需要考虑其他的一些间接损失，如公共应急事件可能导致工业部门的企业选择更长的运输路线，进而引起额外的成本，这些额外成本属于间接损失，且运输成本对一些企业来说是重要的成本组成，如制糖和水泥企业等。在应急阶段，企业应对公共应急事件的应急成本也应该被评估和计入间接损失。

3. 损失统计

一份可作参考的直接损失和间接损失的统计清单如表 6 – 4 所示，评估专家可根据实际需要确定清单的具体内容及样式。

表 6 – 4 工业部门的直接和间接损失清单

企业	数量	直接损失	间接损失	总计
塑料厂				
制衣厂				
制鞋厂				
食品厂				
……				
其他				
总计				

4. 外部影响

评估专家还需要评估工业部门损失的外部影响，如对主要宏观经济参数的影响，包括 GDP、国际收支平衡、就业率等等。对宏观影响的评估，发生前后对比分析是必要的，评估专家应收集公共应急事件发生前这些重要宏观经济参数值以及预期值，与公共应急事件发生后的实际值进行对比。其对宏观影响的程度与受影响的范围、程度、工业部门的易损性等成正相关关系，与地区经济多样性、发生后的应对、救援、恢复措施以及发生前的预防措施成负相关关系。

（1）就业与收入。公共应急事件发生后，由于相关设施、设备等需要修理和重建，工业部门可能经历一段时间的生产停滞期（一些企业可能停产、停业甚至破产），相关的雇员可能面临暂时的甚至永久的失业以及相应的收入损失。评估专家需要从多种渠道（官方统计、行业协会、企业等）收集信息，确定公共应急事件发生前后的就业率、相关雇员的单位时间收入以及失业期的长短。

（2）环境。公共应急事件对工业部门的破坏可能造成对环境的影响，如工业部门一些储存有毒物质的器皿在公共应急事件中遭到破坏，有毒物质流散到自然环境中，这可能导致的是新的公共应急事件（一次事故灾难）。这样的二次公共应急事件与一次公共应急事件的程度、发生所在地以及类型有关。有时候，对环境的影响是很难定义的，特别是短期内可能很难观测和确定环境受到的破坏，但无疑评估专家需要对此引起足够的重视。

二、贸易部门

贸易部门的影响评估与工业部门类似，但也存在着一些不同。相较于工业部门，贸易部门的基础设施相对较少，其雇用的人员相对较少，设备和机器的比重相对较低，但存货的比重却相对较高。此外，贸易部门的信息资料可能也相对较少且信度较差，评估专家需要从其他渠道收集信息和开展更多的实地调查。在本部分，仅介绍贸易部门与工业部门在影响评估中的不同方法和信息资源。

1. 直接损失

由于贸易部门的相关信息资料相对缺乏，故对直接损失的评估主要分为以下三部分。

（1）建筑和设施。

需要确定贸易部门全部损坏和部分损坏的建筑、设施以及相应的修复和重建成本。一般评估专家不可能评估每一项损坏的建筑和设施，而以单位面积修复或重建成本乘以需修复或重建的面积来估算。需要注意的是，不同的建筑和设施有不同的单位修复或重建成本，如购物广场和农贸市场的单位修复或重建成本相差很大。此外，还需要注意的是，受损坏的建筑和设施的清理费用以及为应对未来相同公共应急事件发生而采取的预防措施的额外成本也需要计入在内。

（2）家具和办公设备。

贸易部门的家具和办公设备的价值相对较小，一般评估专家由于成本和时间的限制对其损失并不进行细致和具体的评估，而是估算一个损失比例（一般为建筑和设施损失的20%～40%）。

（3）存货。

由于贸易部门是生产部门和最终消费者之间的中介商，其储藏有大量的存货，存货损失占固定资产损失的比重较大。评估专家应根据受影响区域贸易部门的实际情况，对存货的损失进行细致的考量，对存货按照类别进行分类，确定每种存货的单位成本和损失量，其乘积便是此种存货的损失值。

2. 间接损失

由于贸易部门的主要功能是提供服务，所以其间接损失并不像工业部门那样主要衡量其产出的减少，而是应评估贸易部门由于公共应急事件发生而减少的收入。一般评估专家需要先对贸易部门进行分类（可简单地分为大型贸易设施、中型贸易设施、小型贸易设施），接着根据历史收入数据确定每种分类的日收入以及因公共应急事件发生导致收入全部损失或者部分损失的天数，最后计算汇总得到贸易部门收入损失的总额。在外部援助的情况下，小型的贸易设施可能很快恢复其功能（在一个月内），有一些贸易设施（特别是大型的贸易设施）则可能需要一个较长的时期进行重建。此外，需要注意的是，由于贸易部门是中介商，所以，公共应急事件只要对生产部门和最终消费者产生影响，即便其对贸易部门不产生直接影响，贸易部门可能也会遭受不同程度的损失。

3. 损失统计

一份可作参考的直接损失和间接损失的统计清单如表 6－5 所示：

表 6－5　贸易部门的损失情况

项目	直接损失	间接损失	总损失
超市			
购物广场			
银行			
交易市场			
……			
总损失			

4. 宏观影响

贸易部门的损失同样会产生宏观影响，包括对地方和国家 GDP、国际收支平衡、就业和收入、环境等的影响。评估方法与前述对工业部门的评估方法类似，主要采用前后对比分析方法，不再赘述。

三、其他

以下是一些对工业部门和贸易部门都有用的信息收集清单。

表6－6　基本信息

项目	国家	地区	比例
1. 设施数量 大型设施 中型设施 小型设施			
2. 雇用人数 大型 中型 小型			
3. 固定资产 大型 中型 小型			
4. 附加值 大型 中型 小型			
其他			

表6－7　通过生产链的影响评估

项目	原材料和投入的资源				最终产品的目的地			
	(a)	(b)	(c)	总计	(a)	(b)	(c)	总计
1. 食物 大型 中型 小型								
2. 纺织品 大型 中型 小型								
……								
总计								

表 6－8 评估所需的信息列表

类目	信息
公共应急事件	发生日期 持续时间 影响程度 其他
可得到的信息	普查 数据 周期性评估 其他

表 6－9 按地区分类的损失统计

地区	损失程度		
	严重损失（全部损毁）	中等损失（部分损毁）	轻度损失（轻微损毁）
地区 1 大型 中型 小型			
地区 2 大型 中型 小型			
……			
总计			

第三节 旅游部门

旅游部门实际上很难被定义，其活动经常包含在其他部门的活动中，它不是一个单一产业，而是一个产业群，具有多样性和分散性。旅游业主要包括交通、游览、住宿、餐饮、购物、文娱六个环节。在一些国家和地区，旅游部门在社会经济中有着非常重要的地位（旅游可能是一些国家和地区的支柱产业，其经济高度依赖旅游业），旅游业带动了外汇收入和就业。很多公共应急事件都可能对旅游部门造成影响，如飓风、洪水、地震等自然灾害可能对旅游资源、设施造成破坏；公共应急事件可能在一定的时间段内限制外来旅游者等，现实或潜在的公共应急事件都可能导致旅游订单的取消，甚至在将来很长一段时间内造成相关旅游量和旅游相应收入的减少。

本部分将探讨公共应急事件对旅游部门影响的评估方法。旅游包括海滨旅游、自然和历史遗产旅游、海洋旅游、邮轮旅游、商务旅游、探望亲友的家庭旅游等等。一些旅游是季节性的，而一些旅游如商务旅游、家庭旅游则可能是常年发生的。不同国家和地区的典型旅游季节是不同的。旅游资源、旅游设施、旅游服务是旅游业赖以生存和发展的三大要素，公共应急事件对这三要素都可能造成破坏，影响旅游部门的运营，并进而影响到其他部门，如金融、商业、交通、贸易和工业等。此外，需要注意的是受公共应急事件影响的地区，不仅旅游地的旅游部门可能蒙受损失，而且当地有出外旅游计划的居民因公共应急事件的影响，可能会放弃旅游计划，从而导致其他旅游地区蒙受损失。旅游分为国内旅游、入境旅游、出境旅游，近几年由于全球化的迅速发展，国际旅游快速增长，评估专家需要注意旅游对国际收支平衡的影响。

一、评估资料收集

评估专家在进行评估之前，要尽可能地利用多种渠道，获取评估所需的有用信息。可靠的信息来源包括国家统计局、国家旅游局、当地旅游局、酒店和旅游协会、旅游经营者、银行、保险公司、交通部门、与旅游相关的 NGO 组织等等。查看这些机构发布的信息和资料，评估专家可以了解公共应急事件发生前后旅游部门的相关情况。对于通过二手资料途径无法得到的信息和资料，评估专家需要列出清单，进行实地走访调查，获取一手资料。

二、相关影响评估

（一）直接损失

对于直接损失，评估专家首先要确定旅游部门的资产，并收集这些资产的数量以及特征的细节信息。旅游部门的资产主要包括各种类别的酒店、招待所或家庭经营的旅馆、文化和历史景点、船坞和码头、船只或运输车辆、旅游设施、饭店等。需要根据受影响地区旅游业的具体情况确定受影响的旅游部门资产。然后在这些所收集的信息数据的基础上，确定公共应急事件发生后旅游业基础设施、设备等的直接损失，描述其损失情况，并进行货币量化评估。旅游部门的直接损失评估与住房部门相似，在此不再赘述，并且由于旅游业是个复合产业，评估专家要特别注意避免重复计算，并且与其他相关部门的专家进行合作，如交通部门的专家、环境专家等。

（二）间接损失

间接损失主要是指因公共应急事件发生而造成的旅游部门的收入损失。此外，要考虑其他类别的间接损失，如由于旅游量减少而引起的为吸引游客的促销成本，清理、清洗被公共应急事件破坏的旅游设施的成本等等；还需要确定和评估由于旅游量的减少导致的其他行业的损失情况，如道路、供水和卫生系统、电力供应和通信系统、服务业等等。最后，评估专家甚至需要评估可能增加的保险费，增加的保险费会降低旅游公司的收入。

（三）外部影响

有必要单独评估旅游部门损失的宏观经济影响，特别是一些旅游业占据较大经济比重的地区和国家。宏观经济分析包括评估公共应急事件造成的旅游部门损失对经济活动、国际收支平衡、公共财政、投资、就业、环境的影响。

1. 经济活动

严重的公共应急事件，或者公共应急事件正好发生在旅游的旺季（如果发生在淡季，公共应急事件导致基础设施被破坏，重建被破坏的基础设施需要很长的时间，同样可能导致严重的宏观经济影响），造成了游客人数的大量减少，可能会对一国或地区的生产总值（GDP）产生影响。评估专家可应用发生前后对比分析法，将公共应急事件发生后旅游部门的收益与发生前的预测（预测信息可以从政府部门、旅游协会等机构获得）进行对比，以估计间接损失，并进而估计对 GDP 的影响。同样，在评估过程中需要注意避免重复计算。

2. 国际收支平衡

需要考虑出入境旅游，由于出境旅游的评估相对复杂，且影响较小，评估专家可只考虑入境旅游，而入境旅游对对外部门有着特殊的影响。作为旅游地，由于公共应急事件发生会导致国外游客减少，这意味着削减外汇收入。如果这部分外汇收入在受影响地区所占比重相对较高，那么评估专家应该仔细评估这部分外汇收入的减少额。

此外，与其他部门的评估一样，评估专家还需要考虑保险和再保险的情况，国外保险公司的再保险可能导致外汇的流入，恢复和重建旅游部门基础设施时，所需要的设备、机器、材料也可能需要大量进口，特别是在国内并不生产的情况下。另外，本来出口的相关设备、机器、材料等也可能被转运至受影响区域参与重建项目，这导致了出口的降低。

3. 公共财政

公共应急事件对旅游部门的破坏进而导致对公共财政的影响需要单独考虑。虽然，旅游部门的基础设施等大部分属于私人部门，但要注意的是，其中也有相当一部分是属于公共部门的，如交通、港口、机场设施等等，这部分基础设施的重建和恢复需要公共财政的相应支出。

对公共财政的另一负面影响是旅游部门支付的税收的降低，这导致了公共财政收入的降低。这部分的评估可以在旅游部门减少的收入额的基础上，乘以相应的税率。

此外，公共财政可能会有计划外的支出，如风景区道路的清洁工作、给旅游部门中失去工作的人们或是受到严重损失的旅游企业特殊的补贴等等。

4. 投资

公共应急事件对投资的影响与受影响地区或国家的具体情况、公共应急事件本身的情况都有着关系。

一般公共应急事件的发生以及之后的恢复和重建会产生以下几个影响：首先，公共应急事件增加了投资的风险，为降低不确定性，这会阻碍投资决定和资金流入。其次，公共应急事件导致了事后的恢复和重建需求，公共和私人投资项目都有可能被修改和增加。最后，由于公共应急事件的发生，一些其他正在建或要建的项目可能被延迟和取消，要优先建设因公共应急事件发生而导致亟须建设的项目。

5. 就业

当旅游活动减少时，这个行业的就业以及人们的收入也将相应减少。当然恢复和重建阶段可能需要雇用更多的人员，这部分则导致了就业的增加。评估专家需要和人力资源专家合作，对就业的双重影响进行全面综合的评估。

此外，一部分劳动力可能不来自本地，这可能是由于当地劳动力不足或者是因为特别的专业技术的需求，并且，这部分劳动力在重建项目完成后也不一定离开当地，这对当地的就业可能造成影响。评估专家需要注意这一潜在的就业问题。

6. 环境

环境的影响评估将在下一章中介绍，需要注意的是，旅游部门主要基于娱乐和优美的自然景色，其自然和环境有着密切的关系。

一部分环境影响评估已经包含在对旅游部门的影响评估之中，涉及直接损失和间接损失，包括自然资源的流失和环境商品服务的流动。评估专家需要剥离其他资产的损失，只评估与环境相关的损失。自然资源的价值很难衡量，其没有市场价格，或市场价格低估了其真实价值，本书的第三章所介绍的一些评估方法可作为参考。

另一部分环境影响评估并不包含在对旅游部门的影响评估之中，需要进行独立的量化和评估，这里涉及资产和环境服务评估，如有关旅游业的生态系统环境（森林、标志性物种、珊瑚礁等）改变的评估，这部分的损失评估将在下一章中介绍。

第七章　公共应急事件对社会总体的影响分析

第一节　环境

环境是人类赖以生存和发展的物质条件，其为人类社会的生产和生活提供了广泛的空间、丰富的资源以及必要的条件。环境包括自然环境和社会环境，在本节中，指的是自然环境。生态系统为人类社会提供了一系列的物品（如食物、水、药物、能源等）和服务（如废物的稀释和转化，水循环的调节，碳吸收、生物多样性和再生的维护等），以支持和满足人们的生产和生活。生态系统包括农业生态系统、森林生态系统、淡水生态系统、草原生态系统、沿海生态系统等等，它们有各自的特点和功能，提供的产品和服务也各不相同。自然资源指的是天然存在的且对人类来说具有使用价值的资源，包括土地资源、生物资源、气候资源、水利资源、矿产资源等等，有一些自然资源是消耗性的、不可再生的，如矿产资源；而有一些自然资源则是非消耗性的、可再生的，如水利资源。自然资源的使用价值可分为直接使用价值、间接使用价值和非使用价值。直接使用价值指的是直接使用自然资源获得的价值，如使用木材作为燃料；间接使用价值不与任何的直接使用相关，如湿地可以过滤下游水流；非使用价值主要在于自然资源给人们带来的心理上的效益。此外，自然资源还具有存在价值，人们会保护资源以留给子孙后代享用。

公共应急事件的发生，可能对环境造成影响，影响可能是正面的，也可能是负面的，在本节中，主要关注负面影响，负面影响会损害人们的福利。要注意的是，有一些环境的变化是暂时的，会慢慢地恢复常态；而有一些环境的变化则是永久性的，即不可逆转的。此外，受影响区域的地理位置也需要予以考虑，在一些偏远地区，由于远离人们的聚居地，环境的负面变化可能对人们的福利影响较小；而在一些人口密集的地区，环境的负面变化则可能对人们的福利造成很大的影响。

一方面，由于一些自然资源不存在市场价格，环境的价值是极难评估的（具体的评估方法可参考本书第三章所介绍的方法，特别是间接市场评估法和非市场评估法)；另一方面，环境的影响评估已经部分包含在其他部门的评估之中，如农业部门、旅游部门等等，但较为分散，不够全面系统，有所遗漏。本节接下来将集中介绍公共应急事件的环境影响评估。

在对环境影响进行评估之前，评估专家需要具体界定环境资源或资产，即评估的对象。评估专家可以从以下角度定义环境资源，将环境资源分为三种介质，包括物理介质（土壤、水、空气、气候）、生物介质（人类、植物和动物）、感观介质（景观、历史和文化资源）以及此三种介质之间的交互作用。公共应急事件对环境产生负面影响，会直接带来这些资产及其产出产品的损失，也会带来环境服务的减少、质量的降低或费用的增加，进而导致间接损失。损失的具体评估方法可参见第三章。

一般来说，评估专家可采用以下几个步骤对公共应急事件造成的环境影响进行评估。

一、收集相关的信息资料

收集相关的信息资料是为了确定和描述公共应急事件发生前受影响地区的环境状态。在信息技术高度发达的当今社会，突发公共应急事件一旦发生，相关信息就将通过媒体与网络迅速传导至世界各地。突发公共应急事件的发生带来的信息爆炸能在极短的时间内迅速改变消费者和投资者的预期，而经济主体的预期则会对跨时经济行为有决定性作用。从信息传导的过程对经济主体的预期形成作用来看，由于突发公共应急事件造成的经济“不确定”性，媒体与专家评论对突发公共应急事件造成的经济冲击影响的信息披露对经济主体的预期形成也起到了重要作用。例如对“疯牛病”的报道几乎使英国畜牧业遭到灭顶之灾——英国政府及时报道大面积屠宰病畜，才挽回了声誉。各国媒体对印度洋海啸的报道，引起了全世界的广泛同情，为南亚受灾国家赢得了大量的援助和捐款，有利于这些国家的灾后重建。SARS 危机中，我国政府在前几个月存在一定程度的处置不力，再加上封锁消息，媒体集体失语，使得国际形象大打折扣，造成了我国风险溢价的短期上升。

一般来说，评估专家采用前后对比分析法，公共应急事件发生前的环境状态是评估的基线，其是没有发生公共应急事件的情况下最接近可能性的状态表示，但实际上，更为准确的评估方法是有无对比分析法，根据公共应急事件发生前的环境状态以及历史经验基础上的预测确定公共应急事件未发生的情况下同一时点可能的环境状态。此外，需要注意的是，环境状态的变化可能是多种原因引起的，要注意分离出拟评估的公共应急事件带来的环境影响。如果该地区森林火灾的影响是在干旱的背景下评估，那么森林火灾影响的地区正常年份的状态必须考虑在内，这是因为除了火灾，干旱也是造成损失的原因之一。

评估专家一般利用现存已有的文献、资料、数据对公共应急事件发生前的环境状态进行描述，可利用个人、图书馆和机构的数据库，收集一手资料（书籍、独立机构官方报告、非政府组织、国际机构、联合国机构的官方报告、对外援助银行、民营企业的非官方资料）和二手资料（报纸和杂志文章、互联网等）。评估专家还需要积极地与环境专家进行合作，并对相关权威人士和专业人士进行访谈，以尽可能地收集详细、准确的评估资料。评估所需的有关资料包括环境概况、自然历史、以前的公共应急事件报告以及有关本次公共应急事件的初步报告、潜在和实际的野生动植物生活区地图、地形、地貌、天气地图、水文地质地图、实地或航拍照片等等。此外，评估专家还需要了解受影响区域有关环境的制度（当地及国家的相关环境法律、法规，以及与环境相关的应对公共应急事件的预案等等）以及管理机构（包括其组织架构和常规运作）。最后，评估专家需要对来自各种渠道的信息资料进行汇总整理。

在本阶段，评估专家还有一项重要的任务，即确定评估重点，也即评估的范围。由于评估专家无法做到面面俱到和事无巨细，加上时间和经费有限，故需要确定受影响地区最重要的环境特征和最可能的影响，这样评估专家可以集中评估最有代表性和影响最大的问题。评估专家需要确定一个评估的总体框架和方案，框架包括需要评估和研究的环境类目以及具体的细分类目，方案包括后续所要采用的评估方法、步骤以及相应的人员要求。

最后，需要说明的是，公共应急事件发生前的环境状态描述还有助于评估专家确定受影响区域的环境质量，确定受影响区域的环境脆弱性及相关的预防措施，是否由于人类的不恰当活动导致环境的恶化，引发公共应急事件发生后环境的巨大损失。

二、确定公共应急事件对环境的影响

不同的公共应急事件对环境有着不同的影响。评估专家应根据所发生的公共应急事件的性质、特征、程度，确定公共应急事件对环境的最重要和最具有代表性的影响，并详细了解影响的形式、程度等等。一般公共应急事件会对物理环境、生物环境和感观环境造成影响。物理环境影响指的是对生物赖以生存的物质条件的破坏。生物环境影响主要指的是对人类、动植物的影响。感观环境影响指的是景观、美学特征的影响。以地震为例，其物理环境影响包括地面受晃动、移动、上升、下陷的影响，基本服务设施的环境损害，如水、电、气等；生物环境影响包括对人们健康、动物栖息地的影响，植被覆盖的破坏等；感观环境影响包括景观（地震后的废墟）造成美学特征的损害。评估专家需要确定公共应急事件对环境这三方面的影响。

三、定性的环境质量评估

确定公共应急事件的环境影响后，评估专家首先需要进行定性的环境质量评估，以全面概要地了解公共应急事件发生后受影响地区的环境状态。评估专家往往采用已有的评估指标和体系，以便于进行纵向和横向的对比评估。虽然公共应急事件对环境影响有正面的也有负面的，但一般评估专家重点关注公共应急事件的负面影响。

负面环境影响定性分类可概括为以下几种：

（1）零影响。不重要或很轻微的影响，环境很快恢复，预防或恢复成本很低。

（2）微小或不重要的影响。没有影响到系统的稳定性，在中短期可恢复。

（3）中度影响。改变很明显，但是仅限于一个相对有限的地区。短期可恢复，缓解影响很简单且便宜。

（4）严重影响。非常明显的区域影响或很广泛的改变。如果实施适当的缓解措施，在短期或中期可恢复。缓解和恢复成本昂贵。

（5）非常严重的影响。对该区域非常广泛、严重和有害的影响。如实施适当的缓解措施，在中期和长期可部分恢复。缓解和恢复成本十分昂贵。可能引发长期的资源、健康和生命威胁。

（6）全局影响。损坏是全局的，系统可能恢复不了，导致未来资源使用选择权的损失。考虑人类的生存和发展，迫切地需要对其进行人为干预以恢复正常状态，自然恢复需要很长的时间。

以下是一份可供参考的主要环境影响评估（定性）的样表（见表 7－1）。定性的环境影响评估主要包括影响、原因、强度、恢复时间，评估专家可对其进行详细的描述。具体描述方式和内容，评估专家可按照实际需要确定。

表 7－1 主要环境影响评估（定性）

影响	原因	强度	恢复时间	备注

四、环境影响的分类和评估

在这一阶段中，评估专家可将公共应急事件的环境影响分为直接影响和间接影响，以便进行经济评估（货币量化）。直接影响指的是环境资产量和质的损失、与环境相关的人造资产的损失（妨碍自然资产的使用或使用需要花费更高的成本），前者包括土壤和植被的流失、水质降低和水量减少、生态系统的恶化等，后者包括配水网络或水处理设施的破坏、通信中断、交通运输工具的破坏，导致人们无法使用环境产品和服务等。间接损失指的是从不能使用环境资源到自然和人造环境相关资产恢复这一期间内，环境产品服务流量的改变造成的损失。

在确定直接损失和间接损失后，要分别确定每种损失的数量，如森林烧毁和土壤侵蚀的面积、沙滩损坏的长度、渔业捕捞的减少量、水流的减少量、被污染的水域面积、每个物种的死亡数量等等，以进行下一步骤中的经济评估。

在一些情况下，可能量化评估无法进行，例如没有足够的时间和经费，评估仅停留在分类的定性阶段，仅可识别公共应急事件对环境的影响及粗略的影响程度。此外，有时候量化评估十分困难，评估的结果也可能不精确，且受到技术的限制，如在受影响区域很大的情况下，如果没有航拍照片，则很难确定被洪水侵蚀的土壤面积。

五、环境影响的经济评估

在这一阶段，评估专家要对环境影响（包括直接损失和间接损失）进行经济评估（即货币量化评估），用货币方式衡量环境改变的成本和收益，以便与其他市场价值作比较，评估环境变化对人们福利的影响，计算损害可能的补偿，以便评估环境恢复措施、工程、项目的经济效益。在上一阶段，已经确定了损失的数量，接下来评估专家要确定各类损失的单位价值，然后分别计算并汇总得到损失总价值。如前所述，存在几种环境价值。使用价值是自然资源的产品和服务能够贡献于人们的生活福利的价值；非使用价值不涉及任何直接或间接损失，而是环境带来的心理利益；存在价值是关于资源存在的认识知识；遗产价值是希望保留资源给下一代使用的价值；选择价值是指当不能确定某种资源未来是否使用和它将来的可用性，选择保存之后可能发生的利益。对于有市场价格的环境物品和服务用市场价格来衡量，当市场价格存在扭曲时，需要进行必要的调整；没有市场价格的环境物品和服务则根据实际情况选择替代市场评估法（替代市场相似物品和服务的价格）和非市场评估法（咨询环境物品和服务的用户）进行衡量。仅仅只有少数的环境物品和服务可以直接以市场价值衡量，一般采用替代市场评估法和非市场评估法。具体的评估方法参见第三章。

以下介绍几种常见的自然资源的经济评估。

（一）空气

对于空气，一般可依据空气净化成本来衡量对其的影响。如火山喷发，会污染城市空气，降低空气能见度。空气的自然净化需要一段时间（可能依靠下雨），所以估算直接损失不可行，但可确定两三个月内的间接损失，通过估算污染带来的更高成本的药物治疗、购买面具的成本、选择更长更昂贵的线路运送人员和产品导致的成本增加，旅游部门因游客量减少而导致的收入降低等来衡量。这些间接损失的评估，将由健康、运输、旅游部门来评估。

（二）水资源

对水资源的破坏，可能造成两种损失，水量、水质（自然资产）的改变和供水工程、系统（人造资产）的破坏。对于直接损失，自然资产的损失很难直接评估，可基于改善水质水量的工程和系统的投入对其进行间接评估。人造资产的损失可通过估算现有系统的修复和重建成本，包括居民用水、工业用水、发电用水和灌溉用水等系统。对于间接损失，如果供水工程和系统遭到破坏，间接损失评估要基于供水公司更高的成本和降低的收入。在供水不足的情况下，农业、工业、贸易部门等都有可能受到影响而蒙受损失，这部分损失也应计入间接损失。在污染情况下，计算间接损失，包括更高的运营成本和现有污水处理厂的收入降低、个人的预防性开支、增加的医疗费用等。最后要说明的是，水资源破坏造成的损失，在健康、工业部门等影响评估中已有部分被计入。

（三）陆地

公共应急事件对陆地会产生永久或短暂性的影响。在一些情况下，影响可能是积极的，如一些残留的物质（如火山灰）使土壤更肥沃等。当然，也存在消极影响，包括直接损失和间接损失。直接损失评估可直接基于受影响地区土地的市场价值（城市土地和农业土地都有商业价值），如果存在价格扭曲的情况则需要进行一定的调整，也可通过不能获得的土地产出（如农产品）的收益来衡量。在损毁可以修复的情况下，直接损失用恢复受影响地区土地的费用来衡量，如育土工程的成本。对于间接损失，以农业土地为例，应基于农作物的现行价值和农作物生产成本的差额，但也要注意特殊情况，如公共应急事件的发生，使得干旱的区域农业生产成为可能，那么新的产量应该从损失中扣除，该项评估主要由农业部门实施。注意，农业生产是生产链上的第一个环节，有必要评估由于农业生产下降（上升）引起的工业生产或商业部门销售的下降（或上升）。

（四）海床

飓风、台风、海啸等可能对海床和海洋系统产生显著的影响，海浪与海床相互作用，可以造成重塑地形，并衍生至海岸线。同样，影响可能是积极的，如沙子从离岸储备区域被带到海岸线，这个过程叫做跨岸沉积物运输；也可能是消极的，如海岸边一些休闲旅游建筑物被淹没了。直接损失评估可依据清理费用和重建成本，间接损失评估则依据由此增加的成本和减少的收入。这部分损失包含在旅游部门的影响评估中。

（五）生物多样性

一些公共应急事件可能对动植物的多样性造成消极影响。直接损失评估可依据自然资源的价值，一般采用自然资源提供的环境产品和服务的价值来衡量，如森林的价值可采用其所提供的木材的商业价值来衡量，当然，也应计算环境服务的价值（如碳吸收和存储、生物多样性的维护、水循环调控等），但这部分价值在实际中极难衡量。此外，直接损失的估算也可依据恢复成本来衡量。评估野生动物物种的直接损失通常不可行，这个损失减少了生物多样性。如果计划再放养，这个成本可以作为评估损失的间接方式。

环境资源和服务具有公共产品的性质，如生物多样性的维护、温室效应气体的稳定等等，环境问题涉及的不仅仅是受影响地区，而是全国、全世界，其经济价值往往也被低估。

最后，评估专家需要注意大部分环境损失已经计入了其他部门的影响评估之中，如农业部门、旅游部门、住房和人类住区部门等等，见表7－2，特别是与环境相关的人造资产的损失。人造资产的重建成本是评估直接环境损失的方法，但在使用中，要注意辨别两种情况：其一，人造资产与环境产品服务紧密相连，其重建成本可以替代环境损害；其二，人造资产的恢复成本包括了非环境产品服务，要分离出环境产品服务的部分通常很不容易，但如果不进行分离，则高估了环境损失。

表 7－2　环境损失的类别和与其他部门的重叠

<table>
<tr><td colspan="2">直接和间接的环境损失</td></tr>
<tr><td colspan="2">Ⅰ．非货币评估。损失的定性描述。</td></tr>
<tr><td colspan="2">Ⅱ．货币评估。通常没有包括在其他部门的影响评估中的环境损失。
（1）通常根据环境恢复的成本，特别是公共部门负直接主要恢复责任的环境资源，如自然保护区；（2）可用环境产出的产品或服务流量的改变来评估，但很多情况下这些产品或服务没有市场价格（如森林的环境服务、大气碳的吸收或水循环的控制）。</td></tr>
<tr><td rowspan="2">Ⅱ－Ⅲ
货币评估。环境部门和其他部门的边界不清晰。
（1）环境卫生基础设施设备的破坏，如垃圾场和垃圾收集处理设施设备。
（2）城市公园的修复。
（3）保护区进入门票收益的减少（如陆地或海洋公园）。
（4）环境保护税收的降低（如对外国游客征收的机场或酒店税收）。

Ⅲ－Ⅳ
货币评估。环境的破坏往往包括在其他部门的影响评估中，需要将环境损失价值从中分离出来。
（1）农场、牧场的损失。
（2）农业和林业产品的损失。
（3）渔业损失。
（4）环境条件改变导致的相关健康问题。
（5）旅游部门的损失。
（6）环境改变导致公用事业的损失（如水坝淤塞、供水网络的中断）。
（7）地下资产的损失（如油泄漏）。
（8）环境改变引起房屋价值降低。
（9）交通问题（陆地的、海洋的、河流的），可能由于塌方、洪水、港口河流淤塞引起。</td><td>与之重叠的相关部门</td></tr>
<tr><td>供水和卫生部门
住房和人类住区部门
农业部门
健康、饮用水和污水部门
旅游部门
能源部门
基础设施部门：通信和交通部门
……</td></tr>
</table>

第二节　损失概述

损失概述是公共应急事件对社会部门、基础设施、经济部门、环境影响评估的综览，是对评估的总结。它包括损失的全部数额，也有各细分项目，以识别受影响最大的部门、地区以及人群，全部影响都尽可能采用货币量化，以便进行纵向和横向的价值比较。各部门的影响评估已经在前面介绍过，在这部分中仅做基于前述已有评估的归整、分析和总结工作，要特别注意避免重复计算，在一个部门记录过的损失不能包括在另一个部门中，但环境影响评估除外。损失概述是恢复阶段重建战略的重要参考。

一、损失的分类

在归整时，要注意分类的标准。主要的分类标准有以下三种：直接损失和间接损失；资产和产品损失，提供服务增加的成本或减少的收入；公共部门损失和私人部门损失。

区分直接损失和间接损失是为了预测未来经济的表现，直接损失导致了受影响地区的资产的重置和修复，而间接损失反映了经济流量的变化。

区分资产和产品损失与提供服务增加的成本或减少的收入，这是由于提供服务增加的成本或减少的收入大部分是由资产和产品损失导致的，资产和产品损失会产生间接损失，有必要区别统计。

区别公共部门损失和私人部门损失有助于确定重建项目、工程的特征，重建公共设施需要由政府支付，这导致对公共财政的需求，以及相应的财政预算和计划，而私人部门的损失重建则一般只涉及受损失资产或物品的所有者以及利益相关者。

二、净损失

在对以上三类细分进行整理汇总后，评估专家需要计算净损失，即从损失总额中扣除可能的收益和保险赔付得到的损失净值。需要注意的是，保险的赔付要考虑国外保险公司可能对本地保险公司进行再保险，这导致外汇的流入，对国际收支平衡产生影响。

三、重建成本

评估专家还需要评估总的重建成本，要注意重建成本并不等于整体损失额。

重建成本可能高于也可能低于整体损失额，一般当直接损失构成整体损失的较高比例时，重建成本明显多于整体损失额。另外，当间接损失高于直接损失时，比如洪水或干旱，重建成本将低于整体损失额。损失额以现值进行评估，要考虑折旧，而重建成本则包含技术的更新、价格的变动以及应对相似公共应急事件发生的预防措施的额外成本等因素。此外，需要注意的是，损失额包括资产和产品的损失以及提供服务增加的成本和减少的收入，而重建成本不包括产品损失和提供服务增加的成本和减少的收入。

四、公共应急事件的严重性

为了确定公共应急事件对受影响国家或地区的影响，评估专家需要将损失总额与地区或全国的相应指标进行比较，以确定受影响地区或国家是否有足够的能力独自面对重建需求以及确定所需要的外部援助，以及公共应急事件造成影响的覆盖面有多大或严重性有多高。突发公共应急事件的严重性可以通过比较损失额与宏观经济变量来确定，主要包括损失总额占 GDP 的百分比，全部生产损失占 GDP 的百分比，人均损失总额和人均 GDP 损失的比率等等。

损失总额与 GDP 的比率提供了一个更广阔的视角衡量公共应急事件的影响。在一些情况下，公共应急事件造成的损失可能占 GDP 的比例相当高，甚至超过 GDP 的总额。一般较大的经济体更容易吸收有限范围的公共应急事件造成的损失。全部生产损失与 GDP 的比较则有助于预测公共应急事件对国家或地区未来经济生产的影响。确定人均损失总额和人均 GDP 损失的比率，用于了解公共应急事件对受影响人口的个别影响，它也提供一个视角，比较同一国家在不同时间或不同地区的不同公共应急事件的影响。

五、损失的地理分布

评估专家需要确定全部损失的地理分布和识别最受影响的地区和人群，并在重建战略、计划和项目中予以优先考虑。评估专家可借助地理信息系统和人口专家的帮助，确定整体损失和人均损失的空间分布，了解人口是如何受到公共应急事件影响的，绘制地图可清晰地显示每位居民损失的地理分布以及人均损失与人均 GDP 之间的比率。此外，评估专家也需要界定重建资源的地理分布。

六、对弱势群体影响的确认

评估专家最后需要识别最受影响的人群，特别是弱势群体，主要是低收入人群、女性、小孩、老人及微型、小型企业的相关人员等，这些人群在公共应急事件中可能遭受超过正常人群的损失且事后恢复能力较差。评估专家需要对公共应急事件给弱势群体造成的影响进行专门的评估。在重建战略、计划和项目中也应对其予以优先考量。

一些常见的可供参考的损失汇总表如表 7－3 至表 7－6 所示：

表 7－3 损失汇总

部门和分部门	损失财产				
总额					
社会 教育和文化 健康 住房					
基础设施 电力 供水和卫生 交通					
生产部门 工业和渔业 工业和商业					
环境影响					
其他损失和支出					

表 7－4 细分类目

损失种类	金额（百万美元）
资产损失 生产损失 增加的支出和减少的收入	

表 7-5 部门分布

部门	损失（百万美元）
社会	
基础设施	
生产	
环境	
其他破坏和损失	

表 7-6 空间分布

地区	整体损失	每位公民人均损失	每位公民的人均 GDP	整体损失占 GDP 的百分比
地区 1				
地区 2				
地区 3				
地区 4				
地区 5				
地区 6				
……				

此外，除了表格，评估专家还可以柱状图、饼状图、地图等形式呈现损失概况，以便更形象清晰地反映公共应急事件对受影响地区造成的损失情况。

第三节 宏观经济影响

公共应急事件的宏观经济影响指的是其所引起的主要宏观经济变量的变动，包括国内生产总值、国民收入、投资和资本形成总额、收支平衡、公共财政平衡、通货膨胀等等。评估分为两个阶段，包括应急阶段（公共应急事件发生当期）和恢复阶段（根据损失程度确定，即恢复到正常状态的过渡时期），评估专家需要分别对这两个阶段的公共应急事件的宏观经济影响进行相应评估。在前几章中已经介绍了如何评估公共应急事件对各个部门的宏观经济影响，在本节中，则是在此基础上，汇总评估公共应急事件总的宏观经济影响。

国内外学者的许多研究表明，重大突发公共应急事件在较短时间内能对各国宏观经济产生暂时性冲击，但对长期宏观经济影响有限。2001 年“9·11”事件的发生标志着一个具有更大经济不确定性和系统风险性的新纪元的到来，对恐怖主义的经济影响的研究是在“9·11”事件发生之后开始的。IMF（2001）[①] 调查指出“9·11”事件带来的直接损失约占美国全年 GDP 的 0.25%，事件造成了大量的人员伤亡和物质损失，并转化成对美国总产出的急剧负面冲击，但对美国及其他地区的长期经济影响极其有限。

Blomberg（2004）[②] 通过对 1965 年至 2000 年间 177 个国家的经济增长率与恐怖事件发生频率进行回归分析发现，恐怖事件每发生一次，该国的人均 GDP 增长率就将下跌 1.5 个百分点。Blomberg（2004）还通过比较得出，来自恐怖事件的冲击对 GDP 的影响要小于外部、内部战争对 GDP 的影响。恐怖事件对 GDP 的影响在持续一年之后消失，而国内战争与对外战争的影响分别长达 3 年和 6 年。平均来看，恐怖主义对经济增长产生了明显的负面效应，尽管这种效应与国家间的战争或内部冲突造成的经济影响相比是相对较小和短暂的。

Tavares（2004）[③] 对不同国家受恐怖袭击的影响和经济损失进行了系统研究后发现，产出的损失大小与恐怖事件的发生频率密切相关，而与伤亡人数的多少无太大关系，恐怖袭击造成的产出损失与一国的民主程度成反比。这也表明，突发公共应急事件对一国经济的影响与该国制度存在一定关联。

2003 年 SARS 的暴发，掀起了国内外研究 SARS 的经济影响的热潮。海闻等（2004）[④] 通过在北京实地调查估算后得出，SARS 给中国的旅游业带来了很大的冲击，这种损失通过乘数效应使中国的 GDP 增长率比 SARS 没有发生的情况下减少 1～2 个百分点。胡鞍钢（2003）[⑤] 从潜在经济增长率的角度，对 SARS 危机为我国经济发展带来的影响进行了评价，指出虽然 SARS 会对中国造成严重的经济损失，但其产生的长期负面影响有限。

重大突发公共应急事件一般通过在较短时间内造成重大伤亡、重大财产损失和重大社会影响，对相关产业造成直接经济损失，打击了消费者和投资者的信心，使他们对经济的预期发生改变，从而造成短期总需求（消费、投资、出口）

---

① IMF. The Global Economy after September 11. *World Economic Outlook*, December 2001, 31 - 56.

② Blomberg S. B. The Macroeconomic Consequence of Terrorism. *Journal of Monetary Economics*, 2004, 51 (5): 1007 - 1032.

③ Tavares J. The Open Society Assess Its Enemies: Shock, Disasters and Terrorist Attacks. *Journal of Monetary Economies*, 2004, 51 (5): 1039 - 1070.

④ Hai W., Zhao Z., Whng J., et al. The Short - term Impact of SARS on the Chinese Economy. *Asian Economic Papers*, 2004, 3 (1): 57 - 63.

⑤ 胡鞍钢. SARS 危机对我国经济发展的影响分析. 管理评论, 2003, 15 (4): 3～6.

的减少。

任何经济体都是通过国际贸易与国际金融这两种主要渠道与世界其余部分进行联系的。全球化的一个重要特征就是贸易一体化与金融一体化的携手共进。在全球化背景下，日益紧密的各国贸易与金融联系成为突发公共应急事件带来的暂时产出波动的基本层面传导途径，此时突发公共应急事件经济冲击的传导可看作是较平静时期的跨国联系的一种延续。另外，由于突发公共应急事件造成的经济冲击具有暂时性的特点，因此传导机制与纯粹的永久经济冲击的传导机制（生产效率提高、技术创新等）有所不同。特别是突发公共应急事件具有“公共性”与“不确定性”等重要特点，其发生和进程会通过媒体和各种专业经济评论迅速传播至世界其他地区，对不同地区的不同消费者和投资者的心理造成冲击。因此信心（或预期的改变）是突发公共应急事件的经济冲击传导的非基本层面因素。此外，全面性冲击（石油能源危机）由于对所有国家同时产生干扰，伴随突发公共应急事件的经济冲击而来的全面冲击因素（如石油价格波动）有可能会增加冲击的传导强度。

任何一种普通的经济冲击都可以导致资产价格和资本流量的关联运动，在高度一体化的世界或地区内，一国发生的重大突发公共应急事件将通过金融途径对其他国家造成影响。例如贸易信贷、外国直接投资和其他资本流减少。具体来说，如果突发公共应急事件发生在资本输出国，事件发生国的资本供给将减少，进而减弱该国对他国进行银行贷款支持的能力和减少对他国其他形式的投资。事件也将通过第三方间接影响资本供给，对于严重依赖外资的国家，由此而导致的资本流入的减少将急剧增加借款成本和货币贬值的压力。

一、概述

对于宏观经济影响评估，评估专家一般采用发生前后对比分析法，即对比公共应急事件发生前后的宏观经济情况，由此确定公共应急事件的宏观经济影响，为了撇除与公共应急事件发生无关的因素，可以采用公共应急事件发生前的宏观经济情况预测与发生后的宏观经济情况进行对比，以提高评估的准确性。

在汇总各个部门的宏观经济影响，确定公共应急事件总的宏观经济影响时，要注意描述应以统一的和可比的方式表示，采用一致的货币单位，以便加总。在加总的过程中，评估专家有必要进行必要的审查和调整，并注意避免重复计算。也必须考虑到，公共应急事件的影响可能是正面的，而不一定是破坏和损失，需要从整体损失中扣除可能收益，当收益并不明显时，当然可以予以忽略。

宏观经济影响评估主要包括公共应急事件对经济增长率、收入、国际收支平衡、公共财政、就业、价格水平和通货膨胀等的影响，此外，在此基础上，评估专家需要确定影响最严重的部门或地区，提供给恢复阶段的决策者作为参考。

应急阶段，应急救援是否到位和恰当对公共应急事件最终造成的宏观经济影响有着重要影响；在恢复阶段，采用不同的恢复计划、战略、项目也会对宏观经济有不同的影响，选择备选方案时应考虑恢复能力、公共应急事件发生前的宏观经济目标、国家的公共财政情况、国外的援助等等。

二、评估资料的收集

评估专家需要选择和收集对评估有用的资料，并与相关领域的专家合作，特别是经济职能部门（如财政、税收和计划部门）的专家。此外要注意，收集的数据由于来自不同的途径，彼此之间存在差异，可能以不同的经济单位表示，评估专家必须谨慎对待，进行必要的调整，保证其一致性。首先，评估专家应确定客观和精确的标准以界定和决定数据的有效性和适用性；其次，评估专家要确定数据的具体来源和统计方法，并进行核对；最后，评估专家还要特别注意避免重复计算的问题，即影响一个部门也影响另一个部门的损失不能都计算在内。

评估专家主要需要收集三方面的资料：一是公共应急事件发生前的经济表现预测，二是公共应急事件发生后各主要经济变量的情况，三是各个部门的宏观经济影响评估。

对于公共应急事件发生前的经济表现预测，评估专家需要全面了解公共应急事件发生前的经济发展趋势，包括主要的问题以及经济政策的实施要点，理解其对宏观经济的影响，以较为准确地预测经济的可能发展变化，有必要识别公共应急事件发生前的经济特征，如所处的经济周期、应对风险和外部冲击的能力，包括承担债务的能力、国内存款的数量、国外投资的流量及重要性等等。对此需要收集和参考一些已有数据资料，包括中央银行、国家经济、税收和金融部门、规划部门以及一些非政府机构等等，这些部门一般已经作了短期或中期的经济预测，评估专家应对这些预测结果进行审查和判断，识别其可用性，对于所缺的资料和数据，评估专家需要补充。主要关注的经济变量包括：经济增长、通货膨胀、出口、进口、国际收支平衡、外债、公共财政、居民消费指数、就业率、汇率等等。对于经济增长，可编制 GDP 序列；对于通货膨胀，则可编制物价序列；对于出口、进口、国际收支平衡等对外部门的情况，则需要考虑主要进出口水平的变化趋势等等。

以下是评估这些趋势最重要的信息来源：本年度经济增长预测（计划办公室、部门或中央银行拟定的半年或季度预测）；灾难发生前的财政预算和接下来几个月的预算评估（财政部）；统计机构编制的其他宏观经济学统计数据；农作物生长指数，制造业趋势，每月通货膨胀趋势和城市失业调查，等等。通过推断这几个月的统计资料中的趋势，评估专家能够评估，如果没有公共应急事件发生，经济将有怎样的年度表现。

对于公共应急事件发生后各主要经济变量的情况，即这些主要经济变量（经济增长、通货膨胀、出口、进口、国际收支平衡、外债、公共财政、居民消费指数、就业率、汇率等等）的实际值，评估专家可从统计这些宏观经济变量的官方机构获得相关数据资料。这部分数据资料收集存在的主要困难是，这些经济变量的统计是定期的，也就是说，评估专家不能即时收集到这些数据资料，一些宏观经济变量的统计结果可能在公共应急事件发生几个月后才有统计公布。

各个部门的宏观经济影响评估，包括前几章中所述的受影响人口、住房与人类住区、教育和文化以及医疗卫生、能源、饮用水和卫生、运输和通信、农业、工业与贸易、旅游等等。理论上，汇总分部门的宏观经济影响评估的结果，应与公共应急事件发生前的主要经济变量预测值和发生后的实际值的差额结果相同。但在实际中，却可能存在差距，一方面，所汇总的分部门的宏观影响结果可能不够全面；另一方面，实际的宏观经济变化是由多种因素引起的，不仅仅是公共应急事件产生的影响，且这些影响因素极为复杂，很难甄别。汇总各个部门的宏观影响评估结果有着重要意义，一是验证另一途径得到的宏观经济影响评估结果，二是细分的宏观影响评估，了解宏观影响的传导途径，确定影响最大的部门或地区，以作为恢复计划、战略、项目的参考。

最后，评估专家还需要收集恢复和重建期间经济的财务要求和从各界得到的金融和技术支持情况的相关资料，这部分资料是为了更好地制定相应的恢复计划、战略和项目。

三、主要宏观经济影响评估

一般宏观经济影响评估的持续时间为两年，如果公共应急事件的影响巨大，可扩大到五年。评估专家应根据公共应急事件的实际影响确定其对经济影响的持续时间，包括短期、中期、长期，一般限制在最多五年，虽然有些损失可能需要更长的恢复时间，如环境损失。

公共应急事件以不同的程度影响不同的部门，进而影响宏观经济的整体表现，表 7 – 7 说明可能的潜在影响。

表 7－7　公共应急事件对小型经济体的经济影响

变量	事件当年	事件后第 1 年	随后的年份
GDP	GDP 增长立即减慢	重建提升 GDP 的增长	第二、三年减慢
产品出口	减少增长速度	回到以前的水平	持续回升
产品进口	大幅提升增长速度	回到灾前水平	进一步降低，可能由收入减少导致
游客抵达	大幅下跌	恢复一些	继续恢复
邮轮抵达	大幅下跌		
国外债务	提升增长速度	增加速度下降到低于灾前水平	

以下分别介绍公共应急事件的整体经济影响以及对经济增长、国际收支平衡、公共财政、就业、价格和通货膨胀这些主要经济变量的影响。

1. 整体经济影响

评估专家收集公共应急事件对各个部门的资本资产（直接损失）和不再存在的流量（间接损失）的影响，以及对主要宏观经济变量的传导影响的数据资料，进而确定公共应急事件对整体经济的影响。

可作参考的各部门宏观经济影响汇总统计表如表 7－8 所示，具体表格的样式和内容评估专家可根据实际需要确定。

表 7－8　各部门宏观经济影响汇总统计表

部门	直接损失	间接损失	宏观经济影响					
			经济增长和收入	国际收支平衡	公共财政	就业	价格和通货膨胀	其他
生产部门								
农业（包括畜牧业、渔业、森林资源）								
工业								
商业								
服务业								
金融和银行								
旅游业								

（续上表）

部门	直接损失	间接损失	宏观经济影响					
			经济增长和收入	国际收支平衡	公共财政	就业	价格和通货膨胀	其他
人力和其他非工业								
基础设施								
水（饮用、灌溉、卫生、废水处理）								
能源（产生、运输、分发）								
电力								
其他（油、气等）								
运输和通信								
社会方面								
教育								
健康								
住房和居住区								
文化遗产								
社会条件（社会结构、就业等）								
环境								
总计								

评估专家收集公共应急事件发生前主要经济变量的预测值和发生后的实际值，对比两者的差异，并全面考虑和撇除其他可能的影响因素，进而确定公共应急事件对整体经济的影响。

可作参考的公共应急事件发生前后主要宏观经济变量对比表如表7－9所示，具体表格的样式和内容评估专家可根据实际需要确定。

表 7－9　公共应急事件发生前后主要宏观经济变量对比表

时间	宏观经济变量	经济增长	国际收支平衡		公共财政		就业	价格和通货膨胀
		GDP	进口	出口	收入	支出	失业率（就业率）	CPI
公共应急事件发生当年	预测值							
	实际值							
公共应急事件发生后第一年	预测值							
	实际值							

2. 经济增长

一般采用国内生产总值（GDP）来反映经济活动的整体情况，评估专家需要评估公共应急事件对这个经济变量增长速度的影响以及这个影响改变公共应急事件所预测的 GDP 的程度，评估的时间一般为公共应急事件发生后的 1～2 年。

需要注意的是，应区别名义数量和实际数量，GDP 通常得到的是名义值，需要转化为实际值，即撇除通货膨胀，采用基年的价格表示，以确定公共应急事件对经济增长速度的实际影响。之后两年或随后更多年的数据应该尽可能采用不变的公共应急事件发生当年的价格表示，物价指数则可采用中央银行或相关经济权威组织、国家统计局的数据。

评估专家应汇总各个部门的损失对 GDP 的影响，如果考虑恢复阶段的重建项目，则公共应急事件对 GDP 不仅有负面影响，也有积极影响。

对公共应急事件发生后经济发展的预测首先是发生当年，然后是随后的年份，所需评估的年数应根据公共应急事件的严重程度、影响的大小、经济发展水平和经济周期来确定。GDP 的预测有多种方法，评估专家应选择采用某种方法，并明确其实用的模型、逻辑以及假设。

评估专家不需要进行实际的 GDP 测量，GDP 数据可从政府统计局获得，包括受影响地区的 GDP 数据和更大范围（全省、全国……）的 GDP 数据，但评估专家也需要大概了解 GDP 是如何计算的，GDP 的计算中包含哪些要素。

计算 GDP 的方法有：

（1）生产法估算：以生产者价格汇总每个部门的总生产之和减去每个产业的购买价格的中间消费，加上关税和其他进口税；

（2）收入法：GDP 等于雇员报酬总额、间接税收净补贴、固定资本消耗、净剥削盈余以及关税和其他进口税之和；

(3) 净需求法：GDP 等于最终消费、固定资本形成总额、库存水平的变化和出口之和，再减去进口；

(4) 商品流量法：结合了三个方法（生产、收入和支出）计算国民核算统计，通过供给和使用表平衡每种输出的供应和使用，非常细致地使用统一的交叉检查确保这些数字是一致的。

不同的重建方案可能对宏观经济有不同的影响，重建要考虑利率、债务能力、生产投入、生产方式（原材料、资本货物、国内储蓄、劳动力等），其会引起资源的明显变动，从而导致主要经济变量发生变化。

3. 国际收支平衡

评估专家需要关注公共应急事件对国际收支平衡中的经常账户的衍生影响及重建恢复阶段的外部援助（资金）需求。国际收支平衡包括三方面的平衡，贸易收支（商品进出口）的平衡、经常项目收支（包括贸易收支、服务、收入和经常转移收支）的平衡、资本和金融账户的平衡。

国际收支平衡的可能影响包括：

(1) 物品和服务流量。

① 出口商品减少（本要出口的商品在公共应急事件中损毁或公共应急事件损毁了出口商品的生产能力）。

② 服务收入减少（由于进出口的相关基础设施可能损毁，进而这部分服务收入减少）。

③ 进口增加（重建阶段所需的设备、材料等可能需要从国外进口）。

④ 再保险（国外保险公司可能对国内保险公司进行再保险，国外保险公司也需要赔付相应的公共应急事件损失）。

……

(2) 单方面转移。

① 国外援助（各种慈善捐款、援助的设备机器等等）。

② 国内提供给国外的援助减少。

(3) 居民债权。

居民债权的变化评估应依据公共应急事件发生后两年内（即重建恢复阶段）的中期—长期外部融资需要。

可作参考的国际收支平衡统计表如表 7－10 所示。

表 7-10 国际收支平衡统计表（2001—2011）

	2001	2002	2003	……	2011
货物					
服务					
收入					
转移					
资本转移					
财政账目					
外国直接投资					

4. 公共财政

公共应急事件影响政府预算。预算是政府的财政规划活动，决定政府如何支出税收，表示某种预期的收入水平和某种预期的支出水平。

公共应急事件对预算的可能影响包括：

（1）由于税收收入降低，导致经常性收入减少；

（2）由于公共应急事件的毁坏和破坏，资本收入减少；

（3）当期支出（运营）的变化，一般情况下支出增加，如增加运营支出、增加转移支付、降低公共债务利率等等；

（4）资本支出增加，如增加直接投资、资本转移等等。

可作参考的政府预算平衡统计表如表 7-11 所示。

表 7-11 政府预算平衡统计表（2001—2011）

	2001	2002	2003	……	2011
税收收入					
国内税收					
国际贸易税收					
进口关税					
经常性支出					
基本支出					

5. 就业

公共应急事件对就业的影响包括两方面：一是生产能力和社会基础设施破坏的影响；二是紧急和重建时期创造的职位需求。这两方面不仅影响家庭收入和国民支出，也影响人口流动和移民流动，影响的不仅仅是受影响地区，也可能波及距离较远的地区。由于就业在社会生活中的重要地位，就业率的下降可能导致重大的社会和政治问题。与就业变动情况相关的数据资料可从相关部门得到，评估专家需要关注重建期间就业的变化情况。

6. 价格和通货膨胀

由于需求增加（重建恢复需要必要的机器、设备、材料等等）和供应降低（生产能力、基础设施等在公共应急事件中被破坏），公共应急事件可能引起通货膨胀。通货膨胀的衡量指标可以定期稳定地从国家相关部门获得，评估专家需要关注重建期间物价指数的变化情况，确定公共应急事件对价格和通货膨胀的影响。物价水平关系到人们正常的生产和生活，稳定物价有助于公共应急事件发生后的重建和恢复，但要注意一些投机活动，可能会使情况恶化。

第四节　就业和收入

在前一节已经说明公共应急事件对就业和收入的影响可能导致严重的社会和政治问题，本节将专门介绍公共应急事件对就业和收入的影响评估。

一般评估专家可通过可用资源确定受影响地区就业和收入处于危机的程度。然后，进行必要的实地走访调查，评估公共应急事件发生前后受影响地区关键经济领域的就业和收入的情况。要注意的是，评估工作开展的时间不宜过早也不宜过迟，这取决于受影响地区遭受公共应急事件破坏的程度，要避免在特殊时期用多重调查和问卷打扰受害者，但也要尽快地进行评估，作为政策制定者制定重建计划、战略、项目的参考。

一、评估对就业和收入的整体影响

在对就业和收入的整体影响进行评估时，首先要确定受影响地区的经济活动人口（EAP），EAP即劳动力人口，指的是总人口当中参加物质财富和精神财富创造、为社会作出贡献的那部分人口；接着确定初次影响人口和次生影响人口的数量，这两者之和即受影响经济活动人口（受影响EAP）。初次影响人口指的是在就业和收入上受到公共应急事件直接影响的人口，次生影响人口指的是在就业和收入上受到公共应急事件间接影响的人口。初次影响人口和次生影响人口都有可能遭受永久性或暂时性的失业，以及相应的收入（包括未来收入）减少。评估专家需要分别统计并汇总初次影响人口和次生影响人口遭受的收入损失总额。然后评估专家要确定贫困比例，结合受影响EAP和贫困指数，可确定脆弱EAP，即在就业和收入上受到公共应急事件严重打击的人口。注意，贫困加剧了人们面对公共应急事件在就业和收入上的脆弱性。最后，有必要确定加剧就业和收入脆弱性的因素。评估专家需要收集受影响地区的女性就业比例、总失业人数和住房损失信息。这些因素都加剧了人口脆弱性，女性、失业人口、房屋被损毁的人口有着更严峻的经济负担。

表7－12是可供参考的就业和收入整体影响的评估统计汇总表，具体的表格样式和内容评估专家可根据实际需要确定。

表7－12 就业和收入整体影响的评估统计汇总表

	初次影响人口	次生影响人口	受影响EAP	贫困比例	脆弱EAP	加剧脆弱性的因素		
						女性	失业	住房损失
地区1								
地区2								
地区3								
地区4								
地区5								
……								
总计								

表7－12按地理区域分类显示脆弱EAP。不过，在表中没有统计收入损失，这需要专门的统计评估。要注意的是，确定初次影响人口和次生影响人口，可参考第四章受影响人口评估部分，贫困比例可采用官方统计数据，女性就业和总失业信息也可从政府相关部门获得，确定住房损失可参考第四章住房和人类住区影响评估部分。

二、各部门就业和收入损失评估

理论上，评估就业和收入损失需要确定突发公共应急事件造成的损失价值和单位损失价值涉及的职位数量和收入系数。但实际中，评估专家一般主要考虑停产、停业和重建活动对就业和收入的影响，前者降低了对劳动力的需求，降低了相关就业人员的收入；后者扩大了对劳动力的需求，创造了就业职位。

以下介绍典型部门就业和收入损失评估方法，稍作调整，可用于其他未作介绍的部门。

1. 企业

公共应急事件可能会损毁基础设施，而基础设施作为生产的场所，其损毁会中断内部的生产活动，导致存货的全部或部分损失，同时，当道路被封锁或严重受损时，运输成本可能会大大增加。此外，由于成本的提高、供应和生产投入的减少以及可能的商品价格投机，其他人群也承受相对收入下滑的风险。

在对企业就业和收入损失评估中，评估专家需要收集评估所需资料，一般需要对相应的企业进行调查，如果已经有其他组织机构（如政府、行业协会等）作了相关的调查，也可利用其调查结果，但要进行必要的审查和调整。此外，有必要确定相关企业恢复正常状态所需的时间。

可供参考的评估案例如下：

（1）遭受公共应急事件破坏的大企业 10 家，中型企业 20 家，小型企业 50 家。每个大企业的平均雇用人数为 300 人，中型企业为 100 人，小型企业为 20 人。平均每个企业损失 10% 的工作。故公共应急事件导致的企业失业人数为 600 人。

（2）另有 3% 的工作处于危机之中，故 90 人处于失业危机。

（3）假设企业恢复重建后，失业雇员可以重新得到工作。被毁坏企业 30% 在 3 个月后重建，雇员平均损失 1.5 个月的收入；40% 在 6 个月内重建，雇员平均损失 4.5 个月的收入；企业的 30% 在 6 个月后重建，损失 6 个月内的收入，在随后一年的收入平均降低 25%。设平均月工资 800 元，则损失的收入总额为2 376 000 元。

具体的统计和计算要根据实际情况确定。

2. 农业部门

公共应急事件对农业部门的就业和收入影响主要包括两方面：一是直接损失，由于公共应急事件损毁基础设施、农田、存货等，导致农业产出下降，进而导致农民的收入降低；二是间接损失，当农活被暂停或部分限制时，一些农业工人失去了工作和收入。此外，农业部门的损失还会传导并影响到其他部门的就业和收入。

可供参考的评估案例如下，以棉花为例：

（1）公共应急事件导致棉花减产 1 万公斤，每公斤棉花价格 10 元，种植棉花的农民损失收入 10 万元。

（2）棉花采摘丧失工作 50 份，人均原可收入 600 元，采摘棉花的农业工人损失收入 3 万元。

(3) 棉花加工厂丧失工作 50 份，持续时间 3 个月，月工资 800 元，棉花加工厂工人损失收入 12 万元。

(4) 综上，共造成失业影响 100 人，收入损失 25 万元。

具体的统计和计算要根据实际情况确定。

附　录

公共危机预防投入过低问题的分析与对策

—— 一个政治经济学的视角[①]

董建新　余钧

摘要：本文首先描述中国公共危机预防投入的现状，指出我国政府存在公共危机预防投入过低问题，尤其是地方政府，然后运用政治经济学的理论和方法，基于公共危机政府支出的政治经济学模型，从政治经济学的视角分析此问题，并提出相应的对策。本文的主要观点是：公共危机政府预防投入过低问题的主要原因在于公共危机发生的概率不确定；政府的社会福利效用相对于收入效用过低；政府对公共危机预防对事后救济的替代作用认识不足；外部事后救济支援的存在。解决公共危机政府预防投入过低问题长期需要政治经济的发展，建立预防为主的公共危机管理文化；短期内增加地方政府公共危机预防投入可由中央政府进行管制或者激励。

关键词：公共危机　预防投入　政治经济学

一、引言

政府作为公共危机管理的主体，对公共危机的预防和回应很大程度上决定了公共危机造成的影响、损失及其程度。政府对于公共危机的投入可分为预防投入和事后救济投入，相对于事后救济投入，预防投入往往过低并容易被政府忽视，而预防投入过低将造成不可弥补的后果，如事后救济投入成本过高，公共危机的初始损失过大等。因此对以下三个问题的研究显得十分必要：对于政府，公共危机预防投入过低的原因是什么？如何解决公共危机预防投入过低问题？所提出的

---

① 本文是2010年提交在北京召开的第十七届国际应急管理学会年会的论文。

对策的作用机制和效果如何？现有的相关研究虽然多有指出需要加大公共危机的预防投入，但鲜有研究对其进行专门深入的探析，主要仅从制度层面对第一个问题进行简要的回答，大致有如下几个主要观点：①财政投入主体间博弈导致财政投入资源无法得到最优配置[1][2]；②财政投入资金不规范而且分散[2]；③预备费流量式管理不利于应急管理的预防投入[1][3]；④将突发性公共事件财政投入视为一种短期行为[4]；⑤预防支出是先行支出，对官员来说，不能很好体现政府的政绩[5]；⑥政府在公共事务领域普遍存在对预防的忽视[6][7]。对于后两个问题则基本没有涉及。

本文将从政治经济学的角度出发，回答以上三个问题。首先描述中国公共危机预防投入的现状，并与国外的情况进行对比，指出我国政府存在公共危机预防投入过低问题，尤其是地方政府；然后运用政治经济学的理论和方法，基于公共危机政府支出的政治经济学模型，从政治经济学的视角分析此问题；最后提出相应的对策，并将问题的对策作为变量加入到公共危机政府支出的政治经济学模型中，进一步分析探讨所提出的对策的作用机制和效果。

二、中国公共危机预防投入的现状

2008 年 5 月 12 日，四川省汶川县发生里氏 8 级地震，造成四川省大部分地区受灾，数十万人伤亡，直接损失 300 亿元。2008 年 6 月 14 日，日本东北地区发生里氏 7.2 级地震，尽管地动山摇，山崩地陷，但人员伤亡量不大，仅有九人死亡，两百余人受伤。对比中国和日本的这两次地震，虽然各有其特殊性，但在影响和损失上的巨大差别显示出我国公共危机预防投入存在投入过低的问题（对公共危机进行预防投入可降低公共危机的初始损失[8]）。

我国在公共危机管理上的投入经费近年来略有增加，但总体上仍然不足，公共危机财政保障水平较低，支出结构不够科学合理，重治轻防，预防投入过低，且中央和地方之间责任边界不明晰，地方对中央的依赖度较高[9][10][11]。

（1）经常性支出。我国政府在有较强公共危机预防效用的社会保障、公共卫生、基础教育和环境保护等领域存在较为严重的政府投入不足现象，与实际需求差距较大，以致我国的公共风险较高。如下图所示，我国在 1990—2006 年期间，社会文教费（主要包括用于文化、教育、科学、卫生、出版、通信、广播、体育、地震、海洋、社会福利救济、自然灾害等方面的经费、研究费和补助费等，该项费用所包含的内容纷繁复杂，其中包括大部分政府公共危机预防投入）并没有发生重大的变化，一直保持在约 26% 的比重，且未超过 28%。由于调研统计的困难，无法获得更为精确的政府公共危机预防投入的数据。与其他国家进行粗略的比较（各国的统计存在差异），2006 年美国社会福利、卫生、教育占国家财政支出的比例为9%、17%、17%，总计43%①；2006年英国社会福利、卫生、教育占国家财政支出的比例为16%、36%、14%，总计66%②，由此可以看出我国公共危机预防投入是相对较低的。

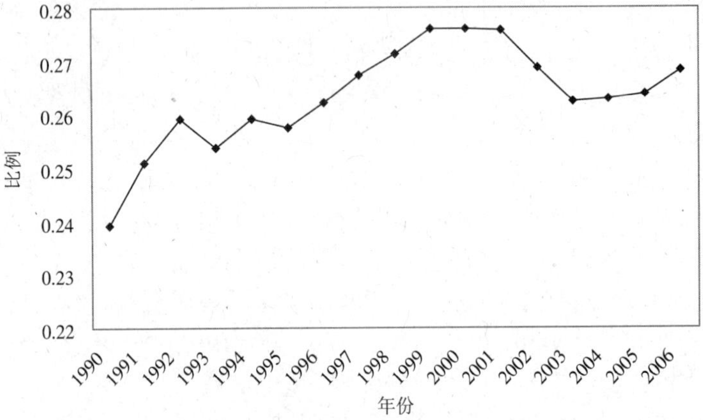

1990—2006年社会文教费占国家财政支出的比例

资料来源：财政部. 中国财政年鉴. 北京：中国财政杂志社，2006. 380；财政部. 中国财政年鉴. 北京：中国财政杂志社，2007. 500。根据其相关数据整理而得。

（2）专项支出。我国公共危机支出无稳定的预算，长期以来主要是预备费支出，根据《中华人民共和国预算法（1995年）》规定，"各级政府预算应当按照本级政府预算支出额的1%～3%设置预备费，用于当年预算执行中的自然灾害开支与其他难以预见的特殊开支"。在实际操作中，所提取的预备费在法定提取区间内偏向于最小值（低于2%），2007年为1.7%③。至于更具体的预算安排和分配，则没有明确的规定。而日本在1995—2004年间，在危机管理方面投入的国家预算平均每年是4.5万亿日元，约占全国总预算的5%。预算的安排大致分成以下四个方面：一是科学技术研究，占1.3%；二是危机预防和准备，占23.6%；三是国家土地保护，占48.7%；四是危机后恢复与重建，占26.4%[12]。从严格意义上讲，日本应急财政预算的四个方面中，前三个方面共

① Government Spending in US，http：//www.usgovernmentspending.com/#usgs302a.

② UK Government Expenditure，http：//www.ukpublicspending.co.uk/government_expenditure.html#ukgs302.

③ 财政部网站信息公开目录中的财政数据，http：//www.mof.gov.cn/mofhome/gp/332/344/index_1911.htm.

计 73.6% 的预算资金都是用在危机预警与防范上。

（3）中央与地方之间的关系。按照《国家突发公共事件总体应急预案》的规定，要求建立“分类管理、分级负责，条块结合、属地管理为主”的应急管理体制，地方政府应负责其行政区域内各类突发公共事件的应对工作，即应急管理的事权归于地方。在支出责任方面，根据《国务院关于加强抗灾救灾管理工作的通知》，应坚持“地方自救为主，中央补助为辅”的原则。但实际上，中央财政的公共危机支出远高于地方财政，特别是应对重大的公共危机。以 2007 年的救灾支出为例，全国自然灾害救济费为 79.8 亿元，其中中央级支出 0.53 亿元，中央财政转移支付 49.85 亿元，即中央财政救灾支出所占比例约为 63.2%[①]。地方政府对中央政府有着较高的依赖度。

三、公共危机预防投入过低问题的政治经济学分析

这个部分将运用政治经济学的思想和方法分析公共危机预防投入过低问题，以探究问题是如何产生的。首先介绍公共危机政府支出的一般政治经济学模型，并基于此模型进行问题分析；然后参考一般政治经济学模型，根据中国的具体情况构建中央和地方两级结构的公共危机政府支出的政治经济学模型，基于此模型进行进一步的问题分析；最后对前两个模型中的未考虑之处作出说明。

1. 一般政治经济学模型

公共危机政府支出的一般政治经济学模型由 Charles Cohen、Eric Werker[②] 提出，其尝试将前人研究的经验观察整合到一个正式的模型中去，第一次系统地在模型的核心中包含政治因素，可基于此模型进行公共危机相关政治层面的分析，并得到相关实证数据的支持。该模型把政府对公共危机的干预分为预防和事后救济，奉行功利主义原则，作为理性经济人将最大化它的效用作为其决策（对事前预防和事后救济分别投入多少）的标准。该模型基于公共危机政府支出的一般行为构建，具有普遍意义，对于中国的一般情况具有适用性，但涉及具体层面，则需要构建更具体的模型。

模型基本假设和推导如下：

（1）假设公共危机事件的发生概率为 q，发生后所造成的经济损失为 k。

（2）公共危机的预防投入为 b，其单位成本为 P_b，事后救济投入为 a，其单位成本为 P_a，a 与 b 可能为替代品，亦可能为互补品，因为互补品比较罕见，本

---

① 民政部. 中国民政统计年鉴. 北京：中国统计出版社，2008. 127～128.

② Charles Cohen, Eric Werker. The Political Economy of “Natural” Disasters. Working Paper. Harvard Business School. 2008. Preprint.

文中仅考虑 a 与 b 为替代品，即预防投入 b 的增加可降低事后救济投入 a。政府通过预防投入和事后救济投入降低公共危机所造成的经济损失，其救济函数为 $r=f(b, a)$，且 $\max f=k$，即最多能弥补公共危机所造成的全部经济损失 k。公共危机所造成的实际损失为 $k-f(b, a)$，初始损失值为 $k-f(b, 0)$。

(3) 此模型的主体为政府，自变量为 b 和 r，因变量为政府的效用 V。政府不能控制公共危机事件的发生，即 q、k 与政府行为无关。政府能控制公共危机的预防投入和事后救济投入，即能通过 a 和 b 控制公共危机的损失。

(4) 政府的效用 V 来自社会福利 w 和政府收入 I，效用函数为 $V=v(w, I)$。社会福利 w 是个体效用的加总，个体效用函数为 $u(y)$，y 为个人收入，公共危机发生后，个人的效用为 $u[y-(k-r)]$。忽略税收、政府收入是个体收入的函数等等，并假设社会福利效用和政府收入效用相互独立，可直接简化政府的效用函数为 $v(w, I)=\sum_i \lambda_i u(y_i)+v(I)$，其中 λ 为权重，反映政府对个体的重视程度。对于政府的收入效用 $v(I)$，如不发生公共危机，政府对公共危机的支出仅为 b，政府的收入降低为 $I-P_b b$，即其收入效用为 $v(I-P_b b)$；如发生公共危机，政府对公共危机的支出需要 a 和 b，政府的收入降低为 $I-c(r, b)$，其中 $c(r, b)=P_a a(r, b)+P_b b$，即其收入效用为 $v[I-c(r, b)]$。

(5) 政府奉行功利主义原则，将最大化它的效用 V 作为其支出的分配标准。

基于以上假设和推导，公共危机政府支出的一般政治经济学模型如下：

$$\max_{r,b} q\left\{\sum_i \lambda_i u[y_i-(k-r)]+v[I-c(r, b)]\right\}+(1-q)\left[\sum_i \lambda_i u(y_i)+v(I-P_b b)\right]$$

假设政府只关注某一特定个体，则：

$$\max_{r,b} q\{\lambda u[y-(k-r)]+v[I-c(r, b)]\}+(1-q)[\lambda u(y)+v(I-P_b b)]$$

基于一般政治经济学模型的问题分析：

(1) 政府公共危机预防投入过低的原因在于其机会成本。政府的收入 I 是确定量，公共危机预防投入可以用于其他对政府来说效用更高的用途。

政府会投资公共危机预防，直到公共危机预防投入带来的社会福利效用的提高等于收入效用的下降，即

$$q\lambda \frac{\partial u\{y-[k-f(a,b)]\}}{\partial b} = -\left\{q\frac{\partial v[I-c(r,b)]}{\partial b} + (1-q)\frac{\partial v(I-P_b b)}{\partial b}\right\}$$

因此，公共危机发生的概率越高，政府的社会福利效用相对于收入效用越高，公共危机预防对事后救济的替代作用越大，政府在公共危机的预防投入上的支出将越多。

根据经验观察，公共危机高发的国家和地区政府有较高的预防投入，政府对于高发的公共危机亦有较高的预防投入。关注社会福利的政府比关注经济发展的政府有较高的预防投入，政府对能有效降低公共危机事后救济的预防投入较高。从2006年我国各省地质灾害及其防治情况①可以看到，地质灾害高发的地区政府有相对较高的地质灾害防治投资，经济发达的地区政府（经济发展水平与政府对社会福利的关注度成正相关关系）往往防治投入相对较多。以浙江、广东、湖南三省为例，浙江和广东经济发展水平相似，而湖南的经济发展水平低于浙江和广东。浙江2006年发生地质灾害192次，防治投入为16 624万元；广东为8 688次，防治投入26 500万元。广东的地质灾害发生频率高于浙江，其防治投入亦高于浙江。对比同时期的湖南，其发生地质灾害78 987次（远高于浙江和广东），防治投入为14 564万元，却低于浙江和广东的防治投入。

（2）纵向比较，行政级别越高的政府（如中央政府比地方政府）更偏向于公共危机事后救济而非事前预防。

证明如下：假设不同行政级别的政府有相同的社会福利效用，比较其对于公共危机预防投入的倾向可比较其发生和不发生公共危机情况下政府的收入效用之比（收入额与收入效用为正相关关系），则可比较$\frac{I-P_a a-P_b b}{I-P_b b}$，由于行政级别较高的政府有较高的收入$I$，则其有较高的$\frac{I-P_a a-P_b b}{I-P_b b}$，故其对公共危机的支出相较于预防更倾向于事后救济。

以中国为例，由于存在不同行政级别政府间复杂的博弈互动，实际的经验观察并不能很好地支持以上的分析结论。后面将引入中央和地方两级结构的政治经济学模型以进一步具体分析。

（3）横向比较，发达国家比发展中国家在公共危机预防投入上的支出相对较多，小国家在公共危机预防投入上做得比大国家好。

前者证明如下：公共危机预防与事后救济为正常品，随着收入的增加，对两

① 中国发展门户网，http：//cn. chinagate. cn/reports/hjsj/2007－12/26/content_ 9437653. htm.

者的投入都增加。此外，发达国家相较于发展中国家更重视社会福利，且收入效用函数是边际收益递减的函数，因此发达国家更倾向于投入经费以提高社会福利效用。发展中国家往往因为经济发展压力、政治民主程度低等原因在提高社会福利上投入较少。因此，相较于发达国家，发展中国家在公共危机发生后有较低的社会关注[13]以及较多的产出下降[14]。

上述中国和美国、英国、日本在公共危机预防投入的相关数据上的比较可支持以上分析结论。

后者证明与（2）相似（假设小国的收入少于大国）。根据相关统计数据①，小国家（0.001 24%）比大国家（0.001 76%）有相对较低的自然灾害死亡率，可得出小国家的公共危机预防投入相对更多。

（4）内部比较，政府对公共危机预防对事后救济的替代作用评价越高，其预防投入越多。

证明如下：对于公共危机的救济函数 $r = f(b, a)$，r 确定，若政府认为提高 b 能有效地降低 a，则其作为理性经济人，最小化支出成本，会在 b 上投入更多。

根据经验观察，实际中对公共危机预防的替代作用评价较高的政府有较高的预防投入支出，如以"减缓上投资一美元，恢复上节约两美元"为理念的美国FEMA② 对公共危机预防的重视程度和实际投入都相对较高③。而在中国，对事后救济的重视程度大于预防，其直接的事后救济投入相对于预防投入比重高。不过，近年来这样的情况有所改观，但改观往往是基于惨痛的灾害损失和人员伤亡，如近年来山洪灾害造成的死亡人数呈递增趋势，认识到山洪灾害损失巨大与防御水平低有关，政府提高了对防御工作的重视程度，随之加大了对山洪灾害的防治投入力度，安排资金 2 亿元，2006 年开始了以检测、通信预警、防灾减灾预案为主的非工程措施试点建设，以提高山洪灾害的防御水平④。

2. 中央和地方两级结构的政治经济学模型

在一般模型的基础上根据中国的具体情况进一步构建更为具体的模型，研究

① 转引自 Charles Cohen, Eric Werker. The Political Economy of "Natural" Disasters. Working paper. Harvard Business School. 2008, p. 43. Preprint.

② FEMA（Federal Emergency Management Agency）：联邦紧急事务管理署，是美国联邦应急救援的最高行政部门，统一负责全国各种灾害和应急事件的紧急事务工作。

③ Thomas A. Garrett, Russell S. Sobel. The Political Economy of FEMA Disaster Payments. Woking Paper. Federal Reserve Bank of St. Louis. 2002. Preprint.

④ 详见 2006 年国务院水利部会同有关部门编制完成的《全国山洪灾害防治规划》和《全国山洪灾害防治试点县实施方案》，非公开出版的政府文件。

不同行政级别的政府在公共危机预防投入上的行为。根据一般政治经济学模型的分析，理论上地方政府有更高的公共危机预防投入倾向，而且公共危机预防是地方性公共产品，故地方政府相对于中央政府更适合作为公共危机预防投入的主体。

模型基本假设和推导如下：

(1) 忽略复杂的行政级别，仅考虑地方和中央两级结构。

(2) 中央政府和地方政府都只关注某一特定个体的社会福利。

(3) 公共危机预防由地方政府完成，忽略中央政府对其的投入。

(4) a_l、b_l 分别代表地方政府的公共危机预防投入和事后救济投入；a_c 代表中央政府的公共危机事后救济投入；r 代表总的目标救济水平，$r=f(b_l, a_l+a_c)$。

(5) 对于地方政府，其效用函数与一般模型中的形式基本相同。$c(r, b_l, a_c)$ 代表地方政府在公共危机发生的情况下的投入，$c(r, b_l, a_c)=P_a a_l(r, b_l, a_c)+P_b b_l$，其中 $a_l(r, b_l, a_c)$ 代表在 b_l、a_c 确定的情况下，要达到 r，地方政府需要投入的事后救济 a_l。

(6) 对于中央政府，其效用等于得到的社会福利效用减去其机会成本 $P_a a_c(r, b_l, a_l)m$，其中 $a_c(r, b_l, a_l)$ 代表在 b_l、a_l 确定的情况下，要达到 r，中央政府需要投入的事后救济 a_c，m 代表中央政府收入的单位机会成本。

构建公共危机地方政府支出的政治经济学模型如下：

$$\max_{r,b_l} q\{\lambda u[y-(k-r)]+v[I-c_l(r, b_l, a_c)]\}+(1-q)[\lambda u(y)+v(I-P_b b_l)]$$

构建公共危机中央政府支出的政治经济学模型如下：

$$\max_{r} u[y-(k-r)]-P_a a_c(r, b_l, a_l)m$$

基于二级结构的政治经济学模型的问题分析：

(1) 地方政府公共危机预防投入过低的原因除了一般模型得出的分析结论外，还因为中央政府的救济。由于中央政府公共危机事后救济的存在，地方政府在公共危机预防上的投入要比没有中央政府事后救济的情况下要少。中央政府事后救济投入得越多，地方政府在公共危机预防上的投入倾向越低。

证明如下：对于公共危机总的目标救济水平 $r=f(b, a)$，r 确定，a 和 b 为替代品，a 上升（中央政府的事后救济导致 a 上升了 a_c），则 b 下降，即地方政府在公共危机预防上的投入下降。

根据中国的经验观察，中国地方政府由于其双向代理地位（既代理政府又代理本地区的非政府主体），特别是1994年推行分税制改革以后与中央政府产生一定程度的利益分离，加上地区经济发展的压力，实际中存在过多依靠中央政府进行公共危机相关财政投入，自身对公共危机预防投入不足，尽量少提预备费，扭曲或不执行中央相关政策等情况[15]。

（2）如果存在地方政府截留、挪用中央政府公共危机事后救济的款项的情况，则会使公共危机预防投入进一步下降。

证明如下：地方政府在中央政府公共危机事后救济上获得了额外的收益，则地方政府不仅关心 r，也关心 a_c，对于 $r=f(b, a)$，r 确定，要使 a_c 上升，则 b 与 a_l 下降，a_l 确定的情况下，则地方政府的公共危机预防投入 b_l 下降。

根据中国的经验观察，由于中央和地方之间存在信息不对称，实际中难免发生地方政府截留、挪用中央政府拨款的现象，而且这样的政府往往比较关注自身的收入效用，在公共危机预防投入上支出较低。

现今社会，除了地方政府、中央政府的预防和救济之外，对于公共危机还有来自民间NGO、其他国家政府等的救济支援，其与当地政府之间的博弈互动，与中央和地方两级结构的政治经济学模型相似，本文的分析主体限于政府，这里不作详细的分析，但可以类推得到的分析结论是，民间NGO、其他国家政府等救济支援的存在，如同中央政府的存在一样，降低了地方政府对公共危机预防的投入。

四、提高公共危机预防投入的对策

在以上基于政治经济学模型对公共危机预防投入问题进行分析的基础上，进一步探究此问题的对策。

对于政府公共危机预防投入过低问题，其原因主要在于公共危机发生的概率不确定，并且政府可能会低估公共危机发生的概率；政府的社会福利效用相对于收入效用过低；政府对公共危机预防对事后救济的替代作用认识不足；外部事后救济支援的存在。由于政府不能控制公共危机的发生，只能通过对公共危机的投入来控制公共危机的影响和损失。中央政府基于政治责任，其他国家政府、民间NGO等基于人道主义，它们进行公共危机事后救济支援是必然和有益的。因此，提高政府的公共危机预防投入，在于：①使政府的社会福利效用相对于收入效用提高，这本质上需要政治经济的发展。政治的发展，使得政府的社会福利效用提高，更重视民生而非最大化政府的私利，截留、挪用外部救济的可能性也下降。

经济的发展，使得政府总收入水平提高，收入效用对政府的重要程度降低，政府更愿意也更有能力将更多的资金用在提高社会福利的支出上。②提高政府对公共危机预防的替代作用的认识，这需要建立预防为主的公共危机管理文化，只有政府在观念上认同和重视公共危机预防的作用，才能主动提高对其的支出水平。

政治经济的发展、观念的转变都需要一个长期的过程，而提高公共危机预防投入却是现时必需的。短期内解决此问题的对策在于外部的介入，对于地方政府，负有介入责任的主体主要是中央政府。中央政府解决此问题主要有两个办法——管制和激励。管制办法主要是制定一些法律法规，要求地方政府的公共危机预防投入达到规定的标准。激励办法主要是奖励地方政府的公共危机预防投入，形式上包括对地方政府公共危机预防的相应支出给予补贴、奖励预防工作做得好而使得公共危机不发生或发生后损失小的地方政府等。管制办法在现实操作中比较常见，如《预算法》、《食品安全法》等中相应的部分，而相对而言，激励办法几乎没有现实的例子。管制办法在现实中确实起到了一定的作用，但并不能有效增加地方政府公共危机预防的效用，如果地方政府的观念不改变，甚至还会把中央政府的规定看作负担，产生抵触情绪。此外，中央政府对地方政府的有效监督也存在着困难，亦不能管制得过多过严，毕竟各个地方政府都面对着特定的地方环境。激励方法作为另一种对策思路，变被动为主动，在管制办法不能完全解决问题的情况下，可作为管制办法的补充，推广采用。下面将简要分析激励办法的作用机制和效果。

将激励办法作为变量加入到两级结构的政治经济学模型中，激励办法采用对地方政府公共危机事前预防的相应支出给予补贴 $w(b_l)$，补贴增加了地方政府的收入，提高了中央政府的机会成本。

构建公共危机地方政府支出的政治经济学模型如下：

$$\max_{r,b_l} q\{\lambda u[y-(k-r)]+v[I-c_l(r, b_l, a_c)+w(b_l)]\}+(1-q)\{\lambda u(y)+v[I-P_b b_l+w(b_l)]\}$$

构建公共危机中央政府支出的政治经济学模型如下：

$$\max_{r} u[y-(k-r)]-P_a a_c(r, a_l, b_l)m-w(b_l)m$$

地方政府因 $w(b_l)$ 的激励而提高公共危机预防投入 b_l，公共危机的初始损失值 $k-f(b_l, 0)$ 下降。对于确定的公共危机救济水平 $r=f(b, a)$，b_l 上升，

则 a_l 和 a_c 下降。地方政府的效用水平不变。中央政府的成本上升了 $w(b_l)m$，但由于 a_c 的下降，总效用的变化不确定，若 $\frac{dw}{db_l} \leqslant -P_a \frac{\partial a_c}{\partial b_l}$，则总效用增加。

因此，中央政府需要根据实际情况确定补贴额，补贴额应以不超过由于地方政府预防投入增加而导致的中央政府事后救济投入的减少为宜，但即便补贴额超过了此合适值，由于预防的增加可以降低初始损失如人员死伤等，对关注社会福利的中央政府来说，也并非是不明智的政策选择。

在实际操作中，中央政府以专项转移支付资金的形式划拨给地方政府进行公共危机预防投入，如地质灾害专项防治资金等，对提高公共危机预防投入确实起到了一定的作用。本文所提出的激励办法（地方投入、中央补贴）与此有些类似，但不同的是，其投入主体为地方政府，能有意识地提高地方政府公共危机预防投入的主体责任感，也能更好地避免挤占、挪用的现象。

五、结束语

本文首先运用政治经济学的理论和方法，建立了公共危机政府支出的政治经济学模型，分析了公共危机预防投入过低问题，并提出了相应的对策，长期需要政治经济的发展，建立预防为主的公共危机管理文化，短期可由中央政府进行管制或者激励，并初步探讨了激励办法的作用机制和效果，但要真正解决公共危机预防投入过低问题，检验本文的理论，还需要更多的经验研究，观察所提出的政策建议在实际政府操作中如何施行及其效果。其次，本文所建立的公共危机政府支出的政治经济学模型是简化的模型，忽略了很多现实中的复杂因素，只能在一定程度上代表实际情况，而不能完全与实际情况相符，为了更好地反映实际情况，需考虑建立更为复杂的模型，将更多的变量加入到模型中去。最后，本文的研究还需要进一步深入和细化。如研究模型中的效用函数的具体形式，对相关数据进行调研等。

尽管如此，本文对将政治经济学的理论和方法应用到公共危机管理的政策建议中作了有益的探索，对解决公共危机预防投入过低问题具有一定的参考价值。

参考文献

[1] 冯俏彬. 我国应急财政资金管理的现状与改进对策. 财政研究，2009（6）：12~17.

[2] 刘诗娇. 突发公共事件财政应急机制分析——以汶川大地震为例. 金融经济，2009(12)：67~68.

[3] 崔军，孟九峰. 我国应急财政管理相关问题研究. 财政问题研究，2009（3）：105~109.

[4] 洪江. 关于突发性公共事件财政救济的几点思考. 地方财政研究, 2008 (6): 26~33.

[5] 刘海二. 汶川地震启示: 必须建立有效的灾害预算. 地方财政研究, 2008 (11): 38~41.

[6] 钱凯. 我国财政应急机制问题的研究综述. 经济研究参考, 2009 (60): 35~41.

[7] 郭俊华, 程琼. 我国重大自然灾害的公共财政应急措施研究——以5·12汶川大地震为例. 上海交通大学学报, 2009, 17 (3): 45~52.

[8] Julian Bommer. The Politics of Disaster—Nicaragua. *Disasters*, 1985, 9 (4): 270-278.

[9] 苏明, 刘彦博. 我国加强公共应急事件应急管理的财政保障机制研究. 经济与管理研究, 2008 (4): 5~11.

[10] 钟晓敏, 岳瑛. 论财政纵向转移支付与横向转移支付制度的结合——由汶川地震救助引发的思考. 地方财政研究, 2009 (5): 26~30.

[11] 施绵绵. 公共危机的财政应急机制探讨. 现代经济, 2008 (9): 99~101.

[12] 姚国章. 日本灾害管理体系: 研究与借鉴. 北京: 北京大学出版社, 2009. 15.

[13] Angela Keys, Helen Masterman-Smith, Drew Cottle. The Political Economy of a Natural Disaster: The Boxing Day Tsunami, 2004. *Antipode*. 2006, 38 (2): 195-204.

[14] Ilan Noy. The Macroeconomic Consequences of Disasters. *Journal of Development Economics*. 2009, 88 (2): 221-231.

[15] 闫绪娴, 高雨. 谈中央与地方在公共危机管理中的资金博弈问题. 商业时代, 2009 (11): 8~9.

参考文献

G. 施蒂格勒. 价格理论. 北京：商务印书馆，1992.

Michael F. Drummond，Mark J. Sculpher，George W. Torrance，Bernie J. O'Brien，Greg L. Stoddart. 卫生保健项目经济学评估方法. 李四雪译. 北京：人民卫生出版社，2009.

阿兰·J. 奥尔巴克，马丁·费尔德斯坦. 公共经济学手册. 匡小平译. 北京：经济科学出版社，2006.

奥利维尔·布兰查德. 宏观经济学（第2版）. 钟笑寒，王志鹏，戴洁，胡杨梅译. 北京：清华大学出版社，2003.

白暴力. 价值价格通论. 北京：经济科学出版社，2006.

鲍德威·威迪逊. 公共部门经济学. 邓立平译. 北京：中国人民大学出版社，2006.

彼得·P. 罗杰斯，卡济·F. 贾拉勒，约翰·A. 博伊德. 可持续发展导论. 北京：化学工业出版社，2008.

彼得·罗希，马克·李普希，霍华德·弗里曼. 评估：方法与技术（第7版）. 邱泽奇，王旭辉，刘月等译. 重庆：重庆大学出版社，2007.

陈永国. 公共管理定量分析方法. 上海：上海交通大学出版社，2006.

陈远章. 转型期中国突发事件社会风险管理研究. 中南大学博士学位论文，2009.

成其谦. 投资项目评价. 北京：中国人民大学出版社，2006.

崔鑫生. 公共部门经济学. 北京：对外经济贸易大学出版社，2008.

蒂莫西·贝斯利. 守规的代理人. 李明译. 上海：上海人民出版社，2009.

丁辉，张玉川，何莉莉. 管理定量分析. 北京：经济管理出版社，2009.

樊勇明，杜莉. 公共经济学. 上海：复旦大学出版社，2001.

范柏乃，蓝志勇. 公共管理研究与定量分析方法. 北京：科学出版社，2008.

高培勇. 公共经济学. 北京：中国人民大学出版社，2004.

龚胜生，敖荣军. 可持续发展基础. 北京：科学出版社，2010.

国家突发公共事件总体应急预案，2006.

何爱平．区域灾害经济研究．北京：中国社会科学出版社，2006.

何炼成．价值学说史．北京：商务印书馆，2007.

衡霞．政府公共危机管理的经济学分析．学理论（下），2000（20）.

洪银兴，刘建平．公共经济学导论．北京：经济科学出版社，2003.

胡细银．可持续发展之路．北京：中国经济出版社，2010.

黄恒学．公共经济学．北京：北京大学出版社，2002.

简德三．项目评估与可行性研究．上海：上海财经大学出版社，2005.

杰克·赫舒拉发，阿米亥·格雷泽，大卫·赫舒拉发．价格理论及其应用．李俊慧，周燕译．北京：机械工业出版社，2009.

金永红，叶中行，奚玉芹．价值评估．北京：清华大学出版社，2004.

孔合锋．可持续发展的政治经济学分析．上海：上海财经大学出版社，2008.

李开孟，张小利．投资项目环境影响经济分析．北京：机械工业出版社，2008.

林晓言，许晓峰，任立．建设项目经济社会评价．北京：中华工商联合出版社，2002.

刘武，娄成武．定量分析方法．武汉：武汉出版社，2004.

陆宁，史玉芳．建设项目评价．北京：化学工业出版社，2010.

路通，刘立．咨询工程师（投资）实务手册．北京：机械工业出版社，2006.

罗伯特·E. 霍尔，戴维·H. 帕佩尔．宏观经济学（第6版）．沈志彦译．北京：中国人民大学出版社，2008.

罗伯特·H. 弗兰克，本·S. 伯南克．微观经济学原理（第4版）．李明志译．北京：清华大学出版社，2006.

罗伯特·J. 巴罗．宏观经济学：现代观点．沈志彦，陈利贤译．上海：格致出版社，上海三联书店，上海人民出版社，2009.

马俊林，林皇杜．经济效益定量分析方法．南京：南京工学院出版社，1987.

马胜杰，夏杰长．公共经济学．北京：中国财政经济出版社，2003.

毛程连．中高级公共经济学．上海：复旦大学出版社，2006.

米尔顿·弗里德曼．价格理论．鲁晓龙译．北京：商务印书馆，1994.

邱鸿钟，袁杰．现代卫生经济学．北京：科学出版社，2006.

曲福田．资源经济学．北京：中国农业出版社，2001.

申海波．预期理论与资本市场．上海：上海财经大学出版社，2001.

斯蒂文·E. 兰德伯格. 价格理论与应用. 宋炜，黄静，赵慧译. 北京：机械工业出版社，2003.

宋英华. 基于成本—损失边际分析的突发事件应急管理对策研究. 军事经济研究，2009（4）.

孙建军. 定量分析方法. 南京：南京大学出版社，2002.

谭跃进. 定量分析方法. 北京：中国人民大学出版社，2006.

唐要家. 反垄断经济学理论与政策. 北京：中国社会科学出版社，2008.

田皓. 项目评估方法及应用. 西安：陕西人民出版社，2006.

田文华，刘保海. 卫生经济分析. 上海：复旦大学出版社，2009.

汪应宏. 资源经济学导论. 北京：中国矿业大学出版社，2005.

王宏伟. 应急管理理论与实践. 北京：社会科学文献出版社，2010.

王军. 应急事件应急管理读本. 北京：中共中央党校出版社，2009.

王立国. 项目评估理论与实务. 北京：首都经济贸易大学出版社，2006.

王麟生，戴立益. 可持续发展与环境保护. 上海：华东师范大学出版社，2010.

王书明，崔凤，同春芬. 环境社会与可持续发展. 哈尔滨：黑龙江人民出版社，2008.

威廉·格·谢佩德. 市场势力与经济福利导论. 易家详译. 北京：商务印书馆，1980.

吴岚，王燕. 风险理论. 北京：中国财政经济出版社，2007.

熊福生. 风险理论. 武汉：武汉大学出版社，2005.

许晓东. 定量分析方法. 武汉：华中科技大学出版社，2009.

许晓峰，肖翔. 建设项目后评价. 北京：中华工商联合出版社，2002.

薛澜，钟开斌. 公共应急事件分类、分级与分期：应急体制的管理基础. 中国行政管理，2005（2）.

杨龙. 公共经济学案例分析. 天津：南开大学出版社，2007.

杨志勇，张馨. 公共经济学. 北京：清华大学出版社，2005.

于庆东. 经济价值评价. 北京：中国标准出版社，2009.

约翰·利奇. 公共经济学教程. 孔晏，朱萍译. 上海：上海财经大学出版社，2005.

张静. 可持续发展经济理论与实践. 北京：经济科学出版社，2007.

张元鹏. 微观经济学. 北京：北京大学出版社，2008.

郑克中. 两大价值理论正误. 济南：山东人民出版社，2008.

中国可持续发展研究会. 可持续发展的回顾与展望. 北京：社会科学文献出

版社，2010.

中华人民共和国应急事件应对法，2007.

周国强，张青. 环境保护与可持续发展概论. 北京：中国环境出版社，2010.

周慧珍. 投资项目经济评价. 北京：中国审计出版社，1997.

周慧珍. 投资项目评估. 大连：东北财经大学出版社，2006.

周慧珍. 投资项目评估方法与实务. 北京：中国计划出版社，2004.

世界银行. 自然灾害、非自然灾难：有效预防的经济学，http：//www. gfdrr. org/gfdrr/nhud - home.